DEUTSCH ALS FREMDSPRACHE

Susanne Kalender
Petra Klimaszyk

Schritte plus 4

Lehrerhandbuch

Hueber Verlag

Quellenverzeichnis
S. 104: alle Fotos © Franz Specht, Weßling
S. 106: © iStockphoto/Alexander Wolfgang Goeckritz
S. 107 und 132: © Franz Specht

Symbole / Piktogramme

 Binnendifferenzierung

! Achtung/Hinweis

TIPP methodisch-didaktischer Tipp

LANDES
KUNDE landeskundliche Informationen über Deutschland

Das Werk und seine Teile sind urheberrechtlich geschützt.
Jede Verwertung in anderen als den gesetzlich zugelassenen Fällen
bedarf deshalb der vorherigen schriftlichen Einwilligung des Verlags.

Hinweis zu § 52a UrhG: Weder das Werk noch seine Teile dürfen ohne
eine solche Einwilligung überspielt, gespeichert und in ein Netzwerk
eingespielt werden. Dies gilt auch für Intranets von Firmen, Schulen
und sonstigen Bildungseinrichtungen.

3.	2.	1.		Die letzten Ziffern
2014	13 12 11 10			bezeichnen Zahl und Jahr des Druckes.

Alle Drucke dieser Auflage können, da unverändert, nebeneinander benutzt werden.
1. Auflage
© 2010 Hueber Verlag, 85737 Ismaning, Deutschland
Redaktion: Daniela Niebisch, Penzberg; Isabel Krämer-Kienle, Hueber Verlag, Ismaning
Zeichnungen: Jörg Saupe, Düsseldorf
Layout und Satz: Schack, Ismaning
Druck und Bindung: Ludwig Auer GmbH, Donauwörth
Printed in Germany
ISBN 978-3-19-051914-9

Inhalt

Das Lehrerhandbuch – Überblick — 4

Praktische Tipps für den Unterricht mit *Schritte plus* — 5

Methodisch-didaktische Hinweise — 13

Die erste Stunde im Kurs — 13
Hinweise zu Lektion 8 — 14
Hinweise zu Lektion 9 — 24
Hinweise zu Lektion 10 — 35
Hinweise zu Lektion 11 — 44
Hinweise zu Lektion 12 — 55
Hinweise zu Lektion 13 — 66
Hinweise zu Lektion 14 — 75
Hinweise zu den Wiederholungsstationen — 87

Kopiervorlagen — 88

Zusatzübungen und Spiele zu Lektion 8 — 88
Zusatzübungen und Spiele zu Lektion 9 — 92
Zusatzübungen und Spiele zu Lektion 10 — 96
Zusatzübungen und Spiele zu Lektion 11 — 101
Zusatzübungen und Spiele zu Lektion 12 — 105
Zusatzübungen und Spiele zu Lektion 13 — 109
Zusatzübungen und Spiele zu Lektion 14 — 114

Wiederholung zu Lektion 8 und Lektion 9 — 118
Wiederholung zu Lektion 10 und Lektion 11 — 120
Wiederholung zu Lektion 12 und Lektion 13 — 122

Tests zu jeder Lektion — 124

Anhang

Transkriptionen der Hörtexte im Kursbuch — 138
Transkriptionen der Hörtexte im Arbeitsbuch — 153
Lösungen zu den Übungen im Arbeitsbuch — 159
Lösungen zu den Tests — 171

Das Lehrerhandbuch – Überblick

Dieses Lehrerhandbuch enthält Hinweise und zusätzliches Material für den Unterricht mit *Schritte plus 4*. *Schritte plus 4* führt zusammen mit *Schritte plus 3* zur Niveaustufe A2 nach dem Gemeinsamen Europäischen Referenzrahmen. Eine ausführliche Konzeptbeschreibung zu *Schritte plus* finden Sie im Lehrerhandbuch zu *Schritte plus 3*.

Praktische Tipps für den Unterricht mit *Schritte plus*

Hier werden einleitend praktische Tipps zum Umgang mit wiederkehrenden Rubriken des Lehrwerks gegeben.

Kopiervorlagen

Das Lehrerhandbuch bietet durch ein differenziertes Übungsangebot die Möglichkeit, den Unterricht auf die jeweiligen Bedürfnisse eines Kurses und die jeweilige Kursdauer abzustimmen:

- Vorlagen zu den Interaktionsaufgaben helfen bei der Unterrichtsvorbereitung.
- Zahlreiche Spiele erweitern das Angebot des Kursbuchs (ab Seite 88).
- Zu jedem Zwischenspiel finden Sie nachbereitende und erweiternde Übungen.
- Wiederholungsübungen und -spiele: Regelmäßige Wiederholungssequenzen sind besonders im Anfängerunterricht wichtig (ab Seite 118).
- Testvorlagen zu jeder Lektion: So können Sie oder Ihre TN die Kenntnisse überprüfen (ab Seite 124).

Anhang

Hier finden Sie die Transkriptionen aller Hörtexte des Kursbuchs und des Arbeitsbuchs sowie die Lösungen zu den Übungen im Arbeitsbuch und den Tests. Diese können Sie bei Bedarf auch für Ihre TN kopieren und zur Selbstkontrolle bereitstellen.

Praktische Tipps für den Unterricht mit *Schritte plus* – Die Foto-Hörgeschichte

1. Die Foto-Hörgeschichte

Beginnen Sie den Unterricht nicht direkt mit dem Hören der Geschichte. Die TN lösen zu jeder Episode Aufgaben vor dem Hören, während des Hörens und nach dem Hören. Generell sollten Sie die Geschichte so oft wie nötig vorspielen und ggf. an entscheidenden Passagen stoppen. Achten Sie darauf, jede Episode mindestens einmal durchgehend vorzuspielen.

Hören Sie am Ende jeder Lektion die Geschichte mit den TN noch einmal. Das ermutigt sie, denn sie können erleben, wie viel sie im Vergleich zum allerersten Hören nun schon verstehen, und das fördert die Motivation zum Weiterlernen.

1.1 Aufgaben vor dem Hören

Die Aufgaben vor dem Hören machen eine situative Einordnung der Geschichte möglich. Sie führen neue, für das Verständnis wichtige Wörter der Geschichte ein und lenken die Aufmerksamkeit auf die im Text wichtigen Passagen und Schlüsselwörter. Für die Vorentlastung bieten sich außerdem viele weitere Möglichkeiten:

Fotosalat und Satzsalat
Kopieren Sie die Fotos und schneiden Sie die einzelnen Fotos aus. Achten Sie darauf, die Nummerierung auf den Fotos wegzuschneiden. Die Bücher bleiben geschlossen. Verteilen Sie je ein Fotoset an Kleingruppen mit 3–4 TN. Die TN legen die Fotos in eine mögliche Reihenfolge, hören die Geschichte mit geschlossenen Büchern und vergleichen die Foto-Hörgeschichte mit ihrer Reihenfolge. Sie korrigieren ggf. ihre Reihenfolge.
Diese Übung kann um Satzkarten erweitert werden: Schreiben Sie zu den Fotos einfache Sätze oder Zitate aus der Geschichte auf Kärtchen, die die TN dann den Fotos zuordnen. Sie können hier auch zwischen geübteren und ungeübteren TN differenzieren, indem Sie geübteren TN weniger Vorgaben und Hilfen an die Hand geben als den ungeübteren.
Auf fortgeschrittenerem Niveau können sich die TN zu ihrer Reihenfolge der Fotos eine kleine Geschichte ausdenken oder Mini-Gespräche schreiben. Ihre Geschichte können sie dann beim Hören mit dem Hörtext vergleichen.

Poster
Jede Foto-Hörgeschichte gibt es auch als großes Poster, das Sie im Kursraum aufhängen können oder für einen Fotosalat verwenden können. Wenn Sie nur *ein* Poster haben, geben Sie je ein aus dem Poster ausgeschnittenes Foto an eine Kleingruppe. Die Gruppen versuchen dann, den richtigen Platz in der Geschichte für ihr Foto zu finden, und entwickeln eine gemeinsame Reihenfolge. So müssen sich alle beteiligen und mitreden. Alternativ können die TN aus ihrer Gruppe auch je einen TN bestimmen, der sich mit den anderen gewählten TN vor dem Kurs in der richtigen Reihenfolge aufstellen muss, sodass diese TN die Reihenfolge der Geschichte bilden und das Foto vor sich halten. Das macht Spaß, weil die TN sich bewegen müssen und womöglich mehrmals umgestellt werden, bis alle mit der Reihenfolge einverstanden sind.

Hypothesen bilden
Verraten Sie den TN nur die Überschrift der Lektion und zeigen Sie ggf. noch eines der Fotos auf Folie. Die TN spekulieren, soweit es die Sprachkenntnisse zulassen, worum es in der Geschichte gehen könnte (Wo? Wer? Was? Wie viele? Wie? Warum?). Oder die TN sehen sich die Fotos im Buch an und stellen Vermutungen über den Verlauf der Handlung an. Das motiviert und macht auf die Geschichte neugierig. Zudem wird das spätere Hören in der Fremdsprache erleichtert, weil eine bestimmte Hör-Erwartung aufgebaut wird. Fortgeschrittenere Anfänger können sich im Vorfeld Mini-Gespräche zu den Fotos überlegen und ein kleines Rollenspiel machen. Nach dem Hören vergleichen sie dann ihren Text mit dem Hörtext.

Situationsverwandte Bilder/Texte
Vielleicht finden Sie einen passenden Text oder ein Bild / einen Comic, den Sie verwenden können, um in das Thema einzuführen und unbekannten Wortschatz zu klären. Diese Übungsform eignet sich, wenn Sie erst ganz allgemein auf ein Thema hinführen wollen, ohne die Fotos aus der Foto-Hörgeschichte schon zu zeigen. Zeigen Sie z.B. beim Thema „Reise" Fotos aus Reiseprospekten. Die TN nennen die ihnen bekannten Begriffe oder beschreiben die Fotos. Dadurch wird das Vorwissen der TN aktiviert.

Praktische Tipps für den Unterricht mit *Schritte plus* – Die Foto-Hörgeschichte

1.2 Aufgaben während des Hörens

Die TN sollten die Geschichte mindestens einmal durchgehend hören, damit der vollständige Zusammenhang gegeben ist. Dabei ist es nicht wichtig, dass die TN sofort alles erfassen. Sie haben verschiedene Möglichkeiten, den TN das Verstehen zu erleichtern:

Mitzeigen
Beim Wechsel von einem Foto zum nächsten ist ein „Klick" zu hören, der es den TN erleichtert, dem Hörtext zu folgen. Bei jedem Klick können die TN wieder in die Geschichte einsteigen und mithören, falls sie den Faden einmal verloren haben sollten. Als weitere Hilfestellung können Sie zumindest in den ersten Stunden einen TN bitten, auf dem Poster der Foto-Hörgeschichte mitzuzeigen. Die übrigen TN zeigen in ihrem Buch mit, sodass Sie kontrollieren können, ob alle der Geschichte folgen können.

Wort-/Bildkärtchen
Stellen Sie im Vorfeld Kärtchen mit Informationen aus der Foto-Hörgeschichte her (z.B. Lektion 8: Kopiervorlage L8/1). Die TN hören die Geschichte mit geschlossenen Büchern und legen die Kärtchen während des Hörens in die Reihenfolge, in der die Informationen in der Geschichte vorkommen.

Antizipation
Wenn die TN wenig Verständnisschwierigkeiten beim Hören haben bzw. wenn die TN schon geübter sind, können Sie die Foto-Geschichte natürlich auch während des Hörens immer wieder stoppen und die TN ermuntern, über den Fort- und Ausgang der Geschichte zu spekulieren. Allerdings sollten Sie die Geschichte im Anschluss auch einmal durchgehend vorspielen.

1.3 Aufgaben nach dem Hören

Die Aufgaben nach dem Hören dienen dem Heraushören von Kernaussagen. Sie überprüfen, ob die Handlung global verstanden wurde. Lesen Sie die Aufgaben gemeinsam mit den TN, geben Sie Gelegenheit zu Wortschatzfragen und spielen Sie die Geschichte noch weitere Male vor, um den TN das Lösen der Aufgaben zu erleichtern. Stoppen Sie die Geschichte ggf. an den entscheidenden Passagen, um den TN Zeit für die Eintragung ihrer Lösung zu geben. Darüber hinaus können Sie die Foto-Hörgeschichte für weitere spielerische Aktivitäten im Unterricht nutzen und so den Wortschatz festigen und erweitern:

Rollenspiele
Vor allem schon geübtere TN können kleine Gespräche zu einem oder mehreren Fotos schreiben. Diese Gespräche werden dann vor dem Plenum als kleine Rollenspiele nachgespielt. Regen Sie die TN auch dazu an, die Geschichte weiterzuentwickeln und eine Fortsetzung zu erfinden.

Pantomime
Stoppen Sie die CD beim zweiten oder wiederholten Hören jeweils nach der Rede einer Person. Bitten Sie die TN, in die jeweilige Rolle zu schlüpfen. Lassen Sie die TN pantomimisch darstellen, was sie soeben gehört haben. Fahren Sie dann mit der Foto-Hörgeschichte fort. Wenn die TN schon geübter sind, können die TN die Geschichte pantomimisch mitspielen, während Sie diese noch einmal vorspielen.

Kursteilnehmerdiktat
Die TN betrachten die Fotos. Ermuntern Sie einen TN, einen beliebigen Satz zu einem der Fotos zu sagen, z.B. „Larissa will im Urlaub reiten." Alle TN schreiben diesen Satz auf. Ein anderer TN setzt die Aktivität fort, z.B. „Aber Simon möchte lieber surfen." etc. So entsteht eine kleine Geschichte oder ein Dialog. Die TN sollten auch eine Überschrift für ihren gemeinsam erarbeiteten Text finden. Schreiben Sie oder einer der TN auf der Rückseite der Tafel oder auf Folie mit, damit die TN abschließend eine Möglichkeit zur Korrektur ihrer Sätze haben. Diese Übung trainiert nicht nur eine korrekte Orthografie, sondern dient auch der Wiederholung und Festigung von Wortschatz und Redemitteln.

Situationsverwandte Bilder/Texte
Auch nach dem Hören können Sie situationsverwandte Bilder oder Texte zur Vertiefung des Themas der Foto-Hörgeschichte nutzen. Die TN können die Unterschiede zwischen der Foto-Hörgeschichte und dem Text oder der Situation herausarbeiten. So könnte z.B. mithilfe einer Statistik zu den beliebtesten Reisezielen in Deutschland (bzw. in Österreich oder in der Schweiz) ein Gespräch über Lieblingsreiseziele der TN entstehen.
Texte oder Bilder können auch in eine andere Situation überleiten und nach dem Hören der Foto-Hörgeschichte zur Erweiterung eingesetzt werden (z.B. Lektion 8: Wochenende; weiterführend: Hobbys und Möglichkeiten der Freizeitgestaltung). Damit werden Wörter und Redemittel in einen anderen Zusammenhang transferiert und erweitert. Sie können so individuell auf die Interessen Ihres Kurses eingehen.

Praktische Tipps für den Unterricht mit *Schritte plus* – Foto-Hörgeschichte/Variationsaufgaben/Grammatikspot

Phonetik

Die Foto-Hörgeschichte bietet sich sehr gut für das Aussprachetraining an, denn sie enthält viele für den Alltag wichtige Redemittel, die sich gut als Formeln merken lassen. Greifen Sie wesentliche Zitate/Passagen aus der Geschichte heraus, spielen Sie diese isoliert vor und lassen Sie die TN diese Sätze nachsprechen. Der Hörspielcharakter und der situative Bezug innerhalb der Foto-Hörgeschichte erleichtern den TN das Memorieren solcher Redemittel. Außerdem lernen die TN, auch emotionale Aspekte (Empörung, Freude, Trauer, Wut, Mitgefühl ...) auszudrücken. Schließlich kommt es nicht nur darauf an, was man sagt, sondern vor allem darauf, wie man es sagt. In jeder Sprache werden ganz unterschiedliche Mittel benutzt, um solche emotionalen Aspekte auszudrücken.

Nicht zuletzt können auch Modalpartikeln wie „doch", „aber", „eben" unbewusst eingeschleift werden. Die Bedeutung von Modalpartikeln zu erklären ist im Anfängerunterricht schwierig und daher oft wenig sinnvoll. Mithilfe der Zitate aus der Foto-Hörgeschichte können die TN diese aber internalisieren und automatisch anwenden, ohne dass Erklärungen erforderlich sind.

2. Variationsaufgaben

Kurze, alltagsbezogene Modelldialoge, die die TN variieren sollen, sind ein wesentliches Merkmal von *Schritte plus*. Diese Modelldialoge sind durch eine orangefarbene geringelte Linie links neben der Aufgabe für Sie und Ihre TN sofort erkennbar. Durch das Variieren der Modelldialoge bekommen die TN ein Gespür für die neuen Strukturen. Durch das aktive Verwenden und Memorieren werden diese zu beherrschbarem Sprachmaterial. Die TN gewinnen Vertrauen in die Erlernbarkeit des Neuen. Für die Variationsaufgaben bietet sich folgendes Vorgehen an:

- Die TN decken den Modelldialog zu und hören ihn zunächst nur. Falls vorhanden, sehen sie dabei zugehörige Bilder/Fotos an. Wenn Sie die Bilder/Fotos auf Folie kopieren, können die TN die Bücher geschlossen lassen und sich auf die Situation konzentrieren.
- Stoppen Sie den Modelldialog beim zweiten Hören nach jedem einzelnen Sprechpart. Die TN sprechen – immer noch ohne mitzulesen – im Chor nach.
- Die TN hören den ganzen Dialog und lesen mit.
- Die TN lesen und sprechen den Dialog in Partnerarbeit in verteilten Rollen.
- Die TN lesen die Varianten.
- Die TN sprechen den Dialog in Partnerarbeit mit Varianten. Die farbigen Unterlegungen helfen zu erkennen, welche Teile des Gesprächs variiert werden sollen. Achten Sie darauf, dass die TN den Dialog erst dann mit Varianten sprechen, wenn sie Sprechsicherheit beim Modelldialog erreicht haben. Wichtig ist auch, dass die Partner ihre Sprech(er)rollen abwechseln, damit jeder TN einmal Varianten bilden muss.
- Abschließend können einige TN ihre Dialoge im Plenum präsentieren. Hier reichen ein bis zwei Beispiele aus. Es ist nicht nötig, alle Varianten präsentieren zu lassen.

Die TN können den Modelldialog auch schriftlich festhalten, um durch Abschreiben ihre Orthografie zu verbessern und sich wichtige Redemittel besser einzuprägen. Bitten Sie die TN auch, den Dialog auswendig zu lernen und vorzuspielen.

Bitten Sie schnelle TN, die Dialoge mit den Varianten auf einer Folie oder an der Tafel zu notieren. Die anderen TN können dann kontrollieren, ob sie die Varianten richtig gebildet haben. Schnelle TN können außerdem zusätzliche Varianten erfinden.

3. Grammatikspot

Schreiben Sie die Beispiele aus dem Grammatikspot an die Tafel und heben Sie die neuen Strukturen – wie im Grammatikspot – visuell hervor. Verweisen Sie auf die Einführungsaufgabe und zeigen Sie jetzt die dahinterstehende Struktur auf. Nach Möglichkeit sollten Sie dabei auf grammatische Terminologie verzichten oder sie nur sparsam verwenden. Die TN sollten das Gefühl haben, Grammatik als Hilfsmittel für das Sprechen zu lernen und nicht als Selbstzweck.

Verweisen Sie auch später immer wieder auf den Grammatikspot. Er soll den TN auch bei den anschließenden Anwendungsaufgaben als Gedächtnisstütze und Orientierungshilfe dienen.

Praktische Tipps für den Unterricht mit *Schritte plus* – Aktivität im Kurs/Zwischenspiel

4. Aktivität im Kurs

In den Abschlussaufgaben wird der Lernstoff in den persönlichen Bereich der TN übertragen. Sie befragen sich gegenseitig nach ihren Hobbys, ihren Vorlieben und Abneigungen etc. oder üben den Lernstoff durch eine spielerische Aktivität in Kleingruppen. Bei dieser Art von Aufgaben geht es häufig darum, dass die TN selbst Kärtchen, Plakate oder Formulare herstellen, was nicht nur ein sehr gutes Schreibtraining, sondern auch sehr förderlich für das Kursklima ist (gemeinsam etwas tun!). Die selbst hergestellten Kärtchen dienen – wie in der Prüfung *Start Deutsch* – als Impuls für kurze Frage-Antwort-Dialoge. Wenn Sie nicht genug Zeit im Unterricht für Bastelarbeiten haben, können Sie zu diesen Aufgaben Kopiervorlagen aus diesem Lehrerhandbuch nutzen.

In den Abschlussaufgaben sollten die TN die Gelegenheit haben, frei zu sprechen und sich frei auszudrücken. Vermeiden Sie daher in dieser Phase Korrekturen. Gerade bei den Aktivitäten im Kurs wird auf einen Wechsel der Sozialform geachtet. Versuchen Sie, die TN auch sonst möglichst oft abwechselnd in Stillarbeit, Partnerarbeit oder Kleingruppen arbeiten zu lassen. Es gibt viele Möglichkeiten, Gruppen zu bilden:

Paare:
- Verteilen Sie Kärtchen, auf denen z.B. Frage und Antwort stehen. TN mit einer Frage suchen den TN mit der passenden Antwort. Dies können Sie später auch mit Verbformen (Infinitiv und Partizip), Gegensatzpaaren, Komposita oder mehrsilbigen Wörtern etc. durchführen.
- Kleben Sie vor dem Unterricht unter oder hinter die Stühle der TN Zettelchen, von denen je zwei die gleiche Farbe haben. Das geht auch mit Bonbons. So können Sie die Partnerfindung steuern.
- Nehmen Sie ein Bündel Schnüre, Anzahl: die Hälfte Ihrer TN. Die TN fassen je ein Ende einer Schnur, am anderen Ende der Schnur finden sie ihre Partnerin / ihren Partner.
- Das „Atomspiel": Die TN stehen auf und bewegen sich frei im Raum, evtl. können Sie Musik dazu vorspielen. Als Stoppzeichen rufen Sie „Atom 2" (alternativ: 3/4/5/...). Die TN finden sich paarweise (bzw. zu Dreier-, Vierer-, Fünfergruppen ...) zusammen.

Gruppen:
- Zerschneiden Sie einen Satz in seine Bestandteile: Die TN müssen den Satz zusammenfügen (z.B. „Und wie heißen Sie?") und bilden eine Gruppe.
- Lassen Sie die TN abzählen (bei einer Gruppe von 21 TN von 1 bis 7, alle Einser gehen zusammen, alle Zweier etc. = sieben Gruppen à drei Personen).
- Zerschneiden Sie Postkarten (Bilderpuzzle) oder Spielkarten und verteilen Sie sie: Die TN suchen die fehlenden Puzzleteile und finden so gleichzeitig ihre Partner.
- Definieren Sie bestimmte Merkmale: Alle mit Brille, alle mit blauen Augen ... bilden eine Gruppe.

5. Das Zwischenspiel

Das Zwischenspiel zu jeder Lektion fördert spielerisch kreativen Umgang mit interessanten Lese- und Hörtexten und vermittelt landeskundliches Wissen. Auch hier werden Themen und Lernziele aus dem Rahmencurriculum umgesetzt. Auf die Zwischenspiele, die prüfungsrelevanten Inhalt haben, wird jeweils hingewiesen.

Sie können die Texte des Zwischenspiels mit den TN einfach lesen bzw. hören und die Aufgaben dazu lösen, ohne sie didaktisch aufzubereiten. Für eine ausführlichere Behandlung der Zwischenspiele finden Sie in diesem Lehrerhandbuch Didaktisierungsvorschläge und eine Kopiervorlage als zusätzliches Übungsangebot. Diese Kopiervorlage sowie landeskundliche Hintergrundinformationen und Vorschläge für Internetrecherchen finden Sie auch im Internet unter www.hueber.de/schritte-plus.

Praktische Tipps für den Unterricht mit *Schritte plus* – Binnendifferenzierung

6. Binnendifferenzierung

6.1 Allgemeine Hinweise

Wichtig: Es ist nicht nötig, dass immer alle alles machen! Teilen Sie die Gruppen nach Kenntnisstand und/oder Neigung ein. Die einzelnen Gruppen können ihre Ergebnisse dem Plenum präsentieren: So lernen die TN miteinander und voneinander.

- Stellen Sie Mindestaufgaben, die von allen TN gelöst werden sollen. Besonders schnelle TN bekommen zusätzliche Aufgaben, z.B. Erweiterungsübungen im Arbeitsbuch (siehe unten). Entziehen Sie geübteren TN Hilfen, indem Sie z.B. Schüttelkästen wegschneiden. Dadurch werden diese TN mehr gefordert.
- Binden Sie schnellere TN als Co-Lehrer mit ein: Wenn diese eine Aufgabe beendet haben, können sie die Lösung schon an die Tafel oder auf eine Folie schreiben.
- Stellen Sie Gruppen nach Neigung oder Lerntypen zusammen. Haben Sie beispielsweise visuell und kognitiv orientierte TN, können Sie neue grammatische Formen für visuelle Lerntypen mit Beispielen und Farben an der Tafel präsentieren. Kognitive Lerntypen erhalten eine Tabelle, in der sie Formen selbstständig systematisch eintragen können und sich so ein Schema erarbeiten. Für diesen Lerntyp bieten sich die Übungen im Arbeitsbuch zum selbstentdeckenden Lernen der Grammatik sehr gut an.
- Lassen Sie bei unterschiedlich schwierigen Aufgaben die TN selbst wählen, welche sie übernehmen möchten. Die TN entscheiden dadurch selbst, wie viel sie sich zumuten möchten. Damit vermeiden Sie eine feste Rollenzuweisung, denn ein TN kann sich einmal für die einfachere Aufgabe entscheiden, weil er sich selbst noch unsicher fühlt, ein anderes Mal aber für die schwierigere, weil er sich in diesem Fall schon sicher fühlt.

6.2 Binnendifferenzierung im Kursbuch

Lesen
Nicht alle TN müssen alle Texte lesen: Bei unterschiedlich langen/schwierigen Texten verteilen Sie gezielt die kürzeren/leichteren an ungeübte TN und die längeren/schwierigeren an geübtere TN bzw. geben Sie den TN die Möglichkeit, selbst zu entscheiden, welchen Text sie bearbeiten möchten.

Hören
Sie können die TN auch hier in Gruppen aufteilen: Jede Gruppe achtet beim Hören auf einen bestimmten Sprecher und beantwortet anschließend Fragen, die sich auf diesen Sprecher beziehen.

Sprechen
TN, die noch Hilfestellung benötigen, können bei Sprechaufgaben auf die Redemittel auf den Kursbuchseiten und auf der Übersichtsseite als Orientierungs- und Nachschlagehilfe zurückgreifen. Geübtere TN sollten das Buch schließen.

Schreiben
Achten Sie auf Vorlieben der TN. Nicht alle haben Freude am kreativen Erfinden von kurzen Texten. Bieten Sie auch Diktate an (siehe Seite 12) oder helfen Sie TN, die Schwierigkeiten beim Schreiben haben, indem Sie ihnen Beispieltexte mit Lücken zum Ausfüllen geben. Sie können dann die Fertigkeit „Schreiben" allmählich aufbauen.

Schon fertig?
Schnellen TN können Sie an vielen Stellen über die Kursbuchaufgaben hinausgehende Aufgaben – gekennzeichnet durch die Frage „Schon fertig?" – anbieten. Somit können Sie weniger geübten TN ausreichend Zeit zur Bearbeitung der Aufgaben im Kursbuch geben. Gehen Sie herum und helfen Sie individuell.

Praktische Tipps für den Unterricht mit *Schritte plus* – Binnendifferenzierung/Lerntagebuch/Fokus-Seiten

6.3 Binnendifferenzierung im Arbeitsbuch

Die binnendifferenzierenden Übungen im Arbeitsbuch können im Kurs oder als Hausaufgabe bearbeitet werden. Es empfiehlt sich folgendes Vorgehen:

- Die Basisübungen mit der schwarzen Arbeitsanweisung sollten von allen TN gelöst werden.
- Zusätzlich können die Vertiefungsübungen (blaugraue Arbeitsanweisung) und die Erweiterungsübungen (tiefblaue Arbeitsanweisungen) gelöst werden. Lassen Sie nach Möglichkeit die TN selbst entscheiden, wie viele Aufgaben sie lösen möchten, oder geben Sie bei der Stillarbeit im Kurs einen bestimmten Zeitrahmen vor, in dem die TN Übungen lösen können. So vermeiden Sie, dass nicht so schnelle TN sich unter Druck gesetzt fühlen.

Die schwarzen und blaugrauen Übungen sollten Sie im Plenum kontrollieren – durch Vorlesen im Kurs oder durch Selbstkontrolle der TN mithilfe einer Folie, auf der Sie oder ein TN zuvor die Lösungen notiert haben. Erweiterungsübungen führen über den Basiskenntnisstand hinaus. Hier gibt es auch freiere Übungsformen, z.B. das Schreiben von Dialogen anhand von Vorgaben. Die TN können sich bei diesen Übungen selbstständig zu zweit kontrollieren oder Sie verteilen eine Kopie mit den Lösungen. Bei freien Schreibaufgaben sollten Sie die Texte einsammeln und in der folgenden Unterrichtsstunde korrigiert zurückgeben.

7. Das Lerntagebuch

Gehen Sie bei der Arbeit mit dem Lerntagebuch folgendermaßen vor:
- Machen Sie die Eintragungen zu einer neuen Lerntechnik am Anfang mit den TN gemeinsam, um die Arbeitstechnik zu verdeutlichen. Später können die TN dann selbstständig entscheiden, ob sie diese Lerntechnik anwenden wollen.
- Aufgaben, die eine eindeutige Lösung haben, z.B. eine Tabelle erstellen, sollten im Kurs kontrolliert werden, indem die Lösung z.B. auf einer Folie präsentiert wird und die TN vergleichen und korrigieren.
- Achten Sie darauf, dass die TN sich mit der Zeit regelmäßig selbstständig Notizen zu dem machen, was sie im Unterricht gelernt haben.
- Auf fortgeschrittenerem Niveau kann im Unterricht auch über die verschiedenen Lerntechniken diskutiert werden (Wer wendet was warum an oder nicht an?) und die TN können ihre Tipps austauschen.
- Regen Sie die TN immer wieder dazu an, auch Dinge im Lerntagebuch zu notieren, die sie außerhalb des Unterrichts gelernt und entdeckt haben und die sie in den Unterricht einbringen könnten.
- Regen Sie die TN auch dazu an, Ergebnisse von Gruppenarbeiten und Projekten im Lerntagebuch abzuheften und sich so ein individuelles Tagebuch zusammenzustellen, in dem sie ihre Lernfortschritte dokumentiert haben. Das ist nicht nur eine gute Hilfe zum späteren Nachschlagen und Wiederholen von Lernstoff, sondern auch eine schöne Erinnerung.

8. Die Fokus-Seiten

Die Fokus-Seiten am Ende des Arbeitsbuchs sind eine Mischung aus Input und Übungen zu sehr konkreten Sprachhandlungen, die im Alltag von Migrantinnen und Migranten eine Rolle spielen. Sie greifen Lernziele auf, die im Rahmencurriculum festgeschrieben sind. Sie bieten – thematisch passend zur jeweiligen Lektion – zusätzliche Materialien zu den Themen Alltag, Beruf und Familie. Zu jeder Lektion gibt es zwei Fokus-Seiten. Alle Fokus-Seiten können fakultativ, den Bedürfnissen der Zielgruppe entsprechend, im Unterricht bearbeitet werden. Didaktisierungsvorschläge finden Sie in diesem Lehrerhandbuch. Zu vielen Fokus-Themen gibt es außerdem ausführliche Projekt-Vorschläge.

Praktische Tipps für den Unterricht mit *Schritte plus* – Projekte/Lernwortschatz

9. Die Projekte

Projekte finden Sie im Arbeitsbuch sowohl im Übungsteil als auch auf den Fokus-Seiten. Gehen Sie bei der Projektarbeit folgendermaßen vor:

Vorbereitung
Bereiten Sie das Projekt immer sprachlich so weit wie nötig vor: Wiederholen bzw. erarbeiten Sie mit den TN notwendige Redemittel und noch unbekannten Wortschatz. Das gibt den TN Sicherheit und bereitet sie auf den Kontakt mit Muttersprachlern vor.

Durchführung
Sie können das Projekt als Hausaufgabe aufgeben, die einzeln oder im Team gelöst werden soll. Wenn Sie mehr Zeit zur Verfügung haben, bieten sich die Projekte auch für die selbstständige Gruppenarbeit während der Unterrichtszeit an.

Präsentation
Die TN präsentieren ihre Ergebnisse im Kurs. Damit die Präsentation anschaulich wird, sollten die TN alle Materialien, die sie bei der Projektarbeit benutzt haben, mit in den Unterricht bringen oder eine Collage erstellen, die dann im Kursraum aufgehängt wird. Bei geeigneten Projekten können die TN auch Tonband- oder Videoaufnahmen machen und diese mit in den Unterricht bringen. Solche Präsentationen bereichern den Unterricht und erhöhen die Motivation der TN.

10. Die Lernwortschatzseiten

Jede Lektion endet mit dem Lektionswortschatz, der nach Themenfeldern sortiert ist. Der Lernwortschatz richtet sich nach der Liste des *Deutsch-Tests für Zuwanderer*. Die Teilnehmer können Übersetzungen in ihre Muttersprache, eigene Sätze und Erklärungen ergänzen.

Weitere Unterrichtsmaterialien zu *Schritte plus*

Zur Unterstützung Ihres Unterrichts und für das selbstständige Weiterüben der TN gibt es ein breites, fakultatives Zusatzangebot zu *Schritte plus*:

Für den Lernenden:
- Glossare: sind zu verschiedenen Ausgangssprachen erhältlich und helfen individuell beim Nachschlagen und Lernen von Wortschatz.
- Intensivtrainer: Diese Verbindung aus Testheft und Übungsbuch ist für das selbstständige Lernen zu Hause und zur Selbstevaluation gedacht.
- Übungsgrammatik: Sie enthält den kompletten Grammatikstoff der Niveaustufen A1, A2 und B1 sowie Übungen zum selbstständigen Nachschlagen und Üben.
- Prüfungstraining: Auf die unterschiedlichen Aufgabenstellungen der Prüfungen der Niveaustufen A1, A2 und B1 (*Start Deutsch 1/2*, *Deutsch-Test für Zuwanderer*, *Zertifikat Deutsch*) bereiten Zusatzhefte vor.
- Lektüren zur Foto-Hörgeschichte: Lesehefte mit Geschichten über die Protagonisten der Foto-Hörgeschichten fördern das Leseverstehen.
- Portfolio – nur im Internet unter www.hueber.de/schritte-plus: Die Lernenden können sich einzelne Blätter aus dem Internet herunterladen und diese im Lerntagebuch-Ordner abheften. Die bereits im Lerntagebuch erworbenen Lerntechniken sind dabei eine von mehreren Kategorien des Portfolios.

Für die Unterrichtsvorbereitung:
- Diktate und zusätzliche Lesetexte
- Übungsblätter per Mausklick (CD-ROM zur schnellen Erstellung neuer Arbeitsblätter)
- Zusatzmaterialien für die speziellen Integrationskurse für Jugendliche oder für Frauen und Eltern sowie für Kurse mit dem Schwerpunkt Berufssprache (als kostenpflichtige Module im Internet oder als Hefte)
- Poster zu den Foto-Hörgeschichten

Internetservice:
Unter www.hueber.de/schritte-plus finden Sie Online-Übungen für die Lernenden, weitere Arbeitsblätter, die Einstufungstests zu *Schritte plus*, Informationen, Recherchevorschläge, Links und vieles mehr.
Im Internet finden Sie auch spezielle Materialien für Österreich und für die Schweiz.

Materialien
Foto-Hörgeschichten aus *Schritte plus 3* in Kopie
oder als Poster
CD zu *Schritte plus 3*

Die erste Stunde im Kurs

Bevor Sie mit Lektion 8 beginnen, sollten Sie je nach Ausgangssituation Ihres Kurses die Seite „Die erste Stunde im Kurs" im Unterricht durchnehmen.

Situation 1: Ihr Kurs läuft weiter und alle TN kennen *Schritte plus 3*.
In diesem Fall können Sie mit den TN eine kleine Rückschau halten: Die TN lesen die Texte zu Maria, Susanne, Kurt, Larissa und Simon und ergänzen in Kleingruppen, was sie sonst noch alles über die Protagonisten der Foto-Hörgeschichte wissen. Stellen Sie, wenn nötig, gezielt Fragen zu den Protagonisten, z.B.: „Wie findet Maria das deutsche Frühstück?", und zu den Ereignissen in den Foto-Hörgeschichten.
Variante: Wenn Sie wenig Zeit im Kurs haben, können Sie auch direkt mit Lektion 8 beginnen.

Situation 2: Ein neuer Kurs hat begonnen, einige TN haben schon mit *Schritte plus 3* gelernt.
1. Wenn mit *Schritte plus 4* ein neuer Kurs beginnt, der sich sowohl aus neuen TN als auch aus TN zusammensetzt, die schon mit *Schritte plus 3* Deutsch gelernt haben, sollten die TN zuerst Gelegenheit haben, sich kennenzulernen. Bitten Sie die TN, sich kurz vorzustellen und ein Namensschild aufzustellen.
2. *fakultativ:* In Kursen mit überwiegend noch ungeübten TN sollten Sie mit den TN sammeln, was man über sich erzählen kann (Beruf, Hobbys, Familie …).
3. Die TN finden sich in Kleingruppen von 4–6 Personen zusammen und erzählen sich gegenseitig über sich. Achten Sie darauf, dass die Gruppen aus neuen und „alten" TN bestehen. Abschließend stellen die TN nacheinander die Personen aus der Gruppe den anderen Gruppen vor.
4. Teilen Sie den Kurs in neue und „alte" TN. Die neu hinzugekommenen TN lesen die Texte im Buch und bekommen so einen ersten Eindruck von den Protagonisten der Foto-Hörgeschichte. Sie ergänzen die passenden Namen in der Aufgabe zu den Texten. Die TN, die die Foto-Hörgeschichte aus *Schritte plus 3* bereits kennen, versuchen gemeinsam, die wichtigsten Informationen aus den Foto-Hörgeschichten von *Schritte plus 3* zu sammeln und sich Notizen dazu zu machen.
5. Die TN finden sich in Kleingruppen aus neuen und „alten" TN zusammen. Die TN, die die Foto-Hörgeschichten schon kennen, erzählen, was sie über Maria und Familie Braun-Weniger wissen, und zeigen dabei die Geschichten im Kursbuch zu *Schritte plus 3* oder auf Kopien bzw. Postern.

Situation 3: Ein neuer Kurs beginnt und die TN kennen *Schritte plus 3* alle noch nicht.
1. Wenn die TN sich alle noch nicht kennen und zuvor mit einem anderen Lehrwerk Deutsch gelernt haben, sollten Sie ebenfalls zunächst Gelegenheit zu einer Vorstellungsrunde und einem Gespräch in Kleingruppen geben (vgl. Situation 2).
2. Die TN lesen die Texte zu den Protagonisten im Buch und lösen die Aufgabe dazu.
Lösung: Kurt ist Taxifahrer; Susanne arbeitet in einer Apotheke; Kurt und Susanne bekommen bald ein Baby; Simon ist 14 Jahre alt. Er geht in die 9. Klasse. Er ist der Sohn von Kurt. Maria ist 20 Jahre alt. Sie kommt aus Südamerika. Sie möchte in Deutschland leben. Sie wohnt bei Familie Braun-Weniger. Larissa ist 15 Jahre alt. Sie geht in die 10. Klasse. Sie ist die Tochter von Susanne.
3. *fakultativ:* Nutzen Sie die erste Unterrichtsstunde für eine Einstimmung auf das gemeinsame Lernen und spielen Sie den TN einige oder alle Foto-Hörgeschichten aus *Schritte plus 3* vor. Zeigen Sie dazu auch die Fotos. Dies ist nicht nur ein „gemütlicher" Einstieg in den Kurs, sondern die TN aktivieren beim Hören auch ihre Kenntnisse und können nachfragen, wenn sie etwas nicht verstanden haben. Es ist auch eine gute Möglichkeit, den Wortschatz und die Strukturen aufzugreifen, die in *Schritte plus 4* vorausgesetzt werden. Sie können rasch feststellen, wo Wiederholungsbedarf besteht.

TIPP Um Sympathie unter den TN herzustellen, geben Sie ihnen die Möglichkeit, sich gleich zu Beginn etwas besser kennenzulernen: Die TN gehen im Kursraum umher und unterhalten sich mit jedem. Dabei versuchen sie, mindestens eine, besser zwei Gemeinsamkeiten zwischen sich und ihren Gesprächspartnern zu finden (z.B. gemeinsames Geburtsjahr, gemeinsame Lieblingsfarbe …). Geben Sie eine Zeit – ca. zehn Minuten – für die Gespräche vor. Anschließend berichten die TN im Kurs, welche Gemeinsamkeiten mit anderen TN sie entdeckt haben.

8 AM WOCHENENDE

Folge 8: *Wolfgang Amadeus ODER: Wichtigere Dinge*
Einstieg in das Thema: Wochenendaktivitäten

Materialien
1 Farbkopien der Fotos, Kopiervorlage L8/1

1 Vor dem Hören: Vermutungen äußern
1. Die Bücher sind geschlossen. Bilden Sie Kleingruppen von vier TN. Jede Gruppe erhält Farbkopien der Fotos und eine Kopie der Kopiervorlage L8/1.
   Hinweis: Wenn Sie viele neue TN in Ihrem Kurs haben, denen die Protagonisten der Foto-Hörgeschichte noch fremd sind, dann besprechen Sie mit den TN zuerst, wer jeweils auf den Fotos zu sehen ist. Sicher erinnern sich die TN an „Die erste Stunde im Kurs", wo sie die Protagonisten schon kennengelernt haben. Die TN stellen auch über die noch unbekannte Person auf Foto 7 Vermutungen an.
   Die TN ordnen die sieben Zitate der Kopiervorlage den Fotos zu und einigen sich in der Gruppe auf eine Geschichte zu allen Fotos. Es gibt hier kein Richtig oder Falsch, denn es geht darum, dass die TN in der Gruppe zu einer eigenen schlüssigen Geschichte kommen. Anschließend schreibt jede Gruppe zu einem Foto ein kurzes Gespräch.
2. Die Gruppen lesen ihre Gespräche vor, die anderen Gruppen überlegen, zu welchem Foto das Gespräch passt. Weitere Vorschläge zum Umgang mit der Foto-Hörgeschichte finden Sie auf Seite 5.
3. Die TN lösen die Aufgabe im Buch.
   Lösung: a) Zwei Tage wegfahren. b) Er darf nicht Skateboard fahren. c) Sie lernen zusammen.

2 Beim ersten Hören
1. Bitten Sie die TN, sich beim Hören auf die Frage zu konzentrieren, warum Simon schließlich doch Skateboard fahren kann.
2. Die TN hören die Foto-Hörgeschichte und formulieren in Partnerarbeit eine Antwort auf die Frage.
3. Abschlussdiskussion im Plenum.
   Lösungsvorschlag: Simon darf doch noch zum Skateboardfahren gehen, weil er Maria Informationen über den neuen Nachbarn gibt. Maria möchte den Nachbarn kennenlernen und nicht mehr mit Simon lernen.

3 Nach dem ersten Hören: Fragen zur Geschichte stellen
1. Machen Sie an der Tafel einen Wortigel zum Thema „Fragewörter". Bitten Sie die TN, Ihnen Fragewörter zuzurufen. Notieren Sie diese an der Tafel.
2. Die TN lesen die Aufgabenstellung und die Beispiele im Buch.
3. Die TN stellen sich im Plenum gegenseitig Fragen zur Foto-Hörgeschichte. Weisen Sie auf die Fragewörter an der Tafel hin und regen Sie die TN dazu an, möglichst viele verschiedene Fragewörter zu benutzen.

4 Nach dem Hören: Die Geschichte zusammenfassen
1. Die TN ergänzen die Namen. Wenn nötig, hören sie die Geschichte noch einmal.
2. Die TN vergleichen ihre Lösungen in Partnerarbeit.
3. Abschlusskontrolle im Plenum.
   Lösung (in der Reihenfolge ihres Vorkommens): Susanne; Maria; Larissa; Simon; Maria; Maria; Mozart; Simon; Sebastian; Simon

5 Nach dem Hören: Informationen über eine Person notieren
1. Die TN ergänzen die Informationen zu Sebastian, an die sie sich erinnern können. Sie hören ggf. den Ausschnitt zu Foto 5 (Track 6) noch einmal und notieren die fehlenden Informationen.
2. Abschlusskontrolle im Plenum. *Lösung*: Sebastian Klein, 22 Jahre alt, Student
3. *fakultativ*: Spekulieren Sie mit den TN darüber, wie die Geschichte zwischen Maria und Sebastian weitergeht, oder lassen Sie die TN die Geschichte als Hausaufgabe schreiben. Sammeln Sie vorher im Plenum Vorschläge für einen Titel der Geschichte und stimmen Sie ab, wie die Geschichte heißen soll, die die TN dann schreiben.

Materialien
A2 Folie
A4 Kopiervorlage L8/A4

... **Trotzdem** wollen wir mal für zwei Tage raus hier.

Konjunktion *trotzdem*
Lernziel: Die TN können Gegensätze ausdrücken.

A 8

A1 Präsentation der Konjunktion *trotzdem*
1. Die TN ordnen die Sätze zu.
2. Abschlusskontrolle im Plenum. *Lösung:* a) Trotzdem wollen Kurt und Susanne … b) Trotzdem hilft sie Simon …
3. Schreiben Sie den ersten Satz aus Beispiel a) an die Tafel. Fragen Sie die TN, was man normalerweise tut, wenn das Wetter nicht schön ist. Was erwartet man? Notieren Sie dann den zweiten Satz zu Beispiel a) und markieren Sie die Konjunktion „trotzdem". Erklären Sie den TN, dass man mit „trotzdem" einen Satz beginnt, der gegen die Erwartung steht. Markieren Sie wie im Tafelbild unten die Positionen 1 (= „trotzdem") und 3 (= Subjekt). Machen Sie den TN deutlich, dass diese beiden Positionen getauscht werden können.

> *Das Wetter ist nicht besonders schön.* (Trotzdem) *wollen* <u>Kurt und Susanne</u> *mal für zwei Tage raus.*
>
> Position 1 ◄─────► Position 3
>
> <u>Kurt und Susanne</u> *wollen* (trotzdem) *mal für zwei Tage raus.*

Arbeitsbuch 1–4: in Stillarbeit: In Übung 3 werden Nebensätze mit „weil" wiederholt. Machen Sie die TN noch einmal auf die Endstellung des Verbs aufmerksam.

A2 Variation: Anwendungsaufgabe zu *trotzdem*
1. Die TN hören das erste Mini-Gespräch.
2. Zeigen Sie auf das Tafelbild aus A1. Bitten Sie zwei TN, das Gespräch noch einmal zu lesen und dabei die Position von „trotzdem" zu tauschen.
3. Verfahren Sie mit dem zweiten Gespräch ebenso.
4. In Partnerarbeit variieren die TN die anderen Beispiele.
5. *fakultativ:* Erstellen Sie mit den TN auf einer Folie weitere Varianten in Stichwörtern so wie im Buch. Die TN gehen herum und befragen sich gegenseitig, was sie am Abend oder am Wochenende machen. Ungeübte TN können Beispiele von der Folie nehmen. Geübte TN formulieren freie Gespräche.

Arbeitsbuch 5–9: in Stillarbeit oder als Hausaufgabe

A3 Anwendungsaufgabe zu *trotzdem*
1. Die TN lesen den Notizzettel und sehen sich die Zeichnungen an.
2. In Partnerarbeit formulieren sie Sätze mit „trotzdem" wie im Beispiel. Ungeübte TN markieren zuerst mit Pfeilen, welches Bild zu welchem Ratschlag der Mutter gehört, bevor sie die Sätze sprechen.

A4 Aktivität im Kurs: Über eigene Fehler sprechen
1. Die TN lesen das Beispiel. Geben Sie den TN fünf Minuten Zeit, um so viele Sätze über sich zu notieren wie möglich. Wenn Sie „Stopp!" rufen, legen alle TN ihre Stifte auf den Tisch und zählen ihre Sätze. Der TN mit den meisten Sätzen liest die eigenen Sätze vor, während die anderen TN auf Fehler achten. Lassen Sie noch andere TN vortragen.
Variante: Wenn Sie die Aufgabe gelenkter gestalten möchten, verwenden Sie die Kopiervorlage L8/A4.
2. *fakultativ:* Im Anschluss an diese Übung können die TN auch einen Brief über ihr Leben in Deutschland (bzw. in Österreich oder in der Schweiz) schreiben. Wer schafft es, fünf Sätze mit „trotzdem" einzubauen? Lassen Sie die TN die Briefe auf Zettel schreiben, die Sie einsammeln und korrigieren können.

15 LEKTION 8

8 B Ich **hätte** gern mal ein bisschen Ruhe.

Konjunktiv II
Lernziel: Die TN können über Wünsche sprechen.

Materialien
Tipp: ein weicher Ball oder ein Tuch
B3 Zettel, Pappbox oder Mütze; Kopiervorlage L8/B3
Tipp: Fotos aus Zeitschriften
B4 Plakate, dicke Stifte
Lerntagebuch: auf Folie

B1 Präsentation des Konjunktiv II: *wäre, hätte, würde fahren*
1. Die TN sehen sich die Fotos und die Beispielsätze an und ordnen sie zu.
2. Die TN kontrollieren ihre Lösungen in Partnerarbeit.
3. Abschlusskontrolle im Plenum.
   Lösung: A Wir fahren eigentlich nie ohne die Kinder weg. Wir würden gern mal wieder allein wegfahren. B Jetzt bin ich immer noch hier und muss lernen. Aber ich wäre so gern auf dem Skateboardplatz!
4. Erklären Sie den TN, dass die Zitate in den Gedankenblasen Wünsche ausdrücken. Wünsche sagen, was (noch) nicht Wirklichkeit ist. Dafür haben die Verben im Deutschen eine besondere Form: „sein" wird zu „wäre", „haben" zu „hätte", für alle anderen Verben wird in der Alltagssprache üblicherweise „würde" und Infinitiv benutzt. Die Formen „könnte" und „würde" sind den TN als Höflichkeitsform schon in *Schritte plus 2,* Lektion 12, begegnet. Notieren Sie alle Formen an der Tafel und weisen Sie auf die Grammatikspots hin.
   Machen Sie die TN auf die Ähnlichkeit von „wäre" und „hätte" mit den Vergangenheitsformen dieser Verben aufmerksam. Aus „a" wird „ä", die Endungen sind gleich. Weisen Sie auch auf die Formen von „du wär(e)st" und „ihr wär(e)t" hin. Hier kann man das „e" hinzufügen oder weglassen.

Arbeitsbuch 10: im Kurs

B2 Anwendungsaufgabe zum Konjunktiv II
1. Die TN sehen sich Bild A an. Fragen Sie: „Was ist wirklich?" Wenn nötig, stellen Sie Zusatzfragen: „Wo sind die Personen? Was machen sie? Was trägt die Frau?" Fragen Sie dann nach dem Wunsch der Frau: „Was wünscht sie sich?"
2. Die übrigen Beispiele besprechen die TN in Partnerarbeit. Geübte TN können sich auch darüber unterhalten, warum die Person auf der Zeichnung diesen Wunsch hat. Wenn sie genug Zeit haben, können die TN auch kleine Geschichten zu den Zeichnungen schreiben. Was ist vorher passiert, was passiert später noch?

TIPP Kleine Geschichten können die TN auch gemeinsam schreiben, z.B. zu Bild A. Geben Sie einen Anfang vor, den Sie an die Tafel schreiben. „Eines Tages gehen Herr und Frau Müller in die Stadt, weil ..." Werfen Sie einem TN einen Ball oder ein Tuch zu. Sie/Er muss die Geschichte fortsetzen. Schreiben Sie den neuen Satz erst an die Tafel, wenn er korrekt ist. Fragen Sie ggf. auch andere TN nach Fehlern. Der Ball / Das Tuch wird einem anderen TN zugeworfen. Hier können Sie noch einmal an die Wörter erinnern, mit denen man Sätze in Erzählungen verbinden kann: zuerst, dann, später, schließlich etc.

Arbeitsbuch 11–13: als Hausaufgabe

B3 Aktivität im Kurs: Eigene Wünsche formulieren
1. Schreiben Sie die drei Fragen aus B3 an die Tafel. Besprechen Sie das Beispiel aus dem Buch. Verteilen Sie kleine Zettel an die TN. Jeder TN notiert individuell vier Antworten auf dem eigenen Zettel. Sammeln Sie die Zettel ein, vielleicht in einer Pappbox oder in einer Mütze. Gehen Sie herum, ein TN zieht einen Zettel und liest ihn vor. Die anderen TN raten, wer diese Wünsche hat.
2. *fakultativ*: Verteilen Sie die Kopiervorlage L8/B3. Die TN gehen herum und befragen sich gegenseitig, notieren die Antworten und die Namen derjenigen, die sie befragt haben. Das Spiel wird abwechslungsreicher, wenn die TN die Fragen nicht der Reihe nach stellen, sondern auf der Kopie hin- und herspringen. Wenn der erste TN auf alle Fragen eine Antwort hat, ruft sie/er „Stopp". Die TN bilden einen Kreis. Ein TN steht in der Mitte, die anderen sehen auf ihren Kopien nach, was sie über diesen TN erfahren haben, und berichten darüber. Dann geht ein anderer TN in die Mitte. Auf diese Weise sind alle TN beteiligt und es kommt keine Langeweile auf.

TIPP Sammeln Sie Fotos von Menschen mit fröhlichen, traurigen, empörten, erschreckten Gesichtern aus Zeitschriften. Fordern Sie die TN auf, zu viert über die Fotos zu sprechen: Was wünschen sich die Leute? Diese Übung können Sie auch schriftlich machen. Die TN suchen sich ein oder mehrere Fotos aus und schreiben die Wünsche der Personen auf. Diese Übung können Sie auch zu einem späteren Zeitpunkt zur Wiederholung einsetzen.

LEKTION 8

Materialien
Tipp: ein weicher Ball oder ein Tuch
B3 Zettel, Pappbox oder Mütze; Kopiervorlage L8/B3
Tipp: Fotos aus Zeitschriften
B4 Plakate, dicke Stifte
Lerntagebuch: auf Folie

Ich **hätte** gern mal ein bisschen Ruhe.
Konjunktiv II
Lernziel: Die TN können über Wünsche sprechen.

B **8**

B4 **Aktivität im Kurs: Eine Wunschliste für den Unterricht erstellen**
1. Teilen Sie die TN in Gruppen zu sechst ein. Jede Gruppe erhält ein Plakat und einen dicken Filzstift. Die Gruppen notieren ihre Wünsche für den Unterricht. Anschließend werden die Plakate aufgehängt. Gruppen, die die Aufgabe beendet haben, können zusätzlich eine Liste von Lernaktivitäten erstellen, die sie nicht so gern machen würden.
2. *fakultativ:* Wenn Sie genug Zeit haben, können Sie an diese Übung anschließend mit den TN darüber diskutieren, was für sie am wichtigsten ist und warum.
3. *fakultativ:* Bereiten Sie aufgrund der geäußerten Wünsche für eine der folgenden Unterrichtsstunden entsprechende Übungen vor. Die TN finden sich in Gruppen zusammen, die die gleichen Wünsche an den Unterricht haben. So kann es eine Gruppe geben, die das Lesen trainieren möchte, eine, die schreiben möchte, eine Gruppe, die Grammatikübungen machen möchte etc. Sie können eine feste Zeit, z.B. eine Unterrichtsstunde, dafür vorsehen oder öfter zwischendurch solche Übungseinheiten anbieten. Dabei sollten die TN die Gelegenheit haben, die Gruppen zu wechseln und andere Schwerpunkte zu setzen. Vielleicht haben die TN auch Lust, selbst Übungen zu erstellen?

LERNTAGEBUCH **Arbeitsbuch 14:** im Kurs: Legen Sie eine Folie auf. Decken Sie die rechte Seite zunächst ab. Ergänzen Sie mit den TN noch einige Sätze zum Alltag. Gehen Sie dann zu den Wünschen über. Notieren Sie einige Beispiele, die die TN nennen. Fordern Sie dann die TN auf, nach diesem Beispiel zwei eigene kleine Zeichnungen anzufertigen und darunter ihren Alltag bzw. ihre Wünsche zu beschreiben. Gehen Sie herum und helfen Sie bei Schwierigkeiten.

PHONETIK **Arbeitsbuch 15–18:** im Kurs: Der Wortakzent und der Satzakzent wurden in *Schritte plus 1–3* immer wieder geübt. Die TN sollten daher in Übung 15 problemlos das am stärksten betonte Wort heraushören und markieren können. Machen Sie deutlich, dass das Wort im Satz, das die (neue) Information an den Hörer enthält, am stärksten betont wird. Die TN lesen in Partnerarbeit die Sätze. Sie schreiben auch eigene Wünsche (Übung 16) auf und überlegen, welches Wort am wichtigsten ist und daher am stärksten betont wird. Lassen Sie mehrere TN ihre Beispiele vorlesen.
Nicht nur die Betonung strukturiert eine Information für den Hörer, auch die Länge der Sprechpausen gibt Hinweise darüber, ob eine Information noch ergänzt wird oder ob sie abgeschlossen ist. Spielen Sie Übung 17 zweimal vor. Die TN markieren beim zweiten Hören die Satzmelodie. Anschließend lesen sie den Text in Partnerarbeit. Gehen Sie herum und achten Sie darauf, dass die TN Betonungen und Pausen einhalten. Die TN machen Übung 18 wie angegeben, entweder im Kurs oder als Hausaufgabe. Sie lesen ihren Text im Plenum vor.

8 C Ich **könnte** rübergehen.

Konjunktiv II: *könnte*
Lernziel: Die TN können Vorschläge machen.

Materialien
C2 CD mit schneller Musik
C4 ggf. Zettel

C1 **Präsentation des Konjunktiv II:** *könnte*
1. Die TN lösen die Aufgabe wie im Buch angegeben.
   Lösung: a) ... doch etwas mit anderen jungen Leuten unternehmen. b) ... ins Nachbarhaus gehen.
2. Erklären Sie den TN, dass es hier nicht um Wünsche geht, sondern um Vorschläge. Vorschläge formuliert man häufig mit „könnte". Notieren Sie die Formen einmal komplett an der Tafel.

> *Wirklichkeit*   *Vorschlag*
> ich kann   ich könnte
> du kannst   du könntest
> ...

3. Machen Sie die TN auf die Ähnlichkeit der neuen Form mit der Vergangenheitsform „konnte" aufmerksam. Die Endungen sind gleich, nur „o" wird zu „ö". Die TN haben schon andere Möglichkeiten, Vorschläge zu machen, kennengelernt, z.B. den Imperativ mit „doch" („mal") *(Schritte plus 2,* Lektion 9). Fragen Sie die TN, wie man Vorschläge machen kann, und sammeln Sie Beispiele an der Tafel.

Arbeitsbuch 19: in Stillarbeit

C2 **Hörverstehen 1: Sich telefonisch verabreden**
1. Erklären Sie den TN, dass Wochenende ist und viele Leute sich dann verabreden, um etwas zusammen zu unternehmen. Teilen Sie den Kurs in zwei Gruppen. Jede Gruppe erhält ein Stück Kreide bzw. einen Tafelstift und steht vor einer Tafelhälfte. Die TN sollen aufschreiben, was man am Wochenende mit Freunden machen kann. Geben Sie ein Beispiel vor, z.B. „in die Disco gehen", damit die TN wissen, dass sie keine ganzen Sätze notieren sollen. Die TN einer Gruppe stellen sich hintereinander auf. Der erste TN jeder Gruppe läuft zur Tafel und notiert eine Aktivität, läuft zurück, gibt die Kreide an den zweiten und stellt sich hinten wieder an etc. Wenn Sie wollen, legen Sie während dieser Übung ein schnelles Musikstück auf, das erhöht das Tempo der Übung. Wenn Sie merken, dass den TN die Ideen ausgehen, drehen Sie die Musik ab und brechen Sie die Übung ab. Welche Gruppe hat am meisten gefunden?
2. Sagen Sie den TN, dass sie drei Telefongespräche hören. Betti verabredet sich. Die TN lesen die Fragen im Buch. Spielen Sie erst alle Telefongespräche komplett vor, machen Sie dann beim zweiten Hören Pausen, damit die TN sich Notizen machen können. Spielen Sie die Gespräche so oft wie nötig vor.
3. Abschlusskontrolle im Plenum.
   Lösung: a) Martin, Stefan und Luis. b) Sie möchte tanzen gehen. c) Luis. d) Martin muss für eine Prüfung lernen. Stefan geht in ein Musical.

C3 **Hörverstehen 2: Wichtige Details verstehen**
1. Die TN lesen die Zitate und ordnen die Namen aus dem Gedächtnis zu. Wenn nötig, spielen Sie die Gespräche noch einmal vor.
2. Abschlusskontrolle im Plenum.
   Lösung: <u>Betti:</u> Du könntest mal wieder deine Tango-Schuhe anziehen. Wir könnten mal wieder etwas zusammen unternehmen. <u>Martin:</u> Wir könnten nächsten Samstag was zusammen machen. <u>Stefan:</u> Du könntest mitgehen. Es gibt noch Karten. <u>Luis:</u> Du könntest mich abholen.

C4 **Aktivität im Kurs: Vorschläge für das Wochenende**
1. Die TN lesen die Beispielgespräche. Fragen Sie die TN, was man noch sagen kann, wenn man sich verabredet. Sammeln Sie die Vorschläge an der Tafel.
2. In Partnerarbeit spielen die TN mithilfe der angegebenen Beispiele und der Vorschläge an der Tafel ähnliche Gespräche.
   Variante: Wenn die TN etwas Sicherheit beim Sprechen gewonnen haben, verteilen Sie kleine Zettel. Jeder TN notiert eine Aktivität, die man am Wochenende machen kann. Zu C2 haben die TN solche Aktivitäten gesammelt; verweisen Sie noch einmal auf die Plakate oder das Tafelbild. Zusätzlich notiert jeder TN noch einen Wochentag und eine Uhrzeit. Die TN gehen herum und versuchen, sich mit verschiedenen TN für diesen „Termin" zu verabreden.

Arbeitsbuch 20–23: in Stillarbeit oder als Hausaufgabe

Materialien
D2 ggf. Kopie mit Satzanfängen

Wochenendaktivitäten, Veranstaltungen

Über Veranstaltungen am Wochenende sprechen 1
Lernziel: Die TN können Veranstaltungskalender lesen und Aktivitäten für das Wochenende planen.

D  **8**

D1   **Das Wortfeld „Freizeitaktivitäten"**
1. Die TN sehen sich den Wortigel im Buch an. Die verschiedenen Aktivitäten sind hier nach Oberbegriffen geordnet. Die TN ergänzen in Partnerarbeit weitere Aktivitäten und ordnen sie den Oberbegriffen zu. Bitten Sie sie, auch weitere Gedanken und Ideen zu den einzelnen Aktivitäten zu notieren.
2. Die TN sehen sich den Wortigel noch einmal an und notieren in drei Spalten, was sie gern, nicht so gern, gar nicht gern machen.

Arbeitsbuch 24: in Stillarbeit oder als Hausaufgabe

D2   **Partnerinterview: Über das Wochenende sprechen**
1. Die TN machen anhand der vorgegebenen Fragen Partnerinterviews und notieren die Antworten. Geübte TN erweitern ihre Fragenliste mit eigenen Fragen, z.B. „Was machst du nie am Freitagabend?"
2. Die TN setzen sich in Kleingruppen zusammen und berichten über ihre Partnerin / ihren Partner. Achten Sie darauf, dass die Partner in verschiedenen Gruppen sitzen.
3. Sprechen Sie mit den TN darüber, was Deutsche oft am Wochenende machen. Wie ist das in der Heimat der TN? Wenn Sie eine sehr heterogene Gruppe haben, können Sie Gruppen nach Nationalität bilden. Die TN sammeln die Informationen über ihr Land und machen sich Notizen. Anschließend tragen sie diese im Kurs vor.
4. *fakultativ:* Wenn Sie den Konjunktiv II noch weiter üben möchten, lassen Sie die TN einen Text schreiben mit dem Titel „Mein Traumwochenende". Für ungeübte TN können Sie eine Kopie mit Satzanfängen vorbereiten. Geübte TN schreiben einen freien Text. Sammeln Sie die Texte ein und korrigieren Sie sie.

D3   **Leseverstehen: Einen Veranstaltungskalender lesen**
1. Die TN bearbeiten die Aufgabe wie im Buch angegeben. Klären Sie unbekannten Wortschatz, besonders „Tag der offenen Tür" und „Rundfahrt".
Lösung:

Mo	Di	Mi	Do	Fr	Sa
Spaziergang	Tag der offenen Tür	Tanz	Ausstellung	Rundfahrt	Konzert

2. Fragen Sie die TN, was Geld kostet und was kostenlos ist. Sprechen Sie auch über Ermäßigungen für Senioren, Jugendliche oder Studenten. Was braucht man, um diese Ermäßigungen zu bekommen? Wo kann man einfach hingehen? Wo sollte man vorher anrufen und Karten bestellen?

D4   **Aktivität im Kurs: Kursgespräch über eigene Vorlieben**
Die TN berichten in Kleingruppen, welche Veranstaltung sie gern besuchen würden, und begründen ihre Wahl. Fragen Sie, wer schon einmal an einer ähnlichen Veranstaltung in Deutschland (bzw. in Österreich oder in der Schweiz) teilgenommen hat. Wie war das? Schnellen TN können sie eine Extra-Aufgabe geben: Sie schreiben ihren persönlichen „Veranstaltungskalender" für das Wochenende.

PRÜFUNG   **Arbeitsbuch 25:** Diese Aufgabe bereitet auf den mündlichen Teil der Prüfungen *Start Deutsch 2, Deutsch-Test für Zuwanderer* sowie *Zertifikat Deutsch* vor. Hier müssen die TN zu zweit etwas aushandeln oder planen, wobei sie auch Vor- und Nachteile benennen sollten. Wichtig ist, dass die TN zu einem Ergebnis kommen. Achtung: Die Teile a) und b) des Arbeitsbuches sind eine ausführliche Vorbereitung, die in der Prüfung nicht vorkommt. Lassen Sie die Gespräche im Kurs vorspielen, das entspricht am ehesten der Prüfungssituation.

Veranstaltungstipps

Über Veranstaltungen am Wochenende sprechen 2
Lernziel: Die TN können Veranstaltungshinweise auf Plakaten, Anzeigen, Flyern lesen und Aktivitäten für das Wochenende planen.

Materialien
Projekt: Plakate, dicke Stifte
Test zu Lektion 8

E1 Leseverstehen: Veranstaltungshinweise verstehen
1. Die TN sehen sich die verschiedenen Texte an. Sprechen Sie mit den TN über die Veranstaltungen: Was kann man da sehen oder machen? Für wen ist diese Veranstaltung?
2. Die TN lesen die Texte noch einmal und notieren Tag und Zeit. Sagen Sie den TN, dass es nicht für alle Veranstaltungen Angaben gibt. Bevor Sie die Lösung besprechen, gehen Sie weiter zu Aufgabe E2. *Lösung:* siehe E2

E2 Hörverstehen 1: Veranstaltungshinweise im Radio verstehen und notieren
1. Termine, die nicht in den Anzeigen genannt wurden, werden in einer Radiosendung genannt. Spielen Sie die CD mehrmals vor. Machen Sie Pausen, damit die TN Zeit zum Schreiben haben. Die TN notieren die fehlenden Termine.
2. Die TN vergleichen ihre Lösungen in Partnerarbeit.
3. Abschlusskontrolle im Plenum.
   Lösung (die kursiven Informationen werden nur im Hörtext genannt):

1	2	3	4	5
Sonntag 10–18 Uhr	*montags–donnerstags 8–18 Uhr*	Sonntag *18 Uhr*	Samstag 11 Uhr	Do, Fr, So *14 Uhr*

4. Die TN führen in Partnerarbeit ein Gespräch darüber, welche Veranstaltungen sie interessieren, und begründen ihre Wahl.
5. Fragen Sie die TN, wo man solche Hinweise hört und was das für ein Sender ist. Erläutern Sie den TN das Lokalradio, das nur in einer bestimmten Region, manchmal nur in einer Stadt zu hören ist. Weisen Sie die TN auch auf das örtliche Lokalradio hin. Vielleicht haben einige TN den Sender schon gehört und können etwas darüber berichten.

E3 Hörverstehen 2: Eine einfache Radiosendung verstehen
1. Die TN lesen die Beispiele und versuchen aus der Erinnerung heraus eine erste Zuordnung der Aussagen zu den Tipps, die sie soeben gehört haben.
2. Spielen Sie die CD noch einmal vor. Die TN notieren ihre Lösungen.
3. Abschlusskontrolle im Plenum. *Lösung:* b) 3; c) 1; d) 5; e) 2

E4 Hörverstehen 3: Eine Radiosendung genau verstehen
1. Die TN lesen die Sätze 1–5. Die TN kreuzen ihre Lösungen an, während sie die Sendung noch einmal hören. Geübte TN entscheiden sich schon beim ersten Lesen und überprüfen ihre Lösung beim Hören.
2. Die TN hören die Sendung erneut. Machen Sie ggf. Pausen, damit die (ungeübten) TN Zeit haben, sich zu entscheiden.
3. Abschlusskontrolle im Plenum. *Lösung:* richtig: 1a, 2a, 2b, 3b; falsch: 1b, 3a, 4a, 4b, 5a, 5b

Arbeitsbuch 26: in Stillarbeit

PROJEKT **Arbeitsbuch 27:** Besprechen Sie im Unterricht, wo man Informationen über Veranstaltungen in der Region bekommt. Weisen Sie auch auf örtliche Veranstaltungskalender und evtl. alternative Zeitschriften hin, die oft kostenlos verteilt werden. Machen Sie eine Liste an der Tafel. In der nächsten Kursstunde bringen die TN diese Informationen mit. Sie können auch klare Aufträge an Kleingruppen verteilen. Die TN einer Gruppe gehen zusammen z.B. zur Stadtinformation, um einen Veranstaltungskalender oder einen Museumsführer zu besorgen. Besprechen Sie mit den TN im Unterricht, wie man fragt, wonach genau man fragt etc. Das gibt auch den schwächeren TN Sicherheit und Mut, Gespräche außerhalb des Deutschkurses zu führen. Eine andere Gruppe kann sich die Internetseite der Stadt ansehen und Veranstaltungshinweise notieren. Eine weitere Gruppe kann sich um örtliche Museen kümmern und nach deren Öffnungszeiten fragen. Wenn die TN die Informationen mitbringen, gestalten sie in Kleingruppen eine Wandzeitung. Teilen Sie den Kleingruppen verschiedene Wochenenden zu, so entsteht ein Plan für längere Zeit. Vielleicht findet sich auch eine Veranstaltung, die Sie zusammen mit dem Kurs besuchen können, z.B. ein Stadtfest oder ein Konzert, manchmal ist so etwas auch kostenlos. Weisen Sie die TN auch auf die lokalen Radiosender hin. Vielleicht kann sich eine Gruppe im Internet über Frequenzen und Programme informieren und ein kleines Info-Plakat erstellen.

Einen Test zu Lektion 8 finden Sie auf den Seiten 124–125. Weisen Sie die TN auf die interaktiven Übungen auf ihrer Arbeitsbuch-CD hin. Die TN können mit diesen Übungen den Stoff der Lektion selbstständig wiederholen und sich ggf. auch auf den Test vorbereiten.

Materialien
1 Kopiervorlage „Zwischenspiel zu Lektion 8", Wörterbücher
2 Kopiervorlage „Zwischenspiel zu Lektion 8"

Zwischenspiel 8
Sonntags ...
Landeskunde: Ein deutsches Märchen

1 **Leseverstehen: Einen Informationstext lesen; ein Glossar lesen**
1. Verteilen Sie die Kopiervorlage „Zwischenspiel zu Lektion 8". Die TN lesen die Fragen zu Übung 1.
2. Sie öffnen ihr Buch und lesen zunächst nur den Infotext auf der linken Seite oben. Sie beantworten Frage a) und b).
3. Abschlusskontrolle im Plenum. *Lösung:* a) Sie haben Pause gemacht. b) Sie möchten etwas unternehmen.
4. Sprechen Sie mit den TN kurz darüber, wie sie den Sonntag in ihrem Land empfinden: Wie haben die Menschen den Sonntag früher verbracht, wie heute? Ist es überhaupt ein besonderer Wochentag?
5. Die TN lesen das Glossar zu den „Sonntags-Wörtern" im Kursbuch.
6. Stellen Sie mithilfe von Übung 2 der Kopiervorlage sicher, dass alle TN die Bedeutung der Wörter verstanden haben. *Lösung:* a) falsch; b) richtig; c) falsch; d) falsch; e) richtig
7. Die TN lesen die Fragen zu den einzelnen Wörtern in ihrem Kursbuch und sprechen in Partnerarbeit oder in kleinen Gruppen von vier TN über die „Sonntags-Wörter". Gehen Sie herum und regen Sie die Gespräche, wenn nötig, durch gezieltes Nachfragen an.
8. *fakultativ:* Die TN sammeln in den Gruppen weitere Sonntags-Wörter, ggf. mithilfe von Wörterbüchern. Sie schreiben zu jedem Wort eine kurze Definition auf und stellen ihre Sonntags-Wörter im Plenum vor.

TIPP
Anhand der „Sonntags-Wörter" können Sie zeigen, dass Wörter in einen kulturellen Kontext eingebettet sind. Wörter entstehen und entwickeln sich aufgrund von gesellschaftlichen Erfahrungen (z.B. der Sonntagsbraten) und Bewertung (In Deutschland werden mit dem Wort „Sonntag" positive Dinge assoziiert). Deshalb kann man manche Wörter auch kaum in andere Sprachen übersetzen, denken Sie z.B. an das Wort „gemütlich", für das es in einigen Sprachen keine direkte Entsprechung gibt. Wenn Sie also Wörter erklären, machen Sie auch die kulturspezifische Bedeutung bewusst. Ein einfaches Beispiel: Bei dem Wort „Frühstück" denkt man in Deutschland häufig an „Marmelade" und „Brot", weil viele süß frühstücken. Finnen würden hier eher an „Käse" denken, Asiaten gar an „Reis". In Italien wird „Frühstück" vielleicht mit „Keks" oder mit „Bar" assoziiert, da viele außer Haus frühstücken.
Diese Methoden können Sie bei einer differenzierten Bedeutungsvermittlung von Wörtern verwenden:
1. Assoziationen: Die TN sammeln Assoziationen zu einem Begriff. Kommentieren Sie diese gezielt landeskundlich und weisen Sie auf Unterschiede hin.
2. Bedeutungssysteme: Bedeutungen sind im Gehirn hierarchisch strukturiert. Lassen Sie Begriffe daher in ein System von Ober- und Unterbegriffen einordnen. Geben Sie z.B. einen Oberbegriff vor (gehen) und lassen Sie Unterbegriffe dazu suchen (z.B. „wandern", „bummeln", „schlendern", „laufen" ...). Oder nennen Sie (Unter-)Begriffe, für die die TN einen Oberbegriff suchen.
3. Historische Entwicklung eines Begriffs: Zeigen Sie, wie Begriffe aufgrund von gesellschaftlichen Bedingungen entstehen (z.B. Sonntagsbraten), sich verändern oder auch veralten (z.B. Zimmerwirtin).

2 **Hörverstehen: Ein Märchen verstehen**
1. Die TN lesen die Definition von „Sonntagskind" und sehen sich die Zeichnungen an. Sie überlegen, worum es in der Geschichte geht und was das Wort mit dem Wort „Sonntagskind" zu tun haben könnte.
2. Die TN hören das Märchen einmal durchgehend und verfolgen es auf den Zeichnungen mit.
3. Fragen Sie, ob Hans ein Sonntagskind ist und warum? Erklären Sie ggf., dass „Glückskind" ein Synonym zu Sonntagskind ist.
4. Die TN hören das Märchen noch einmal und bearbeiten Übung 3 der Kopiervorlage „Zwischenspiel zu Lektion 8".
5. Abschlusskontrolle im Plenum.
Lösung: a) ein Stück Gold; b) Pferd; c) Milch; d) Fleisch; e) Schwein; Gans; f) Messer; Stein; g) Glück
6. Mithilfe der Stichpunkte im Buch und der Vorbereitung durch die Übung auf der Kopiervorlage sollten die TN das Märchen nun selbst nacherzählen können: Die TN setzen sich in einen Stuhlkreis und sagen reihum einen Satz, bis das Märchen zu Ende erzählt ist.
Variante: In Kursen mit überwiegend geübten TN können Sie das Märchen in Stillarbeit schriftlich nacherzählen lassen und die Texte zur Korrektur einsammeln.

Fokus Alltag 8
Medien im Alltag

Die TN können sich mit einfachen Worten über die wesentliche Struktur der Medien informieren, z.B. Kinoprogramm, Sender und Sendezeiten von Nachrichten.

1 **Hörverstehen: Gespräche über Medien**
1. Geben Sie den TN Gelegenheit, sich die fünf Abbildungen anzusehen und sich zu orientieren, was diese jeweils illustrieren: Kinoprogrammausschnitt ... Erklären Sie, wenn nötig, dass es im dritten Gespräch um Filme im Kino geht, und weisen Sie auf die angegebene Lösung hin.
2. Die TN hören die fünf Gespräche so oft wie nötig und ordnen sie der passenden Abbildung zu.
3. Abschlusskontrolle im Plenum. *Lösung:* B 5; C 1; D 2; E 4
4. Die TN lesen, was die Leute sehen, lesen oder hören möchten. Geben Sie Gelegenheit zu Wortschatzfragen.
5. Die TN hören die Gespräche noch einmal und ordnen zu.
6. Abschlusskontrolle im Plenum. *Lösung:* 2 Nachrichten im Ersten um acht; 3 Erste Küsse, 21 Uhr im Metropol; 4 Berichte über internationalen Fußball; 5 Nachrichten aus der Region
7. Fragen Sie die TN, ob sie die „Tagesschau" kennen oder gar ansehen, ob sie den „Kicker" kennen etc.

2 **Redehilfen: Sich über Medien informieren**
1. Die TN lesen das Beispiel. Sie bearbeiten die übrigen Beispiele allein oder zu zweit. Gehen Sie herum und helfen Sie bei Schwierigkeiten.
2. Abschlusskontrolle im Plenum. *Lösung:* 2 f; 3 a; 4 g; 5 e; 6 b; 7 d

3 **Rollenspiel: Sich über Medien informieren**
1. Sammeln Sie mit den TN Redehilfen zum Thema „Sich über Medien informieren" an der Tafel. Die TN sollten die Redehilfen aus Übung 2 als Hilfestellung nutzen können. Haben sie noch weitere Ideen?
2. Die TN wählen zu zweit eine Situation aus und führen ein kurzes Gespräch. Geübte TN können alle Situationen bearbeiten.

PROJEKT
1. Fragen Sie die TN, worüber sie sich schon lange Informationen wünschen. Wollen sie z.B. deutsche Sport- oder Modezeitschriften kennenlernen oder gern mal ins Kino gehen?
2. Die TN überlegen, wohin sie sich für „ihr" Medium wenden müssten und was sie fragen könnten, um die gewünschte Information zu erhalten. Sie schreiben ihre Frage(n) auf.
3. Als Hausaufgabe gehen die TN allein oder in Kleingruppen zu einem Kino, zum Zeitungskiosk etc. und erfragen ihre Information.
4. In der folgenden Kursstunde berichten sie über ihr Ergebnis. Ggf. können sie das Kinoprogramm, die gesuchte Zeitung ... mitbringen.

Materialien
2 ggf. Screenshot einer Office-Programm-Seite

Fokus Alltag 8
Computer und Internet

Die TN können einfache Warnhinweise und Fehlermeldungen verstehen, z.B. Hinweise auf unsichere Seiten. Sie können geläufige Befehle in deutschsprachigen Versionen von Office-Programmen verstehen.

1 **Über die Nutzung von Computer und Internet sprechen**
Die TN erzählen kurz, ob sie einen Computer mit Internetanschluss haben und wofür sie ihn nutzen. Sammeln Sie die Begriffe, die die TN nennen, an der Tafel: E-Mails schreiben, Informationen suchen etc.

2 **Präsentation des Wortfelds „Befehle in Office-Programmen"**
1. Die TN sehen sich die Zeichen an. Alternativ können Sie auch einen Screenshot mitbringen, um die Zeichen in Original und Farbe zu zeigen. Sicher kennen manche TN schon den einen oder anderen Begriff dazu und können die Bedeutung der Zeichnung in eigenen Worten erklären.
2. Die TN lesen die Sätze und ordnen sie den Zeichen zu.
3. Abschlusskontrolle im Plenum. *Lösung (von links nach rechts):* 2; 3; 7; 4; 6; 1; 5
4. Zeigen Sie, sofern vorhanden, auf den Screenshot und fragen Sie nach weiteren Zeichen, die den TN bekannt sind oder die sie gern kennen würden. Wenn Sie keinen Screenshot zur Hand haben, können die TN ihnen bekannte Zeichen zeichnen und versuchen, die Bedeutung zu erklären.

3 **Leseverstehen: Warnhinweise im Internet verstehen**
1. Die TN lesen die drei Überschriften. Helfen Sie bei Wortschatzfragen.
2. Die TN lesen den Text und ordnen zu, welche Überschrift zu welchem Abschnitt passt.
3. Abschlusskontrolle im Plenum. *Lösung (von oben nach unten):* 2; 3
4. Fragen Sie schon an dieser Stelle kurz, ob die TN immer alle E-Mails öffnen und lesen oder nicht. Weisen Sie auf die E-Mails hin, die Irina Korschunowa bekommen hat und fragen Sie, welche sie besser nicht öffnen sollte. Lassen Sie es ruhig zu einer Diskussion kommen, denn die Antwort hängt auch davon ab, ob man davon ausgeht, dass Irina die Absender bekannt sind. Weisen Sie aber, wenn nötig, darauf hin, dass Banken keine PIN-Nummern per E-Mail versenden. Das ist auf jeden Fall eine gefährliche E-Mail.
Lösungsvorschlag: Sie sollte nur die E-Mail von Jan Korschunow öffnen, denn er ist offenbar ein Verwandter. Evtl. kann sie auch den Newsletter von Sparstadt öffnen, aber nur, wenn sie diesen auch bestellt hat.
5. Sprechen Sie mit den TN nun genauer darüber, welche E-Mails sie öffnen bzw. aus einem bestimmten Grund nicht öffnen. Fragen Sie auch nach, ob die TN ein Anti-Viren-Programm installiert haben und ob sie regelmäßige Updates machen. Kaufen die TN im Internet ein und hinterlassen dann ihre Daten? Sind sie Mitglied in einem sozialen Netzwerk wie Facebook o.Ä.?

LANDES KUNDE Die TN sollten die technischen und inhaltlichen Risiken des Internets kennen und auch die Möglichkeiten, sich zu schützen, z.B. durch Anti-Viren-Programme und eine Firewall sowie durch umsichtiges Verhalten im Netz.

9 WARENWELT

Folge 9: *Lampen-Müller*
Einstieg in das Thema: Einkauf auf dem Flohmarkt

Materialien
5 *Variante:* CD mit Musik, Schokolade

1 Vor dem Hören: Vorwissen aktivieren

1. Bevor Sie mit der Foto-Hörgeschichte beginnen, besprechen Sie mit den TN folgendes Szenario: „Sie wollen einen Bürostuhl kaufen, wohin könnten Sie gehen?" Die TN werden vermutlich die Namen von Geschäften am Kursort nennen. Notieren Sie diese Namen an der Tafel. Fragen Sie anschließend, um was für ein Geschäft es sich handelt. Beginnen Sie mit den leichten Begriffen, die die TN wahrscheinlich kennen: „Kaufhaus", „Supermarkt". Notieren Sie auch diese Begriffe. Evtl. fällt hier bereits der Begriff „Flohmarkt". Erklären Sie die Begriffe „Fachgeschäft" und „Einzelhandelsgeschäft".
2. Die TN setzen sich in Kleingruppen zu viert zusammen und diskutieren die Vorteile und die Nachteile der Geschäfte. Die Ergebnisse halten die TN in einer Tabelle fest. Gehen Sie herum und helfen Sie bei Schwierigkeiten und Vokabelfragen. Begriffe wie „Garantie", „Umtausch" etc. sind den TN aus ihrer Erfahrung als Kunde in ihrer deutschsprachigen Umgebung häufig schon bekannt.
3. Die Gruppen stellen ihre Ergebnisse im Plenum vor. Damit es nicht zu lange dauert, stellt jede Gruppe nur eine Geschäftsform vor. Die anderen ergänzen, wenn nötig.
4. Die TN lösen Aufgabe 1 wie im Buch angegeben.
5. Abschlusskontrolle im Plenum. *Lösung:* Auf dem Flohmarkt.

2 Vor dem Hören: Schlüsselwörter verstehen

1. Die TN lösen in Partnerarbeit die Aufgabe wie angegeben. Weil das in der vorbereitenden Besprechung schon behandelt wurde, kann diese Übung zügig behandelt werden.
2. Abschlusskontrolle im Plenum. *Lösung:* Flohmarkt: a, c; Fachgeschäft: b

3 Beim ersten Hören

1. Die TN sehen sich die Fotos an und überlegen zu zweit, was passiert. Sie beschränken sich darauf zu beschreiben, was die Personen auf den Fotos tun, wo sie sind, welche Gegenstände zu sehen sind. Helfen Sie den TN bei unbekannten Wörtern (wie z.B. „Lampion"). Geübte TN sollten versuchen, eine kleine Geschichte zu erzählen. Erinnern Sie sie an die Verbindungswörter „da", „dann", „danach" etc. Auch „trotzdem", „denn", „weil" etc. sollten benutzt werden. Stellen Sie ggf. für die geübten TN eine kleine Liste mit Wörtern (weil, trotzdem …) zusammen, die benutzt werden müssen. Diese Übung eignet sich auch im Anschluss als Hausaufgabe.
2. Während des Hörens konzentrieren die TN sich auf folgende Fragen: Was will Maria kaufen? Warum? Was kauft sie schließlich? *Lösungsvorschlag:* Maria will eine Schreibtischlampe kaufen. Auf ihrem Schreibtisch gibt es zu wenig Licht / ist es zu dunkel. Sie kauft einen Lampion, einen Helm, einen Bierkrug und einen Anzug für das Baby.

4 Nach dem ersten Hören: Die Geschichte korrigieren

1. Die TN lesen den Text und korrigieren die Fehler. Weisen Sie die TN ggf. darauf hin, dass es sich hier um falsche Informationen handelt und nicht um grammatische Fehler.
2. Die TN hören die Foto-Hörgeschichte noch einmal, um die Fehler zu finden. Geübte TN verbessern die Geschichte vorab und überprüfen ihre Lösung beim zweiten Hören.
3. Abschlusskontrolle im Plenum.
Lösung: <u>Kurt</u> meint, dass sie in ein Fachgeschäft für Lampen gehen soll. Aber Maria geht lieber mit <u>Sebastian</u> auf den Flohmarkt. Dort gibt es verschiedene <u>Lampen</u> aus Plastik und Metall … Wenn man gute Lampen kaufen will, muss man <u>in ein Fachgeschäft</u> gehen.
4. *fakultativ:* Wenn Sie noch einen Schreibanlass suchen, bitten Sie die TN, den Text aus Aufgabe 4 zu erweitern: Die TN können Sätze ergänzen, Nebensätze einfügen etc. Machen Sie den Anfang mit den TN zusammen an der Tafel. Sammeln Sie die Texte ein und korrigieren Sie sie.

5 Nach dem Hören: Kursgespräch über Erfahrungen mit Basaren und Flohmärkten

Regen Sie bei kleinen Gruppen ein Gespräch im Plenum an. Wenn Sie eine große Gruppe haben, bilden Sie Kleingruppen zu sechs TN, die sich über das Thema „Flohmarkt" unterhalten.
Variante: Spielen Sie Cocktailparty mit Ihrem Kurs. Die TN gehen frei durch den Raum, während Sie leise Musik von einer CD spielen. Vielleicht bauen Sie ein kleines „Büfett" aus zwei, drei Tafeln Schokolade auf. Wenn Sie die Musik ausschalten, sucht sich jeder TN eine Partnerin / einen Partner. Die Partner tauschen ihre Erfahrungen und Meinungen zum Thema „Flohmarkt" aus. Regen Sie die TN, die noch nie auf einem Flohmarkt waren, ganz besonders dazu an, den anderen Fragen zu stellen. Nach einer Minute schalten Sie die Musik wieder ein, die TN gehen wieder herum, bis Sie die Musik erneut abschalten etc. Begrenzen Sie das Spiel auf vier Durchgänge, damit es nicht langweilig wird.

LEKTION 9 24

Materialien
A1 ein weicher Ball oder ein zusammengeknotetes Tuch; Zettel mit Nummern und Adjektiven
A3 Werbeprospekte, Scheren
A4 Plakate und Filzstifte; Kopiervorlage L9/A4, Spielfiguren, Würfel

Kennst du ein **gutes** Geschäft?
Adjektivdeklination mit dem unbestimmten Artikel im Nominativ und Akkusativ
Lernziel: Die TN können Gegenstände beschreiben.

A1 Präsentation der Adjektivdeklination mit dem unbestimmten Artikel im Nominativ und Akkusativ

1. Bevor Sie mit der Einführung der Adjektivendungen beim attributiven Gebrauch beginnen, sollten Sie eine Wiederholung vorschalten. Die TN stellen sich im Kreis auf. Werfen Sie einem TN den Ball / das Tuch zu, dabei sagen Sie ein Adjektiv. Der TN nennt das Gegenteil, wirft dann seinerseits das Tuch / den Ball und sagt ein Adjektiv. Achten Sie darauf, dass nur möglichst gängige und allen bekannten Adjektive verwendet werden! Das Spiel sollte zügig gespielt werden.
   Variante: Der werfende TN sagt ein Nomen, der fangende TN antwortet mit einem dazu passenden Adjektiv, z.B. Kaffee – heiß, Fahrrad – langsam.
2. Die TN lösen Übung 1 und 2 im Arbeitsbuch.
3. Die TN schlagen die Bücher auf. Sie hören die Mini-Gespräche so oft wie nötig und ergänzen die Endungen.
4. Die TN lesen die Mini-Gespräche in Partnerarbeit und vergleichen dabei ihre Lösungen.
5. Abschlusskontrolle im Plenum. *Lösung:* a) gutes; c) schöne und billige; d) runde
6. Bitten Sie je zwei TN, die Mini-Gespräche vorzulesen, damit sich die neue Form einschleift. Wiederholen Sie das Lesen ruhig mehrmals, berücksichtigen Sie dabei besonders ungeübte TN. So können Sie gleichzeitig überprüfen, ob alle auch wirklich die richtige Lösung eingetragen haben.
7. Erstellen Sie anhand der Mini-Gespräche folgendes Tafelbild:

```
der Flohmarkt        ein/kein großer Flohmarkt
das Geschäft         ein/kein gutes Geschäft
die Lampe            eine/keine runde Lampe
die Lampen           billige Lampen
                     keine billigen (!) Lampen
```

Zeigen Sie den TN mithilfe des Tafelbildes, dass sich die Endungen des bestimmten Artikels in den Endungen der Adjektive wiederfinden. Die Adjektivendungen beim Negativartikel entsprechen denen des unbestimmten. Ergänzen Sie ihn im Tafelbild. Weisen Sie eindringlich auf die Ausnahme im Plural hin. Beschränken Sie sich bei Ihrer Erklärung und bei der Übungsphase im Anschluss zunächst auf die Formen im Nominativ. Die Formen im Akkusativ können bei A2 bewusst gemacht und geübt werden.

8. *fakultativ:* Eine schöne Einstiegsübung in das schwierige Thema der Adjektivdeklination ist folgende: Bereiten Sie zu Hause ca. zwölf Zettel vor, die Sie durchnummerieren und mit einem Adjektiv versehen. Im Unterricht kleben Sie diese Zettel an je einen Gegenstand, z.B. den Zettel „5 – modern" an den CD-Spieler. Wenn Sie alle Zettel verteilt haben, bitten Sie die TN, mit Stift und Heft herumzugehen und zu jeder Nummer einen kleinen Satz zu notieren. „Nummer 5 ist ein moderner CD-Spieler." Bei dieser Übung wenden die TN die Adjektivendungen zum ersten Mal selbstständig an, jedoch an Wörtern, die ihnen bekannt sind. Wenn Sie die Zettel gut im Raum verteilt haben, hat das Suchen und Herumlaufen auch eine auflockernde und motivierende Wirkung.

Arbeitsbuch 3–4: in Stillarbeit

A2 Variation: Anwendungsaufgabe zur Adjektivdeklination; Erweiterung

1. Die TN hören die Mini-Gespräche.
2. Weisen Sie auf die Akkusativendungen in Gespräch b) hin und ergänzen Sie die Form im Tafelbild von A1.

```
der Flohmarkt        ein/kein großer Flohmarkt
den Stuhl            einen/keinen alten Stuhl
```

! Die TN empfinden die Unterscheidung von Subjekt (= Nominativ) und Objekt (= Akkusativ) im Allgemeinen als recht schwierig. Um den TN das Lernen zu erleichtern weisen Sie ausdrücklich darauf hin, dass die Endungen sich im Akkusativ nur bei Wörtern mit dem Artikel „der" (= maskuline Nomen) ändern.

3. Die TN variieren die Mini-Gespräche in Partnerarbeit. Gehen Sie herum und helfen Sie bei Schwierigkeiten. Geübte TN können selbstständig weitere Beispiele erfinden.

Arbeitsbuch 5–7: in Stillarbeit oder als Hausaufgabe

9 A Kennst du ein **gutes** Geschäft?

Adjektivdeklination mit dem unbestimmten Artikel im Nominativ und Akkusativ
Lernziel: Die TN können Gegenstände beschreiben.

Materialien
A3 Werbeprospekte, Scheren
A4 Plakate und Filzstifte; Kopiervorlage L9/A4, Spielfiguren, Würfel

A3 **Vertiefung: Anwendungsaufgabe zur Adjektivdeklination**
1. Die TN lesen die Mini-Gespräche und ergänzen die Endungen.
2. Die TN vergleichen ihre Lösungen zunächst in Partnerarbeit, hören die Mini-Gespräche dann und überprüfen ihre Lösungen selbstständig. *Lösung:* vgl. Hörtext
3. *fakultativ:* Die TN bringen Werbeprospekte mit und schneiden Bilder von Haushaltsgegenständen, Möbeln etc. aus. Stellen Sie drei oder vier Tische als Flohmarktstände auf. Auf den Tischen verteilen Sie gleichmäßig die ausgeschnittenen Bilder. Einige TN spielen Verkäufer, sie stehen hinter den Tischen. Die anderen TN schlendern zu zweit an den Ständen vorbei und unterhalten sich über die Gegenstände, die angeboten werden, und stellen Fragen an den Verkäufer, ähnlich wie in den Beispielen von A3. Allerdings sollten die TN frei sprechen. Gehen Sie herum und helfen Sie bei Schwierigkeiten.

Arbeitsbuch 8–10: in Stillarbeit oder als Hausaufgabe

A4 **Aktivität im Kurs: Das Klassenzimmer verschönern**
1. Bilden Sie Kleingruppen von vier TN. Jede Gruppe erhält ein Plakat und einen Filzstift. Die TN sollen sich vorstellen, dass sie auf den Flohmarkt gehen, weil sie das Klassenzimmer verschönern wollen. Die Gruppen notieren in einer Tabelle wie im Buch, was sie kaufen würden.
2. Die Plakate werden aufgehängt, sodass jede Gruppe sehen kann, was die anderen kaufen würden. Ermuntern Sie die TN, Fragen zu den Plakaten zu stellen, z.B. „Warum wollt ihr neue Tische kaufen?" oder „Was sollen wir mit einem Bild?", „Wo soll denn das Sofa stehen? Hier ist doch so wenig Platz."
3. *fakultativ:* Zur Vertiefung der Adjektivendungen kopieren Sie die Kopiervorlage L9/A4 in ausreichender Zahl. Die TN sitzen zu viert zusammen und spielen nach den Spielregeln auf dem Spielplan.
Hinweis: Die Kopiervorlage L9/A4 können Sie zwischendurch immer wieder mal einsetzen, z.B. später, wenn die TN die Dativendungen oder die Verwendung der Adjektive mit dem bestimmten Artikel kennengelernt haben. Weil die TN eigene Sätze bilden müssen, gibt es bei diesem Spiel eine große Variationsbreite. Damit sich die Adjektivendungen einschleifen, sind Wiederholungsübungen sehr wichtig. Als Variante können Sie die Kopiervorlage selbst abändern und neue Adjektive vorgeben oder die Nomen austauschen.

Materialien
B2 große Zettel, Kopiervorlage L9/B2
B3 Kopiervorlage L9/B3
Lerntagebuch: vergrößerte Folie von Übung 20

Bei einer **neuen** Lampe hast du Garantie.

Adjektivdeklination mit dem unbestimmten Artikel im Dativ
Lernziel: Die TN können Gegenstände beschreiben.

B **9**

B1 Variation: Präsentation der Adjektivdeklination mit dem unbestimmten Artikel im Dativ
1. Zur Wiederholung können Sie an der Tafel Präpositionen sammeln, die die TN Ihnen nennen. Geben Sie dazu eine oder zwei exemplarisch vor und fragen Sie, welche Wörter dieser Art die TN noch kennen.
2. Machen Sie an einer Seite der Tafel eine Tabelle mit Akkusativ und Dativ bzw. mit „einen Wecker, ein Radio, eine Lampe, Lampen" und „einem Wecker, einem Radio, einer Lampe, Lampen". Bitten Sie die TN, die Präpositionen zu sortieren. Die Wechselpräpositionen schreiben Sie in die Mitte.

```
einen Wecker / ein Radio / eine Lampe        einem Wecker / einem Radio / einer Lampe
Lampen                                       Lampen

   durch              in              mit
   für                an              von
   …                  auf             zu
```

3. Die TN hören das Mini-Gespräch.
4. Lenken Sie die Aufmerksamkeit der TN auf die Adjektivendung im Dativ und ergänzen Sie die Form an der Tafel. Erklären Sie den TN, dass die Adjektivendung im Dativ immer „-en" ist, genauso für den Negativartikel. Weisen Sie auch auf den Grammatikspot im Buch hin.
5. Die TN variieren das Mini-Gespräch in Partnerarbeit.

B2 Anwendungsaufgabe zur Adjektivdeklination mit dem unbestimmten Artikel im Dativ
1. Bitten Sie die TN sich vorzustellen, sie gingen gemeinsam in ein Kaufhaus. Fragen Sie sie, welche Abteilungen es dort gibt. Bitten Sie einen TN, die Wörter, die genannt werden, an der Tafel zu notieren.
2. Sprechen Sie mit den TN darüber, was man in den verschiedenen Abteilungen kaufen kann.
3. Klären Sie zunächst mit den TN die Begriffe „Sohle", „Milchtopf", „Bildschirm". Die TN ordnen die kurzen Gespräche den Abteilungen zu und ergänzen die Lücken.
4. Die TN hören die Gespräche und überprüfen ihre Lösungen.
   Lösung: Haushaltswaren: 2; Sport: 1; Elektronik: 4; Spielwaren: 3; 1. … einer weichen Sohle; 2. … einem kleinen Milchtopf; 3. … langen Haaren; 4. … einem flachen Bildschirm. – … mit flachen Bildschirmen.
5. *fakultativ:* Spielen Sie Kaufhaus. Bereiten Sie vorab große Zettel vor, auf denen die Namen einzelner Abteilungen eines Kaufhauses stehen. Verteilen Sie diese Zettel im Kursraum, hängen Sie sie an Wände, Tische, Stühle. Kopieren Sie die Kopiervorlage L9/B2 und schneiden Sie die Kärtchen aus. Verteilen Sie die Kärtchen an die Hälfte der TN. Die TN, die ein Kärtchen haben, sind die Kunden, diejenigen ohne Kärtchen sind Verkäufer. Ein TN mit Kärtchen spielt mit einem Verkäufer ein kurzes Gespräch. Er sucht, was auf seinem Zettel steht (Radio: gut – Antenne: Ich suche ein Radio mit einer guten Antenne.). Anschließend gibt der Kunde sein Kärtchen dem Verkäufer, damit tauschen die beiden ihre Rollen. Beide suchen sich eine neue Partnerin / einen neuen Partner.

Arbeitsbuch 11–13: als Hausaufgabe

B3 Aktivität im Kurs: Ein Zimmer einrichten

1. Die TN sitzen zu zweit zusammen. Sie sollen ein Zimmer einrichten und diese Einrichtung zeichnen. Zur Vorbereitung lesen die TN das Beispiel. Weisen Sie die TN auch auf den Infospot hin. Material beschreibt man mit „aus" ohne Artikel.
2. Die Paare tauschen ihre Bilder aus. Mit der Partnerin / dem Partner beschreiben sie, wie das Zimmer eingerichtet ist. Erinnern Sie die TN an die Wechselpräpositionen. Wer fertig ist, kann ein weiteres Zimmer „einrichten" und beschreiben.
   Variante: Wenn Sie wenig Zeit im Kurs haben oder Ihre TN nicht gern zeichnen, verteilen Sie die Kopiervorlage L9/B3.

Arbeitsbuch 14–15: in Stillarbeit oder als Hausaufgabe

PHONETIK **Arbeitsbuch 16–19:** im Kurs: Die TN üben und wiederholen mit diesen Übungen Haupt- und Nebenakzente. Erinnern Sie die TN an die Phonetikübungen in Lektion 8: Die TN haben dort gesehen, dass das wichtigste Wort am stärksten betont wird. Spielen Sie Übung 16 vor, die TN sprechen nach und klatschen oder stampfen mit. Genauso in Übung 18. In den Übungen 17 und 19 denken sich die TN eigene Sätze mit den vorgegebenen Wörtern aus und versuchen, sie möglichst rhythmisch zu sprechen. Wenn die TN Freude daran haben, können sie auch ganz neue Beispiele erfinden und der Partnerin / dem Partner vorsprechen.

LERNTAGEBUCH **Arbeitsbuch 20:** im Kurs: Legen Sie eine Folie der Übung auf. Decken Sie mit einem Blatt die Folie so ab, dass nur die erste Zeile zu sehen ist. Verdeutlichen Sie den TN noch einmal, dass die Endung des bestimmten Artikels bei der Verwendung des unbestimmten Artikels an das Adjektiv wandert. Verfahren Sie ebenso mit den anderen Beispielen und verweisen Sie auf die Ausnahmen, die hier mit einem Ausrufezeichen gekennzeichnet sind. Die TN vervollständigen die Tabelle selbstständig. Gehen Sie herum und helfen Sie bei Schwierigkeiten.

LEKTION 9

Ich finde die hier **schöner**.
Komparation
Lernziel: Die TN können Gegenstände, Personen etc. miteinander vergleichen.

Materialien
C2 vergrößerte Folie der Zeichnung
C5 Plakate, Filzstifte

C1 **Präsentation von Komparativ und Superlativ**
1. Die TN hören das Gespräch so oft wie nötig und ergänzen die Lücken.
2. Abschlusskontrolle im Plenum. *Lösung:* schön, schöner, am schönsten
3. Erklären Sie den TN, dass es sich bei dieser Form um die Steigerung handelt. Zeigen Sie auf den Grammatikspot und machen Sie den TN deutlich, dass sich so nahezu alle Adjektive steigern lassen.

C2 **Anwendungsaufgabe zum Komparativ und zum Superlativ**
1. Legen Sie eine Folie der Zeichnung aus C2 auf. Fordern Sie die TN auf, das Bild zu beschreiben. Fragen Sie nach der Situation: Wo ist das? Was ist das für ein Mann? Was macht er?
   Mögliche Antworten: Das ist auf einem Markt. Der Mann will etwas verkaufen. Die Leute sollen bei ihm stehen bleiben. Er ist „Marktschreier".
2. Die TN schlagen die Bücher auf, lesen die Texte und ergänzen die Lücken.
3. Die TN hören die Texte und vergleichen ihre Lösungen. *Lösung:* vgl. Hörtext
4. Spielen Sie den ersten Text noch einmal vor. Fragen Sie die TN, was das Besondere an dieser Gemüsereibe ist. Auf diese Weise können die TN die neue Form noch einmal in eigenen Worten wiederholen, aber auch ergänzende Informationen aus dem Hörtext geben.
   Mögliche zusätzliche Antworten: Es geht besonders schnell. Man schneidet sich nie mehr. Es gibt diese Reibe nur heute.
5. Verfahren Sie mit den Beispielen 2 und 3 ebenso.
   Mögliche zusätzliche Antworten: 2. Man braucht keine Seife mehr. Es ist eine einmalige Chance. 3. Der Deckelöffner funktioniert bestimmt. Jetzt gibt es noch alle Farben und Größen.
6. Erstellen Sie an der Tafel eine Tabelle, beginnen Sie mit der bereits bekannten und regelmäßigen Form von „schön". Ergänzen Sie die Tabelle mit den Adjektiven aus den Texten. Machen Sie den TN deutlich, dass die Umlaute „a", „o" oder „u" zu „ä", „ö" bzw. „ü" werden. Fragen Sie die TN nach weiteren Adjektiven und ihren Steigerungen, bis die TN Sicherheit in der Anwendung gewonnen haben.

7. Aus *Schritte plus 2*, Lektion 13, kennen die TN schon die Steigerung der Adjektive „gern", „viel" und „gut". Ergänzen Sie auch diese in der Tabelle.
8. *fakultativ:* Die TN überlegen zu zweit, was ein Marktschreier noch für Produkte anbieten könnte. Sie wählen eins aus und schreiben einen kleinen Text darüber, was sie als Marktschreier zu diesem Produkt sagen könnten. Machen Sie auch ungeübten TN Mut, sich an einem Text zu versuchen, denn auch mit einfachen Worten kann das Produkt angepriesen werden: „Hier, die Reibe! Super! Scharf! Müssen Sie haben!" Wenn Sie herumgehen, geben Sie ungeübten TN ggf. dieses kleine Beispiel als Hilfe und Anregung. Anschließend werden einige Texte frei im Plenum vorgespielt. Der Tafelschwamm oder ein Schreibmäppchen können als Dummy für das jeweilige Produkt dienen.

Arbeitsbuch 21: in Stillarbeit oder als Hausaufgabe

C3 **Variation: Anwendungsaufgabe zur Komparation**
1. Die TN sehen sich die Zeichnung an und beschreiben sie. Fragen Sie, wo die Frauen sind und was sie machen.
2. Gehen Sie weiter vor wie auf Seite 7 beschrieben.
3. Weisen Sie auf den Grammatikspot hin und erklären Sie den TN, dass man, wenn man etwas vergleicht, die Form „-er als" benutzt. Sind zwei Dinge gleich(wertig), steht „so ... wie".
4. *fakultativ:* Ein TN zeichnet an der Tafel drei Gegenstände, die anderen TN vergleichen diese Gegenstände. Geben Sie ein Beispiel vor, damit die TN sich nicht scheuen, an der Tafel zu zeichnen. Hier geht es um den Spaß, nicht um die Kunst.

Arbeitsbuch 22–24: in Stillarbeit oder als Hausaufgabe

Ich finde die hier **schöner**.

Komparation

Lernziel: Die TN können Gegenstände, Personen etc. miteinander vergleichen.

Materialien
C2 vergrößerte Folie der Zeichnung
C5 Plakate, Filzstifte

C4 **Anwendungsaufgabe zur Komparation**
1. Die TN lesen, was Juliane mag. Erklären Sie, wenn nötig, das Wort „Pudding".
2. Die TN lesen das Beispiel. Machen Sie ein weiteres Beispiel im Plenum, dann sprechen die TN in Partnerarbeit.
3. Stellen Sie sicher, dass alle TN die Begriffe im „Schaufenster" kennen.
4. Bilden Sie Kleingruppen von drei TN. Erklären Sie, dass jede Gruppe Juliane ein Geschenk für 40 Euro kaufen kann. Die TN lesen das Beispiel und einigen sich in der Gruppe auf die Geschenke.
5. Die Gruppen stellen dem Plenum vor, was sie Juliane zum Geburtstag kaufen, und begründen ihre Wahl.

Arbeitsbuch 25–27: in Stillarbeit oder als Hausaufgabe

C5 **Aktivität im Kurs: Ein „Plakat der Superlative"**
1. Bilden Sie Kleingruppen von sechs TN. Jede Gruppe erhält ein Plakat und einen Filzstift. Die TN sehen sich die Beispiele im Buch an. Klären Sie die ersten zwei oder drei Beispiele im Plenum, indem Sie ermitteln, wer am größten ist. Notieren Sie an der Tafel: „… ist am größten."
2. Die TN erarbeiten in den Kleingruppen weitere Fragen und notieren sie. Um die Übung nicht zu sehr in die Länge zu ziehen, können Sie eine Höchstzahl vorgeben, z.B. zehn Fragen.
3. Die TN beantworten die Fragen zunächst für ihre Gruppe und notieren den jeweiligen „Champion".
4. Die Plakate werden aufgehängt, sodass alle TN die Ergebnisse ansehen können.
5. Anschließend erstellen Sie mit allen TN auf einem neuen Plakat eine Liste der zehn schönsten Fragen und ermitteln den jeweiligen TN.

9 D Interviews im Radio

Statistiken und Werbeprospekte lesen
Lernziel: Die TN können über ihr eigenes Konsumverhalten berichten.

Materialien
D1 Statistik (ohne Auflösung) in Kopie oder auf Folie

D1 Leseverstehen/Kursgespräch: Eine Statistik
1. Die TN betrachten die Statistik und überlegen, wofür die Deutschen wie viel Prozent ihres Geldes ausgeben. Lassen Sie die TN ihre Meinungen begründen. Sie sollen sich einigen, welcher Begriff wohin gehört.
   Variante: Die TN einigen sich in Partnerarbeit darüber, wofür die Deutschen wie viel ausgeben, und notieren ihren Lösungsvorschlag auf einem Zettel.
2. Die TN öffnen ihr Buch und vergleichen ihre Vermutungen mit der tatsächlichen Auflösung. Geben Sie Gelegenheit für ein Gespräch über die Unterschiede: Wo haben die TN anders getippt? Welche Lösung verwundert die TN und warum?
3. *fakultativ:* Bei Interesse können die TN auch erzählen, wie die Aufteilung des Einkommens in ihrem Heimatland aussieht.

D2 Hörverstehen: Interviews im Radio
1. Die TN betrachten die Fotos und stellen Vermutungen darüber an, was die richtige Lösung sein könnte. Lassen Sie die TN ihre Meinung begründen.
2. Spielen Sie jedes Interview so oft wie nötig vor und stoppen Sie die CD nach jedem Interview, um den TN Zeit für ihre Eintragung zu geben.
3. Abschlusskontrolle im Plenum.
   Lösung: 1 Kleidung; 2 Der MP3-Player ist ihm genauso wichtig wie die Kamera. 3 Miete, Auto, Versicherung, Gas; 4 eine eigene Wohnung

D3 Leseverstehen: Werbeprospekte verstehen
1. Fragen Sie die TN, was für Werbeprospekte sie regelmäßig bekommen. Was machen die TN damit? Was interessiert sie?
2. *fakultativ:* Sprechen Sie mit den TN darüber, wie in ihren Heimatländern Werbung gemacht wird. Gibt es dort Werbeprospekte, die in den Briefkasten eingeworfen werden? Kommen sie regelmäßig? Wofür wird geworben?
3. Die TN öffnen ihr Buch und bearbeiten die Aufgabe wie angegeben.
4. Abschlusskontrolle im Plenum. *Lösung:* a) D; b) B; c) A; d) C

Arbeitsbuch 28–30: im Kurs: Diese Aufgaben bereiten die TN systematisch darauf vor, einen kleinen Beschwerdebrief zu schreiben. Wiederholen Sie, wenn nötig, mit den TN, wie ein Brief aufgebaut ist (Ort, Datum, Absender etc.). Besprechen Sie auch, wie ein Briefumschlag beschriftet wird.

D4 Aktivität im Kurs: Kursgespräch über das eigene Konsumverhalten
1. Die TN lesen den Fragebogen im Buch und kreuzen ihre persönlichen Antworten an. Dieser kleine Fragebogen dient als Vorbereitung für das anschließende Gespräch.
2. Die TN sitzen in Kleingruppen zu viert zusammen und sprechen mithilfe des Fragebogens über ihr Konsumverhalten. Ermuntern Sie die TN, auch über den Fragebogen hinausgehende Fragen zu stellen.
3. *fakultativ:* Erstellen Sie mit den TN eine Kursstatistik: Wofür gibt der Kurs prozentual am meisten, wenigsten ... aus? Wie sieht die Statistik im Vergleich zur Statistik in D1 aus?

PROJEKT **Arbeitsbuch 31:** Klären Sie den Begriff „Secondhand-Laden". Sprechen Sie mit den TN darüber, warum Leute dort einkaufen. Besonders in Großstädten geht es nicht immer darum, dass dort nur Menschen mit wenig Geld einkaufen. Bilden Sie Kleingruppen. Jede Gruppe kümmert sich um ein „Thema": Eine Gruppe kümmert sich um Anzeigen in Zeitungen (Frage 1, 2), eine andere um Flohmärkte (Frage 3), die dritte um Secondhand-Läden (Frage 4), eine vierte Gruppe sucht nach weiteren Alternativen (Frage 5; z.B. Antiquitätenläden, Antiquariate). Vereinbaren Sie einen festen Termin, bis zu dem die TN ihre Ergebnisse zusammengetragen haben sollen, in ihren Gruppen die Wandzeitung mit den Informationen erstellen und im Kurs darüber berichten sollen. Erkundigen Sie sich nach einem Flohmarkt am Kursort. Besuchen Sie ihn zusammen mit den TN.

Materialien
Test zu Lektion 9
Wiederholung zu Lektion 8 und Lektion 9

Einkaufen von zu Hause aus
Landeskunde: Verbraucherinformationen und Teleshopping
Lernziel: Die TN können Verbraucherinformationen verstehen.

E1 Leseverstehen 1: Das Thema erfassen
1. Bis jetzt haben Sie mit den TN über die direkten Möglichkeiten gesprochen, etwas zu kaufen. Fragen Sie die TN, wo man etwas bestellen kann. Erläutern Sie die Wörter „Versand", „versenden", „Lieferung", „liefern".
2. Die TN überfliegen den Text im Kursbuch und entscheiden sich für eine Überschrift.
3. Abschlusskontrolle im Plenum. *Lösung:* Achtung beim Einkaufen im Fernsehen!
4. Notieren Sie das Adjektiv „pausenlos" an der Tafel. Erklären Sie den TN, dass die Endung „-los" die Bedeutung „ohne" hat, also hier: ohne Pause. Fragen Sie die TN nach weiteren Wörtern mit der Endung „-los". Aus dem Text liegt „risikolos" nahe. Andere mögliche Wörter sind z.B. „autolos", „elternlos", „fernsehlos". Wenn Sie Lust auf ein kleines Sprachspiel haben, besprechen Sie mit den TN die Wendung „ein herrenloses Damenfahrrad". Schreiben Sie die Wendung an die Tafel und fragen Sie die TN, was sie sich darunter vorstellen. Lassen Sie die TN zunächst ein paar Vermutungen anstellen, bevor Sie „herrenlos" als „ohne Besitzer" – und zwar egal ob männlich oder weiblich – erklären.

E2 Leseverstehen 2: Die Kernaussagen verstehen

1. Die TN lesen den Text noch einmal und entscheiden, welche Aussagen richtig sind. Schnelle TN, die die Aufgabe beendet haben, suchen weitere Wörter mit „-los".
2. Abschlusskontrolle im Plenum. Fragen Sie die TN, wo das im Text steht, bzw. bei den falschen Antworten, was stattdessen richtig ist. *Lösung:* richtig: a; c
3. Fragen Sie die TN, ob sie schon einmal so eine Teleshoppingsendung gesehen haben. Wie ist so eine Sendung? Was wird gezeigt? Welche Probleme kann es geben?

E3 Hörverstehen: Eine telefonische Bestellung
1. Die TN sehen sich die Werbung im Kursbuch an. Stellen Sie einige Verständnisfragen, z.B.: „Was ist im Schmuckset inklusive? Was kostet es?" etc.
2. Die TN hören das Telefongespräch einmal ganz.
3. Die TN lesen das Bestellformular. Sagen Sie ihnen, dass sie sich vorstellen sollen, sie seien die Bestellannahme und sollten das Formular ausfüllen: Was bestellt Herr Müller?
4. Die TN hören das Gespräch mehrere Male und füllen das Formular aus bzw. kreuzen an.
5. Abschlusskontrolle im Plenum. *Lösung:* vgl. Hörtext
6. Stellen Sie sicher, dass die TN verstanden haben, warum Herr Müller am Ende das Schmuckset Christine kauft (Das Schmuckset Julie ist inklusive Versandkosten für Express-Zustellung zu teuer.).

E4 Aktivität im Kurs: Kursgespräch über eigene Erfahrungen mit dem Bestellen von zu Hause
Die TN berichten im Plenum über ihre Erfahrungen mit dem Bestellen. Sprechen Sie einzelne TN gezielt an, um das Gespräch in Gang zu bringen.

Arbeitsbuch 32: als Hausaufgabe

PRÜFUNG **Arbeitsbuch 33:** Diese Übung entspricht dem Prüfungsteil Lesen, Teil 1, der Prüfung *Start Deutsch 2* sowie der Prüfung *Deutsch-Test für Zuwanderer*. In der Prüfung bekommen die TN kurze Informationstexte, wie z.B. eine solche Internetseite. In diesen Texten müssen die TN in kurzer Zeit bestimmte Informationen suchen. Am ehesten entspricht die Übung der Prüfungssituation, wenn Sie die Übung im Kurs machen und eine begrenzte Zeit (hier: fünf Minuten) vorgeben.

Einen Test zu Lektion 9 finden Sie auf den Seiten 126–127. Weisen Sie die TN auf die interaktiven Übungen auf ihrer Arbeitsbuch-CD hin. Die TN können mit diesen Übungen den Stoff der Lektion selbstständig wiederholen und sich ggf. auch auf den Test vorbereiten. Wenn Sie mit den TN den Stoff von Lektion 8 und Lektion 9 wiederholen möchten, verteilen Sie die Kopiervorlage „Wiederholung zu Lektion 8 und Lektion 9" (Seiten 118–119).

Zwischenspiel 9
Drei von meinen Sachen
Über Gegenstände sprechen

Materialien
2 Kopiervorlage „Zwischenspiel zu Lektion 9"
3 Gegenstände der TN

1 Leseverstehen 1: Das Thema erfassen
1. Weisen Sie auf die Fotos hin. Die TN sagen, wie ihnen die Gegenstände gefallen.
2. Die TN lesen die Einleitung und die Überschriften. Sie äußern Vermutungen darüber, von wem die Gegenstände sind und warum Valentina die Sachen wie findet. Welche Erinnerungen verbindet sie möglicherweise mit diesen Dingen? Notieren Sie einige Vermutungen der TN an der Tafel, um in Aufgabe 2 noch einmal vergleichen zu können.

2 Leseverstehen 2: Vermutungen überprüfen
1. Die TN lesen die Texte in Stillarbeit. Gehen Sie herum und helfen Sie individuell bei Wortschatzfragen.
2. Die TN vergleichen mit ihren Vermutungen aus Aufgabe 1.
   Lösungsvorschlag: Die Porzellanpuppe ist von Valentinas Tante. Warum genau sie sie hässlich findet, sagt sie nicht. Der Harlekin ist von ihrem Neffen. Sie findet ihn schön, weil er ihn ihr in einer gesundheitlichen Krise geschenkt hat. Der Plastikdrachen ist von Alexander. Valentina hat sich über die lustige Art „Ich liebe dich" zu sagen gefreut.
3. Die TN erklären kurz, wie ihnen die Gegenstände gefallen und ob sie sich über diesen Gegenstand als Geschenk gefreut hätten.
4. Die TN lösen zur Verständnissicherung und Wortschatzvertiefung die Übungen der Kopiervorlage „Zwischenspiel zu Lektion 9".
5. Abschlusskontrolle im Plenum.
   Lösung: 1 a) richtig; b) richtig; c) falsch; d) richtig; e) richtig; f) falsch; g) falsch; h) richtig; 2 a) Ich wollte meine Tante nicht traurig machen. b) Die Puppe ist etwas ganz Besonderes und sie war auch nicht billig. c) Kinder fühlen, wenn es anderen nicht gut geht. d) Was für eine Bedeutung hat dieses Geschenk? e) Wer einen Drachen hat, hat auch Glück.

3 Über eigene Sachen sprechen
1. Bitten Sie die TN vorab, in der folgenden Unterrichtsstunde einen Gegenstand (oder ein Foto davon) mitzubringen, über den sie eine persönliche Geschichte erzählen können.
2. Die TN präsentieren ihren Gegenstand und erzählen, was sie damit verbinden.
3. Sie schreiben als Hausaufgabe einen kurzen Text über den Gegenstand.

Fokus Alltag 9
Ein Rücksendeformular verstehen ...

Die TN können mit einfachen Worten einen Kaufvertrag schriftlich widerrufen oder ein Abonnement kündigen.

1 **Schreiben: Ein Rücksendeformular ausfüllen**
1. Die TN sehen sich das Formular an. Klären Sie ggf. unbekannte Wörter wie „Katalogabbildung", „Artikel" oder „beschädigt".
2. Die TN lesen die Situation. Fragen Sie: „Warum möchte Isolde die Jacke zurückschicken?" (Weil sie zu groß ist.)
3. Die TN suchen in der Spalte Rücksendegrund nach der passenden Nummer, die Isolde Grau eintragen muss.
4. Abschlusskontrolle im Plenum. *Lösung:* 21
5. Fragen Sie die TN, was Isolde Grau mit diesem Formular machen muss, und erklären Sie ggf., dass das Formular zusammen mit der Jacke an den Versandhandel zurückgeschickt wird.
6. Die TN berichten kurz, ob sie regelmäßig beim Versandhandel bestellen und ob sie schon einmal etwas zurückgeschickt haben.

LANDES KUNDE Erklären Sie die rechtliche Situation in Deutschland: Bei Nichtgefallen gibt es kein Recht auf Umtausch. Die meisten Händler und der Versandhandel bieten aber aus Kulanz die Möglichkeit zum Umtausch an, in Geschäften muss man dann im Allgemeinen den Kassenbon vorlegen und kann auch nur innerhalb einer festgesetzten Frist umtauschen. Bei fehlerhaften oder nicht funktionierenden Produkten hat der Kunde hingegen ein Recht auf kostenlose Reparatur oder Ersatz. Das nennt man Gewährleistung.

2 **Schreiben: Ein Abonnement kündigen**
1. Stellen Sie sicher, dass alle TN wissen, was ein Abonnement ist, und fragen Sie, was die TN abonniert haben (z.B. eine Fernsehzeitung, einen Newsletter etc.).
2. Die TN lesen die Situation. Fragen Sie, warum Herr Grau sein Abonnement kündigen will. (Weil es zu teuer ist.)
3. Die TN schreiben mithilfe der Angaben im Kursbuch einen Kündigungsbrief. Gehen Sie herum und helfen Sie bei Schwierigkeiten.
4. Schreiben Sie den Brief bei der abschließenden Kontrolle an die Tafel, damit alle einen Musterbrief haben.
Lösung: Kündigung Abonnement / Kundennummer 23.0987, Sehr geehrte Damen und Herren, hiermit kündige ich mein Abonnement, Kundennummer 23.0987, zum nächstmöglichen Termin. Bitte bestätigen Sie mir diese Kündigung. Mit freundlichen Grüßen
5. Erinnern Sie die TN an Kündigungsfristen, die vertraglich geregelt sind.

Fokus Alltag 9
Ein Kaufvertrag

Die TN können in Verträgen die wichtigsten Informationen zu Preisen, Kündigungsfristen und Zahlungsmodalitäten verstehen, z.B. in Kaufverträgen.

1 **Hörverstehen: Ein Kaufgespräch**
1. Die TN hören das Gespräch und kreuzen ihre Lösung an.
2. Abschlusskontrolle im Plenum. *Lösung:* eine Waschmaschine
3. Die TN lesen das Formular. Klären Sie Wortschatzfragen.
4. Die TN hören das Gespräch noch einmal so oft wie nötig und ergänzen das Formular.
5. Abschlusskontrolle im Plenum. *Lösung:* vgl. Hörtext

2 **Das Wortfeld „Kaufvertrag eines Elektrogerätes"**
1. Die TN bearbeiten die Übung in Partnerarbeit. Einige Begriffe wurden sicherlich schon bei Übung 1 erklärt. Gehen Sie herum und helfen Sie bei weiteren Begriffen nach Bedarf.
2. Abschlusskontrolle im Plenum. *Lösung:* b) 1; c) 3; d) 6; e) 2; f) 5; g) 7

LANDES KUNDE Die TN sollten wissen, dass das Kleingedruckte in Verträgen oft Einschränkungen beinhaltet. Bringen Sie ggf. ein paar einfache Verträge mit, z.B. vom Versandhandel (vgl. Arbeitsbuch Seite 166), und weisen Sie auf Einschränkungen sowie Zahlungsmodalitäten und Umtauschfristen hin.

3 **Rollenspiel: Ein Kaufgespräch**

1. Notieren Sie an der Tafel mithilfe der TN ein Dialoggerüst für ein Kaufgespräch.
2. Die TN sprechen zu zweit wie im Muster. Geübtere TN entwickeln freiere Gespräche.

LEKTION 9

Materialien
1 Plakate und Filzstifte; Paketscheine von der Post; Kopiervorlage L10/1
2 *Variante:* Poster der Foto-Hörgeschichte
Tipp: Rotstifte

POST UND TELEFON

Folge 10: *Kuckuck!*
Einstieg in das Thema: Ein Päckchen versenden

10

1 **Vor dem Hören: Vorwissen aktivieren**
1. Die TN sitzen in Kleingruppen von vier Personen zusammen. Jede Gruppe erhält ein Plakat und einen Filzstift. Die TN notieren zum Thema „Post" alles, was sie kennen. Bei Nomen sollte der Artikel dazugeschrieben werden. Achten Sie darauf, dass keine Wörterbücher benutzt werden, und begrenzen Sie die Zeit auf etwa fünf Minuten.
2. Sammeln Sie die Filzstifte ein, damit keine Gruppe mehr etwas notieren kann. Die Gruppen lesen nacheinander ihre Ergebnisse vor. Für jedes richtige Wort gibt es einen Punkt. Ist ein Artikel falsch, gibt es nur einen halben Punkt. Stellen Sie sicher, dass alle TN die Wörter kennen, die genannt werden. Lassen Sie unbekannte Wörter zunächst von den TN erklären, die das Wort genannt haben.
3. Die TN schlagen die Bücher auf und lösen die Aufgabe im Buch. Einige Begriffe sind wahrscheinlich in der vorangegangenen Wörtersammlung zum Thema „Post" schon gefallen.
4. Abschlusskontrolle im Plenum. *Lösung:* 1 das Päckchen; 2 das Paket; 3 der Aufkleber; 4 der Absender; 5 der Empfänger
5. Bringen Sie mehrere Paketscheine der Post mit in den Kurs. Besprechen Sie mit den TN noch einmal den Unterschied zwischen Paket und Päckchen (bis zwei Kilo, bestimmte Außenmaße ...). Der Paketschein ist zugleich der Adressaufkleber für das Päckchen.
6. Verteilen Sie die Kopiervorlage L10/1. Die TN ordnen in Stillarbeit die Wörter zu. Gehen Sie herum und helfen Sie bei Schwierigkeiten. Machen Sie vor allem deutlich, dass mehrere Kombinationen möglich sind. Wer fertig ist, schreibt Beispielsätze zu den einzelnen Ausdrücken.
7. Abschlusskontrolle im Plenum. Fragen Sie die schnellen TN nach Beispielsätzen zu einzelnen Kombinationen. Helfen Sie ggf. bei den nötigen Präpositionen (z.B. sich <u>am</u> Schalter anstellen).

2 **Vor dem Hören: Eine eigene Geschichte erzählen**
Die TN schlagen ihr Buch auf und betrachten die Fotos und die Aufgabenstellung. Erklären Sie den Begriff „Kuckucksuhr". Mithilfe der Stichpunkte im Buch schreiben die TN in Partnerarbeit eine Geschichte.
Variante: Verteilen Sie die Fotos vom Poster zur Foto-Hörgeschichte, das Sie vorher zerschnitten haben. In Kleingruppen sortieren die TN die Fotos und schreiben eine Geschichte dazu. Geben Sie als Minimalziel vor, dass zu jedem Foto zwei Sätze geschrieben werden sollten. Die TN überlegen zunächst selbst, was Maria da verschickt. Gehen Sie nur dann auf den Begriff „Kuckucksuhr" ein, wenn er aus dem Plenum kommen sollte. Im Übrigen sollten die TN unbekannte Wörter, die sie für ihre Geschichte brauchen, selbstständig im Wörterbuch suchen.

3 **Vor dem Hören: Die eigene Geschichte vorstellen**
Die TN stellen ihre Geschichten im Plenum vor.

TIPP Wenn Sie die Präsentations- oder Korrekturphase einmal anders gestalten wollen, lassen Sie die TN paarweise ihre Geschichten auf einen Zettel schreiben und aufhängen. Jedes Paar erhält einen Rotstift. Auf Ihr Zeichen wechseln die Paare zu einer anderen Geschichte und korrigieren die Fehler, die sie finden. Wenn Sie den Eindruck haben, dass ein Paar mit einem Text „fertig" ist, geben Sie erneut ein Zeichen und die Paare wechseln noch einmal. Lassen Sie die Paare maximal viermal wechseln, öfter wäre ermüdend. In der Pause oder für die nächste Unterrichtsstunde korrigieren Sie die Texte dann selbst und hängen sie wieder aus. Benutzen Sie für Ihre Korrektur eine andere Farbe.

4 **Beim ersten Hören**
Die TN hören die Geschichte und vergleichen dabei ihre Geschichte mit dem Hörtext.
Variante: Wenn die TN selbst eine Reihenfolge der Fotos gelegt haben, hören sie die Geschichte bei geschlossenen Büchern und kontrollieren, ob ihre gelegte Reihenfolge mit der Geschichte übereinstimmt.

5 **Nach dem ersten Hören: Unterschiede erkennen und notieren**
1. Die TN vergleichen ihre Geschichte mit der Foto-Hörgeschichte und notieren die Unterschiede.
2. *fakultativ:* Die TN schreiben eine kleine Nacherzählung der Foto-Hörgeschichte. Das kann auch als Hausaufgabe gemacht werden.
3. Sprechen Sie mit den TN über die deutsche Kuckucksuhr. Sie stammt ursprünglich aus dem Schwarzwald und ist ein typisches touristisches Mitbringsel.

35 LEKTION 10

10 A Was für eine Verpackung soll ich denn nehmen?

Frageartikel *Was für ein ...?*
Lernziel: Die TN können auf der Post um Informationen bitten.

Materialien
A1 Preislisten der Post, Kopiervorlage L10/A1 als Arbeitsblätter und auf Folie; Zettel
A3 Kopiervorlage L10/A3

A1 Variation: Präsentation des Frageartikels *Was für ein ...?*

1. Sprechen Sie mit den TN vorab über die verschiedenen Leistungen der Post: Briefe, Postkarten, Päckchen, Pakete, Einschreiben etc.
2. Bitten Sie die TN, Preislisten von der Post zu besorgen. Teilen Sie die Kopiervorlage L10/A1 aus. Die TN erhalten eine gekürzte Liste, indem Sie vorab einfach einige Beispiele auf der Kopiervorlage tilgen. Wenn Sie noch weiter differenzieren wollen, können Sie auch die jeweilige Seitenzahl, auf der die Antwort zu finden ist, auf der Kopie angeben.
Geübte TN erhalten die vollständige Liste. Die TN suchen mit der Partnerin / dem Partner in der Preisliste nach den Preisen. Lassen Sie den TN genug Zeit, sich in dem umfangreichen Prospekt zurechtzufinden, und geben Sie so wenig Hilfen wie möglich, um die Situation authentisch zu gestalten. Die TN sollen lernen, sich die Informationen herauszusuchen, die sie benötigen. Das ist auch eine gute Gelegenheit, Ängste vor solchem Material abzubauen.
3. Abschlusskontrolle im Plenum. Ein Paar trägt seine Ergebnisse auf einer Folie ein und stellt sie im Plenum vor. Die anderen Paare kontrollieren die Ergebnisse und vergleichen sie mit den eigenen. Bei Unstimmigkeiten sehen sie zusammen in der Liste nach. Diese Aufgabe ist im Übrigen auch eine gute Vorbereitung auf die Post-Gespräche in A2.
4. Die TN schlagen ihr Buch auf und hören das Mini-Gespräch. Mithilfe des Grammatikspots sprechen die TN weitere Mini-Gespräche.
5. Entwickeln Sie anschließend folgendes Tafelbild, um die neue Struktur bewusst zu machen:

die Verpackung	Was für eine Verpackung	soll ich denn nehmen?
das Formular	Was für ein Formular	soll ich denn nehmen?
der Aufkleber	Was für einen Aufkleber	soll ich denn nehmen?
die Briefmarken	Was für Briefmarken	soll ich denn nehmen?

Erklären Sie den TN, dass „Was für eine, einen ...?" benutzt wird, wenn man aus mehreren Möglichkeiten wählen kann und wissen möchte, wie die Sache sein soll. „Was für ein" fragt also nach genaueren Angaben zu Art, Farbe, Material. Sucht man z.B. eine Verpackung, hat man viele Möglichkeiten: Man kann einen Karton nehmen, Papier oder eine Dose ... Was für eine Verpackung soll man also nehmen?

6. *fakultativ:* Fragen Sie einen TN: „Was für einen Kugelschreiber haben Sie?" – „Einen roten Kugelschreiber." Ermuntern Sie die TN, sich gegenseitig Fragen zu Gegenständen zu stellen, die sie im Kursraum haben. Sie können auch Zettel mit Gegenständen vorgeben, um einen zügigeren Verlauf zu gewährleisten.

A2 Anwendungsaufgabe zum Frageartikel *Was für ein ...?*, Gespräche auf der Post

1. Die TN hören die Gespräche und ordnen sie dem Bild zu.
2. Abschlusskontrolle im Plenum. *Lösung (im Uhrzeigersinn):* 3, 4, 2, (1)
3. Die TN hören die Gespräche noch einmal und ergänzen die Lücken. Schnelle TN überlegen, was sie an ihre Familie oder Freunde schicken könnten und was sie dafür brauchen.
4. Abschlusskontrolle im Plenum. *Lösung:* 2 Was für einen; 3 Was für; 4 Was für eine
5. Die TN sehen sich den Infospot im Buch an. Zeigen Sie den TN mithilfe von Übung 5 im Arbeitsbuch, wie man aus vielen Verben ein Nomen machen kann. Sammeln Sie weitere Beispiele, die die TN schon kennen, an der Tafel.

Arbeitsbuch 1–2: in Stillarbeit oder als Hausaufgabe; **3:** im Kurs: Die TN sehen sich die Übung an und kreuzen die Lösungen an. Zeigen Sie den TN mit einem Tafelbild wie in A1, dass es sich hier um den Nominativ handelt. **4:** als Hausaufgabe; **5:** im Kurs; **6–7:** als Hausaufgabe

A3 Aktivität im Kurs: Rollenspiel

1. Die TN suchen sich eine der drei Situationen aus und schreiben dazu in Partnerarbeit ein Gespräch. Zu dieser Aufgabe finden Sie auf der Kopiervorlage L10/A3 weitere Beispiele. Paare, die schon fertig sind, sammeln weitere Wörter mit „-ung" (vgl. A2).
2. Die TN spielen ihre Gespräche frei im Kurs vor.

LEKTION 10

Materialien
B3 *Variante:* Folie von B3
B4 mehrere Kartensätze der Kopiervorlage L10/B4, Spielfiguren, Würfel

Hier **wird** die Adresse **reingeschrieben**.

Passiv Präsens
Lernziel: Die TN können unpersönliche Sachverhalte verstehen.

B   **10**

B1   Präsentation des Passiv Präsens
1. Die TN hören das Mini-Gespräch und ergänzen die Lücken.
2. Abschlusskontrolle im Plenum. *Lösung:* werden, wird
3. Schreiben Sie den Satz „Für Päckchen werden diese Formulare benutzt." an die Tafel. Fragen Sie die TN, wer die Formulare benutzt. Die TN werden feststellen, dass das nicht aus dem Satz hervorgeht. Es passiert etwas, aber man kann nicht sagen, wer das tut. Notieren Sie auch das zweite Beispiel an der Tafel und ergänzen Sie das Tafelbild wie folgt:

Erklären Sie den TN, dass man diese Form benutzt, wenn man den Täter/Akteur der Handlung nicht kennt oder nicht nennen will: Man weiß nur, <u>was</u> getan wird. Weisen Sie auch auf den Grammatikspot im Buch hin.

! Das Passiv soll von den TN vor allem rezeptiv beherrscht werden. In *Schritte plus 5* und *Schritte plus 6* wird es weiter vertieft.

B2   Anwendungsaufgabe zum Passiv Präsens
1. Die TN sehen sich die Fotos an und ordnen sie den passenden Sätzen zu, dabei ergänzen sie die Lücken.
2. Abschlusskontrolle im Plenum.
   Lösung: A Der Briefkasten wird geleert. D Dann werden die Briefe sortiert. E Danach werden sie transportiert. B Der Brief wird zum Empfänger gebracht.
3. *fakultativ* (für Kurse mit überwiegend geübten TN): In der Aufgabe werden nur fünf Punkte genannt, aber mit einem Brief passiert noch mehr. Fragen Sie die TN, was mit dem Brief passiert, bevor er eingeworfen wird.
   Lösungsvorschlag: Er wird geschrieben, gefaltet, zugeklebt. Eine Briefmarke wird aufgeklebt.
   Verfahren Sie mit den anderen Punkten ebenso.

Arbeitsbuch 8–10: in Stillarbeit oder als Hausaufgabe

B3   Leseverstehen: Ein Quiz
1. Die TN bearbeiten die Fragen wie im Buch angegeben und kontrollieren ihre Lösungen. *Lösung:* siehe Kursbuch, Seite 37
   Variante: Erstellen Sie aus den Quizfragen eine Folie. Die Bücher bleiben geschlossen. Stimmen Sie mit dem Kurs jeweils über die Lösungen ab und notieren Sie die Abstimmungsergebnisse. Vergleichen Sie sie mit der Lösung.
2. Die TN schreiben anhand der Fragen und Antworten einen kurzen Text über moderne Kommunikationsmittel. Sie orientieren sich an den Fragen und Antworten im Buch, aus denen sich sehr leicht fehlerfreie Sätze erstellen lassen. Für geübte TN bereiten Sie aus den Fragen im Buch eine Liste mit Stichpunkten vor. Sie arbeiten mit geschlossenen Büchern.

Arbeitsbuch 11: als Hausaufgabe

B4   Aktivität im Kurs: Über das eigene Kommunikationsverhalten sprechen
1. Bilden Sie Gruppen von 5–6 TN. Die TN erstellen eine Tabelle wie im Buch und befragen sich gegenseitig.
2. Die Gruppen errechnen die Gesamtzahl ihrer Briefe, E-Mails etc.
3. Die Ergebnisse werden im Plenum besprochen und zu einer Gesamtstatistik zusammengefasst.
4. *fakultativ:* Die TN finden sich in Kleingruppen von vier TN zusammen. Jede Gruppe erhält einen ausgeschnittenen Kartensatz der Kopiervorlage L10/B4. Die Karten werden im Kreis offen auf den Tisch gelegt. Jede Gruppe erhält einen Würfel und pro TN eine Spielfigur. Erklären Sie den TN, dass sie mit jemandem, der die Stadt nicht kennt, eine Stadtführung machen. Vor jedem Gebäude bleibt die Person stehen und fragt: „Was wird hier gemacht?" Die TN beginnen auf einem beliebigen Spielfeld. Der erste TN würfelt, zieht seine Figur und landet z.B. auf dem Feld „Schuhfabrik". Er erklärt, was hier gemacht wird, z.B. „Hier werden Schuhe hergestellt/gemacht." Benutzte Karten werden herausgenommen, sodass der Kartenkreis immer kleiner wird.
   Geübte TN sollten eine umfangreichere Beschreibung dessen, was gemacht wird, liefern (Hier werden Schuhe hergestellt. Dazu wird Leder geschnitten. Die Schuhe werden später an Schuhläden geliefert ...). Sie können z.B. drei Sätze sagen oder müssen eine halbe Minute sprechen. Legen Sie das vorher fest.

10 B Hier **wird** die Adresse **reingeschrieben**.

Passiv Präsens
Lernziel: Die TN können unpersönliche Sachverhalte verstehen.

PHONETIK

Arbeitsbuch 12–16: im Kurs: Mit diesen Übungen können Sie den phonetischen Unterschied zwischen „weichen" Plosiven „b", „d", „g" und den harten Plosiven „p", „t", „k" verdeutlichen, der im Deutschen stärker ausfällt als in manchen anderen Sprachen. Denn „p", „t", „k" werden am Wort- und Silbenanfang aspiriert (= behaucht). Man hört ein „h". Zeigen Sie das mit einem Blatt Papier, indem Sie dieses ein Stück weit von Ihrem Mund entfernt halten: Bei korrekter Aussprache mit Aspiration sollte sich das Blatt bewegen. Die TN üben den Unterschied mit den Wörtern in Übung 12. Zeigen Sie anhand von Übung 13 das Phänomen der Auslautverhärtung: Stehen am Wort- oder Silbenende „b", „d", g" werden sie hart ausgesprochen, also eher wie „p", „t", „k" (allerdings unbehaucht). Da der Unterschied von ungeschulten Ohren nicht ohne Weiteres zu hören ist, sollten Sie nicht allzu intensiv darauf eingehen. Es genügt, wenn die TN sich das Phänomen einmal bewusst gemacht haben und ihnen der Unterschied zwischen Aussprache und Orthografie klar wird. In den Übungen 14 bis 16 können die TN sehen, dass auch durch die Assimilation von zwei Wörtern ein weicher Laut hart werden kann.

Materialien
C3 ggf. verschiedene Seiten aus einem Modekatalog, Zettel; Kopiervorlage L9/A4

Die **alte** Kuckucksuhr? – Natürlich.
Adjektivdeklination mit dem bestimmten Artikel
Lernziel: Die TN können Produkte näher beschreiben.

C1 **Variation: Präsentation der Adjektivdeklination mit bestimmtem Artikel im Nominativ**
1. Die TN hören das Mini-Gespräch.
2. Weisen Sie auf den Grammatikspot im Buch hin. Die Adjektivendungen beim bestimmten Artikel im Nominativ sind recht einfach, da es nur zwei Formen gibt: Im Singular ist es die Endung „-e" für „der", „die" und „das", im Plural „-en".
3. Die TN sprechen in Partnerarbeit weitere Mini-Gespräche.

Arbeitsbuch 17: in Stillarbeit

C2 **Erweiterung: Die Adjektivdeklination mit bestimmtem Artikel im Akkusativ und Dativ**
1. Die TN hören die Mini-Texte und ergänzen die Lücken.
   Lösung: 1 neue, aktuellen; 2 neuen; 3 verrückten; 4 multifunktionale; 5 digitalen; 6 neuen, modernen
2. Entwickeln Sie mit den TN aus den kurzen Werbetexten das folgende Tafelbild:

der neu**e** DVD-Player		den neu**en** DVD-Player		dem neu**en** DVD-Player
das neu**e** Handy	Kaufen Sie	das neu**e** Handy	mit	dem neu**en** Handy
die neu**e** Kamera		die neu**e** Kamera		der neu**en** Kamera
die neu**en** Handytaschen		die neu**en** Handytaschen		den neu**en** Handytaschen

Weisen Sie die TN darauf hin, dass die Adjektivendung im Dativ immer „-en" ist. Damit sich das Bild der Endungen leichter einprägt, zeichnen Sie um alle Wörter mit der Endung „-e" einen Kasten wie im Tafelbild.

Arbeitsbuch 18: in Stillarbeit oder als Hausaufgabe

C3 **Aktivität im Kurs: Die eigene Meinung ausdrücken**
1. Die TN sehen sich die Zeichnung im Buch an und sprechen wie in den Beispielen über die Gegenstände. Wer fertig ist, schreibt eine Anzeige wie in C2 zu einem Produkt seiner Wahl.
2. *fakultativ:* Hängen Sie im Kursraum verschiedene Seiten aus einem Modekatalog auf. Die TN gehen zu zweit herum und sollen sich zusammen für 150 Euro Kleidung aussuchen. Dabei halten sie die Hände auf dem Rücken und führen Gespräche, um sich zu einigen. Da die TN nicht auf die Kleidungsstücke zeigen können, müssen sie sie benennen. „Sieh mal, wie findest du die rote Jacke?" Wenn die Paare ihre Kleidung für 150 Euro gefunden haben, gehen sie auf ihren Platz zurück und notieren auf einem Zettel, was sie kaufen würden. Sie tauschen ihren Zettel mit einem anderen Paar. Jedes Paar sucht die Kleidung auf dem Zettel auf den Katalogseiten und notiert die Preise. Wie viel haben die anderen wirklich ausgegeben?
3. *fakultativ:* Verteilen Sie noch einmal die Kopiervorlage L9/A4. Die TN bilden freie Sätze.

Arbeitsbuch 19–23: in Stillarbeit oder als Hausaufgabe; **24:** in Partnerarbeit für geübte TN

10 D Handys

Test: Welcher „Handytyp" sind Sie?
Lernziel: Die TN können ihre Meinung ausdrücken.

Materialien
D1 ggf. Plakate, Filzstifte
Lerntagebuch: auf Folie

D1   **Vor dem Lesen: Einstimmung auf das Thema**
1. Teilen Sie den Kurs in zwei Gruppen. Jede Gruppe steht vor einem Tafelflügel. Wenn Sie keine Tafel haben, erhält jede Gruppe ein Plakat und einen Filzstift. Die Gruppen notieren Wörter rund um das Handy. Geben Sie eine bestimmte Zeit vor. Die Nomen sollten mit Artikel aufgeschrieben werden.
Variante: Gestalten Sie die Übung als Staffellauf, um Schwung in den Kurs zu bringen: Die beiden Gruppen stellen sich jeweils hintereinander vor einem Tafelflügel auf. Der vorderste TN jeder Gruppe läuft auf Ihr Zeichen zur Tafel und notiert ein Wort. Er läuft wieder zurück, übergibt die Kreide oder den Tafelstift an den nächsten TN der Gruppe, dieser läuft nach vorn, notiert ein Wort etc. (siehe auch *Schritte plus 3*, Lehrerhandbuch, Seite 54).
2. Gehen Sie die Wörter der Gruppen durch. Für jedes richtige Wort gibt es einen Punkt. Ist der Artikel falsch oder fehlt er, gibt es keinen Punkt.
3. Die TN hören die Klingeltöne vor der CD und entscheiden sich, welcher ihnen am besten gefällt.
4. Sprechen Sie mit den TN über die Klingeltöne ihres Handys: Warum haben sie diesen Klingelton ausgewählt? Haben sie verschiedene Klingeltöne für verschiedene Anrufer? War der Klingelton auf dem Handy schon vorhanden oder haben die TN ihn per SMS bestellt? Wer mag, kann seinen Klingelton / seine Klingeltöne vorspielen.

D2   **Leseverstehen 1: Ein Test**
1. Die TN lesen den Test im Buch und entscheiden sich für eine Antwort.
2. Die TN zählen ihre Punkte zusammen.

D3   **Auswertung des Tests**
Klären Sie mit den TN die Bedeutung von „Freak", „Normalo" und „Hasser". Die TN lesen „ihre" Auflösung. Wer fertig ist, schreibt der Partnerin / dem Partner eine SMS.

D4   **Aktivität im Kurs: Kursgespräch über die Ergebnisse**
1. Sprechen Sie im Plenum über die Ergebnisse des Tests. Regen Sie eine Diskussion darüber an, ob die TN Handys wichtig finden, wann sie sie benutzen und wann Handys auch stören können.
2. Weisen Sie die TN auf den Infospot zwischen D2 und D3 hin. Viele Adjektive bilden das Gegenteil mit der Vorsilbe „un-". Sammeln Sie mit den TN weitere Beispiele an der Tafel. Weisen Sie die TN auch darauf hin, dass das nicht mit allen Adjektiven geht.

Arbeitsbuch 25: im Kurs; **26:** als Hausaufgabe

LERN
TAGEBUCH

Arbeitsbuch 27: im Kurs: Legen Sie eine Folie von Übung 27 auf. Erklären Sie den TN, dass es Wörter gibt, die miteinander verwandt sind wie eine Familie, weil sie alle denselben Stamm haben und damit eine ähnliche Bedeutung. Man nennt das Wortfamilien, hier das Beispiel „...pack...". Ergänzen Sie mit den TN weitere Wörter. Die Wortfamilien zu „empfang..." und „...send..." ergänzen die TN selbstständig. Ungeübte TN suchen in der Lektion 10 nach passenden Wörtern. Gehen Sie herum und helfen Sie, wenn nötig.

Materialien
E1 Folie von den Zeichnungen
Tipp: Kassetten- oder Diktiergeräte
E3 *Variante:* Kopien von E3
Test zu Lektion 10

Anrufbeantworter

Anrufbeantworter: Nachrichten verstehen und sprechen
Lernziel: Die TN können Nachrichten von einem Anrufbeantworter verstehen und selbst Nachrichten auf Band sprechen.

E **10**

E1 Hörverstehen: Nachrichten von einem Anrufbeantworter verstehen

1. Die Bücher sind geschlossen. Legen Sie die Folie auf und zeigen Sie die erste Zeichnung. Stellen Sie den TN die Person vor: Das ist Heinz. Fragen Sie die TN, wo er ist, was er macht, was das Problem sein könnte. Verfahren Sie mit den beiden anderen Zeichnungen ebenso.
2. Die TN schlagen ihr Buch auf. Erzählen Sie den TN, dass Heinz einen „AB" hat – diese Abkürzung sollten Sie auch im Unterricht verwenden, weil sie eine häufig gebrauchte Abkürzung sowohl in der gesprochenen Sprache als auch in Telefonbüchern und Annoncen ist. Leider versteht Heinz die Nachrichten seiner Freunde oft falsch. Was haben seine Freunde wirklich gesagt? Die TN hören die Nachrichten auf dem „AB" und machen sich Notizen.
3. Abschlusskontrolle im Plenum.
Lösung:

	Ansage	Heinz
1	2 Uhr	15 Uhr
2	Bergsteigen, danach vielleicht Schwimmen	Schwimmen
3	8 Uhr im Café am Filmmuseum, danach vielleicht ins Kino Royal	wartet am Kino Royal

TIPP Wenn Sie Kassettengeräte mit Aufnahmefunktion oder ein Diktiergerät zur Verfügung haben, lassen Sie die TN in Gruppen zu viert verschiedene Ansagen erstellen, die auf Band gesprochen werden. Die Ansagen werden im Plenum vorgespielt. Die anderen TN machen sich Notizen: Wer? Was? Wann? Wo?

E2 Sprechen: Eine Entschuldigung auf einen Anrufbeantworter sprechen

1. Die TN hören Heinz' Entschuldigung an Elke und kreuzen die Lösung an.
2. Abschlusskontrolle im Plenum. *Lösung:* ... er ihre Nachricht falsch verstanden hat.
3. Die TN schließen die Bücher und hören die Nachricht noch einmal. Sie sollen darauf achten, <u>wie</u> Heinz sich entschuldigt. Sammeln Sie mit den TN die Sätze und Floskeln an der Tafel. Fragen Sie die TN, was man noch sagen kann, wenn man sich entschuldigen möchte. Notieren Sie auch dies.
4. Erinnern Sie die TN an die dritte Situation in E1. Die TN stellen sich vor, dass sie Heinz sind, und rufen bei ... an, um sich zu entschuldigen. Haben Sie einen Kurs mit überwiegend ungeübten TN, schreiben Sie mit den TN zunächst zusammen an der Tafel einen Mustertext. Klappen Sie dann die Tafel weg und lassen Sie einzelne TN die Entschuldigung frei sprechen. Schnelle TN erfinden weitere Situationen und Entschuldigungen.
Variante: Die TN stellen sich in einem Innen- und einem Außenkreis so auf, dass sich immer zwei TN gegenüberstehen. Beim ersten Durchgang sind die TN aus dem Innenkreis die Anrufer, die TN des Außenkreises hören zu. Geben Sie die erste Situation aus Aufgabe b) vor. Sagen Sie den TN, dass sie dreißig Sekunden Zeit haben, ihre Entschuldigung zu sprechen, denn länger ist das Band des Anrufbeantworters nicht. Geben Sie die Zeit durch ein „Piep" oder einen Gong vor. Danach dreht der Außenkreis sich um einen TN weiter. Jetzt sprechen die TN des Außenkreises ihre Entschuldigung zum selben Thema. Geben Sie wieder die Zeit vor. Verfahren Sie ebenso mit den anderen zwei Rollenkärtchen aus E2.

E3 Hörverstehen: Nachrichten auf dem Anrufbeantworter verstehen

1. Klären Sie mit den TN vorab die Begriffe „Elternbeirat" – in anderen Bundesländern ist das die Elternpflegschaft – und „Konsulat". Die TN hören die Ansagen und ergänzen die Lücken.
Variante: Kopieren Sie die Übung E3. Geübte TN bekommen eine Kopie, in der Sie weitere Informationen getilgt haben, die die TN selbst ergänzen müssen, z.B. bei Ansage 1: um ... Uhr im Gasthof ... etc.
2. Abschlusskontrolle im Plenum.
Lösung: <u>Ansage 1:</u> Dienstag, den 8.3. <u>Ansage 2:</u> 187; 0; <u>Ansage 3:</u> 0176-34 52 31; <u>Ansage 4:</u> 17 Uhr; <u>Ansage 5:</u> Frauenstraße 18; <u>Ansage 6:</u> Sportplatz

Arbeitsbuch 28–29: in Stillarbeit; **30–31:** im Kurs: Lassen Sie die TN bei Übung 31 selbst entscheiden, ob sie a) bearbeiten wollen oder b).

Einen Test zu Lektion 10 finden Sie auf den Seiten 128–129. Weisen Sie die TN auf die interaktiven Übungen auf ihrer Arbeitsbuch-CD hin. Die TN können mit diesen Übungen den Stoff der Lektion selbstständig wiederholen und sich ggf. auch auf den Test vorbereiten.

10 Zwischenspiel 10
Weg mit dem „un"!
Wortschatz: Adjektive mit „un-"

Materialien
2 Kopiervorlage „Zwischenspiel zu Lektion 10", ggf. Wörterbücher

1 Ein Lied hören und singen
1. Die Bücher sind geschlossen. Spielen Sie den TN das Lied vor, die TN sollen auf das Thema des Liedes achten. Fragen Sie anschließend, was den TN an dem Lied aufgefallen ist. Das sollte den TN keine Schwierigkeiten bereiten, da in der Lektion schon von „un"-Wörtern die Rede war.
2. *fakultativ:* Die Bücher bleiben weiter geschlossen. Spielen Sie das Lied noch einmal vor. Die TN sammeln alle Wörter mit „un-", die sie hören. Wer hat die meisten Wörter gehört? Sammeln Sie die Wörter der TN auch an der Tafel.
3. Spielen Sie das Lied ein weiteres Mal vor. Die TN lesen im Buch mit und singen. Wer nicht singen mag, klopft oder klatscht den Rhythmus mit.

2 Wortschatz: Wörter mit *un-*
1. Die TN markieren im Liedtext die Wörter mit „un-".
2. Verteilen Sie die Kopiervorlage „Zwischenspiel zu Lektion 10". Die TN ordnen die Beispiele zu. TN, die schneller fertig sind, überlegen sich zu weiteren „un"-Wörtern aus dem Liedtext eigene Beispielsätze.
3. Abschlusskontrolle im Plenum. Die schnellen TN stellen dabei ihre eigenen Beispielsätze vor.
   Lösung: a) unvorsichtig; b) unselbstständig; c) ungern; d) unbequem; e) unnötig; f) unpünktlich; g) unhöflich; h) unaufgeräumt; i) unappetitlich; j) unsicher
4. Die TN lesen die Aufgabenstellung zu Übung 2 der Kopiervorlage. Sie sprechen in Partnerarbeit über die „un"-Wörter aus Übung 1 und aus den Beispielen der schnellen TN. Wer mag, kann auch im Wörterbuch nach weiteren Wörtern suchen. Lassen Sie die TN abschließend im Plenum über „ihre" un-Wörter berichten.
5. Die TN schreiben in Kleingruppen von 3–4 TN eine eigene Liedstrophe mit „un-" Wörtern. Der Kurs singt gemeinsam die neuen Strophen.

LEKTION 10

Fokus Alltag 10
Ämter und Behörden

Die TN können einfache Aufforderungen von Amtspersonen verstehen, z.B. zu weiteren Schritten und Fristen. Sie können um Beratung bitten und sich mit einfachen Worten gegen unangemessenes Verhalten wehren.

1 **Leseverstehen: Persönliche Angaben verstehen**
1. Die TN lesen den Text und füllen das Formular aus. Sie vergleichen mit ihrer Partnerin / ihrem Partner.
2. Abschlusskontrolle im Plenum.
   Lösung: Alter: 23; Wo geboren? Trabzon; Wo Führerschein gemacht? Türkei; Aktueller Wohnort? Erfurt; Seit wann? Sieben Monate
3. *fakultativ:* Die TN schreiben als Hausaufgabe einen ähnlichen Text über sich. In der folgenden Unterrichtsstunde tauschen sie den Text mit ihrer Partnerin / ihrem Partner und füllen ein Formular mit deren/dessen Angaben aus.

2 **Hörverstehen 1: Sich gegen unangemessenes Verhalten von Amtspersonen wehren**
1. Die TN sehen sich die Zeichnung an und lesen die Aussagen. Sie äußern Vermutungen darüber, was das Problem sein könnte und welche Aussagen richtig sind.
2. Spielen Sie das Gespräch so oft wie nötig vor. Die TN hören und kreuzen die richtigen Lösungen an.
3. Abschlusskontrolle im Plenum.
   Lösung: 1 Gülserens Führerschein ist nicht mehr gültig. 2 Sie muss auf die Meldebehörde. 3 Sie darf weiterfahren.
4. Fragen Sie die TN, wie sie die Personen finden: freundlich, höflich, aggressiv ...? Die TN äußern kurz ihren Eindruck.
5. Machen Sie deutlich, dass auch Gülseren Yilmaz nicht sehr freundlich reagiert. Die TN lesen die Aussagen in Übung b) und entscheiden, welche Aussagen auch möglich wären, um auf unfreundliches Verhalten zu reagieren. *Lösung:* Seien Sie doch nicht so unfreundlich. Sie könnten auch etwas freundlicher sein.
6. Sammeln Sie mit den TN weitere Reaktionen.

3 **Hörverstehen 2: Sein Anliegen gegenüber Behördenmitarbeitern formulieren**
1. Erklären Sie, dass Gülseren Yilmaz jetzt zur Meldebehörde fährt, und fragen Sie die TN vor dem Hören, wie sie ihr Anliegen vorbringen kann. Sammeln Sie die Vorschläge der TN an der Tafel.
2. Die TN hören das Gespräch und ergänzen es.
3. Abschlusskontrolle im Plenum. *Lösung:* a) ein Problem; b) gilt nicht mehr; c) deutschen Führerschein; d) Wo muss

4 **Hörverstehen 3: Um Beratung bitten und nach der Verbindlichkeit von Fristen fragen**
1. Die TN lesen die Aussagen in Übung a) und überlegen, was richtig ist. Lassen Sie die Vermutungen auch begründen.
2. Spielen Sie das Gespräch ein- bis zweimal vor. Die TN kreuzen ihre Lösungen an.
3. Abschlusskontrolle im Plenum. *Lösung:* Für öffentliche deutsche Behörden gibt es eine „Beratungspflicht" ...
4. Die TN berichten kurz, welche Erfahrungen sie mit der „Beratungswilligkeit" von Behörden bisher so gemacht haben, und ob ihnen bekannt war, dass sie auf eine Beratung pochen können.
5. Weisen Sie noch einmal darauf hin, dass Gülseren Yilmaz ihren Führerschein umschreiben lassen muss und dafür verschiedene Dokumente braucht. Die TN lesen die Begriffe in Übung b) und hören das Gespräch noch weitere Male. Sie markieren, was Gülseren Yilmaz braucht.
6. Abschlusskontrolle im Plenum.
   Lösung: die Anmeldebestätigung der Fahrschule, ihren Pass, Geld, eine Übersetzung des Führerscheins ins Deutsche, ihren alten Führerschein

LANDES KUNDE Die TN müssen wissen, dass jede Behörde gesetzlich zu einer ausführlichen Beratung verpflichtet ist.

5 **Wortschatz: Auf dem Amt**
1. Die TN lösen die Übung allein oder zu zweit.
2. Abschlusskontrolle im Plenum.
   Lösung: a) die Frist verlängern. b) Der Pass / Der Führerschein ist ungültig. c) abgeben? / umschreiben lassen?

PROJEKT
1. Die TN sammeln alle Ämter, mit denen sie regelmäßig zu tun haben oder schon zu tun hatten. Sie berichten kurz, welche Anliegen oder Probleme sie dort zu lösen hatten und welche sprachlichen Schwierigkeiten es für sie gab.
2. Die TN erstellen als Hausaufgabe in Kleingruppen von 4–5 Personen auf Plakaten eine Übersicht über diese Ämter: Adresse? Telefonnummer der Information, ggf. des zuständigen Mitarbeiters? Öffnungszeiten? ...
3. Die TN vergleichen im Kurs ihre Ergebnisse.
4. Die TN wählen aus den problematischen Situationen (vgl. Punkt 1) zwei oder drei aus, die für alle relevant sind. Entwickeln Sie mit den TN für diese Situationen Mustergespräche.
5. Die TN schreiben analog ähnliche Gespräche und sprechen diese in Partnerarbeit.

11 UNTERWEGS

Folge 11: *Männer!*
Einstieg in das Thema: Auto und Verkehr

Materialien
1 ein Führerschein
5 Ball oder Stofftier

1 Vor dem Hören: Vorwissen aktivieren
1. Zeigen Sie nach Möglichkeit einen Führerschein im Kurs und fragen Sie: „Was ist das?" Ggf. ist das Wort durch den Fokus Alltag 10 bereits eingeführt. Schreiben Sie „Führerschein" an die Tafel.
2. Fragen Sie die TN dann, wer einen Führerschein hat, wann und wo sie ihn gemacht haben. Die TN berichten von ihren Erfahrungen im Heimatland und/oder in Deutschland (bzw. in Österreich oder in der Schweiz). Sie können dem Gespräch durch Nachfragen, z.B. nach den Erfahrungen in einer deutschen Fahrschule, bei der Führerscheinprüfung etc., immer wieder neue Impulse geben. Notieren Sie relevante Wörter zum Thema, die im Gespräch fallen, an der Tafel und erklären Sie diese im Anschluss noch einmal für alle.
3. Die TN sehen sich die Abbildungen im Buch an und ordnen zu.
4. Abschlusskontrolle im Plenum. *Lösung:* B die Werkstatt; C die Tankstelle; D der Führerschein

2 Vor dem Hören: Vermutungen äußern
1. Die TN sehen sich die Fotos im Buch an und diskutieren in Kleingruppen von drei Personen die Fragen a) bis d). Gehen Sie herum und hören Sie in die Gruppen hinein.
2. Sammeln Sie die Ergebnisse im Plenum. Deuten Sie dann auf Foto 7 und fragen Sie gezielt nach, was man an einer Tankstelle noch alles kaufen bzw. machen kann. Die TN wissen sicher, dass man hier nicht nur tanken, sondern auch sein Auto waschen, Kaffee trinken, Brötchen und Zeitschriften kaufen kann und vieles mehr. Sammeln Sie neue Wörter, die von den TN genannt werden, an der Tafel.

3 Beim ersten Hören
1. Bitten Sie die TN, während des Hörens die Fragen aus Aufgabe 2 im Gedächtnis zu behalten. Die TN hören die Foto-Hörgeschichte und verfolgen sie auf den Fotos mit.
2. Die TN beantworten die Fragen aus Aufgabe 2 und vergleichen mit ihren Vermutungen.
Lösung: a) Kurt will joggen gehen. b) Susanne hat Bauchschmerzen. Sie hat Angst, dass das Baby schon kommt. c) Ins Krankenhaus. d) Susanne und Maria haben kein Geld dabei. Zum Glück kommt Kurt gerade vorbei und bezahlt.

4 Nach dem ersten Hören: Wichtige Details verstehen
1. Fragen Sie die TN, warum Susanne sauer auf Kurt ist. Wenn die TN das Wort nicht kennen sollten, deuten Sie noch einmal auf Foto 8. Die TN lesen die Aussagen in Stillarbeit und kreuzen an, was sie für richtig halten.
2. Die TN hören die Foto-Hörgeschichte noch einmal und korrigieren ggf. ihre Lösungen.
3. Abschlusskontrolle im Plenum. *Lösung:* richtig: a); c); d); f)

5 Nach dem Hören: Die Geschichte nacherzählen
1. Setzen Sie sich mit den TN in einen Stuhlkreis und erzählen Sie gemeinsam mit den TN die Geschichte nach: Werfen Sie dazu einem TN den Ball bzw. das Stofftier zu und bitten Sie ihn, den ersten Satz zu formulieren und den Ball (bzw. das Stofftier) dann einem anderen TN zuzuwerfen. Dieser setzt die Geschichte fort etc. Die Fotos im Buch dienen den TN als Gedächtnishilfe. Ermutigen Sie die TN, sich gegenseitig zu helfen und ggf. auch zu korrigieren. Achten Sie darauf, dass die TN bei der Nacherzählung möglichst auch Informationen aus dem Hörtext wiedergeben und sich nicht auf eine bloße Beschreibung der Fotos beschränken!
2. *fakultativ:* Im Anschluss oder auch als Hausaufgabe können die TN die Geschichte noch einmal schriftlich nacherzählen. Sie orientieren sich dabei an den Vorgaben im Buch und ergänzen die angefangenen Sätze. Geübte TN sehen sich noch einmal die Fotos an und erzählen die Geschichte mit eigenen Worten nach. Sammeln Sie die Texte ein und geben Sie sie korrigiert zurück.

LEKTION 11

Er ist gerade **aus dem Haus** gegangen.

Lokale Präpositionen auf die Frage *Woher?*; Wiederholung von *in* und *bei*
Lernziel: Die TN können sagen, woher sie gerade kommen, wo sie sind und wohin sie gehen.

A1 Präsentation der lokalen Präpositionen *aus* und *von*

1. Die TN sehen sich die Fotos an und lesen die beiden Mini-Gespräche in Stillarbeit. Sie können hier an die Foto-Hörgeschichte anknüpfen und die TN fragen: „Warum ist Kurt aus dem Haus gegangen?"
   Lösung: Foto 1: Oje, wo kommst du denn her? – Vom Zahnarzt, das sieht man doch. Foto 2: Ist Kurt nicht da? – Nein, er ist gerade aus dem Haus gegangen.

2. Stellen Sie jetzt die Präpositionen „aus" und „in" bzw. „vom" und „beim" gegenüber, indem Sie eine Tabelle an die Tafel zeichnen und noch einmal fragen: „Woher kommt Kurt?" Deuten Sie dabei nacheinander auf die beiden Fotos. Notieren Sie die Antworten in der Tabelle und markieren Sie die lokalen Präpositionen:

Woher kommt Kurt?	Wo war Kurt?
Er kommt *vom* Zahnarzt.	
Er kommt *aus dem* Haus.	

3. Fragen Sie weiter: „Wo war Kurt?" und ergänzen Sie die Tabelle an der Tafel.

Woher kommt Kurt?	Wo war Kurt?
Er kommt *vom* Zahnarzt.	Er war *beim* Zahnarzt.
Er kommt *aus dem* Haus.	Er war *im* Haus.
	(Er war zu Hause.)

Hinweis: Lassen Sie bei der Frage „Wo war Kurt?" auch „Er war zu Hause." als Antwort gelten, weisen Sie die TN aber darauf hin, dass es sich bei „zu Hause" um eine feste Formel handelt und ergänzen Sie, wenn nötig, die oben angegebene Lösung selbst in der Tabelle. Erinnern Sie die TN ggf. daran, dass „im" aus „in dem" (*Schritte plus 2*, Lektion 11) zusammengezogen wird, und erklären Sie, dass man auf Fragen mit „Woher?" mit „aus" oder „von" antwortet. Stellen Sie dann weitere Fragen und notieren Sie die Antworten systematisch an der Tafel:

von	aus
vom Arzt	aus dem Kino
vom Bahnhof	aus dem Krankenhaus
von der Apotheke	aus der Schule
von einer Party/Hochzeit	aus der Kirche
vom Schwimmen	aus der Türkei
	aber: aus Südamerika

4. Machen Sie anhand der Beispiele deutlich, wann man „von" bzw. „aus" benutzt. Die Präposition „von" steht bei Personen, Aktivitäten, Veranstaltungen oder wenn weniger der Ort als solcher wichtig ist, als vielmehr, dass man dort zu einem bestimmten Zweck war. Die Präposition „aus" steht dagegen bei geschlossenen Räume und/oder Örtlichkeiten, an denen man sich länger aufhält, sowie bei Ländernamen. Stellen Sie in einem weiteren Tafelbild auch die Präpositionen „bei" und „in" auf die Frage „Wo?" gegenüber:

bei	in
beim Arzt	im Kino
...	...

Verdeutlichen Sie anhand der Beispiele, wann man „bei" bzw. „in" benutzt. Die Präposition „bei" steht bei Personen, Aktivitäten oder bei Orten, wobei nicht näher definiert ist, ob es sich um einen geschlossenen Raum handelt. Die Präposition „in" steht dagegen bei geschlossenen Räumen, vor Länder- und Straßennamen. Weisen Sie die TN auch auf den Grammatikspot im Buch hin.

Arbeitsbuch 1: in Stillarbeit oder Partnerarbeit

11 A Er ist gerade **aus dem Haus** gegangen.

Lokale Präpositionen auf die Frage *Woher?*; Wiederholung von *in* und *bei*
Lernziel: Die TN können sagen, woher sie gerade kommen, wo sie sind und wohin sie gehen.

Materialien
A2 Folie
A4 Beispielkarte, *Variante:* Kopiervorlage L11/A4

A2 **Anwendungsaufgabe zu den lokalen Präpositionen**
1. Die TN hören das Beispiel – eine Geräuschsequenz – und beantworten die Frage.
2. Die TN hören die übrigen Geräuschsequenzen so oft wie nötig und ergänzen die Lücken.
3. Abschlusskontrolle im Plenum. *Hinweis*: Die TN notieren erfahrungsgemäß oft die Präpositionen ohne Artikel. Vergleichen Sie die Ergebnisse daher mithilfe einer Folie und wiederholen Sie ggf. noch einmal die bestimmten Artikel im Dativ (*Schritte plus 2,* Lektion 11).
   Lösung: b) aus der Kirche; c) vom Friseur; d) aus der Metzgerei / vom Metzger; e) aus dem Auto; f) aus dem Briefkasten

Arbeitsbuch 2: in Stillarbeit oder als Hausaufgabe

A3 **Anwendungsaufgabe und Wiederholung zu den lokalen Präpositionen**
Regen Sie die TN zu einer Bildbeschreibung an, indem Sie gezielt ein paar Fragen zum Bild stellen. Die TN finden sich paarweise zusammen und beschreiben abwechselnd die unterschiedlichen Szenen auf dem Bild. Gehen Sie herum und helfen Sie bei Schwierigkeiten. Verweisen Sie auch auf den Grammatikspot im Buch.

Arbeitsbuch 3–4: als Hausaufgabe; **5–6:** in Stillarbeit oder Hausaufgabe

LERN TAGEBUCH **Arbeitsbuch 7:** im Kurs oder als Hausaufgabe: Ergänzen Sie zusammen mit den TN das Beispiel. Die TN können dann entweder im Kurs paarweise oder zu Hause allein weitere Beispiele finden, versprachlichen und visuell darstellen.

A4 **Aktivität im Kurs: Pantomime**
1. Schreiben Sie vor dem Unterricht eine Beispielkarte wie im Buch. Notieren Sie an der Tafel die Fragewörter „Woher?" und „Wohin?" und spielen Sie dann die Szene pantomimisch vor, ohne die Karte zu zeigen. Die TN raten, woher Sie gerade gekommen sind und wohin Sie nun gehen.
2. Lesen Sie zur Kontrolle Ihre Karte vor und fordern Sie die TN auf, in zwei Gruppen (A und B) ähnliche Spielanweisungen füreinander zu schreiben. Gehen Sie herum und helfen Sie bei Schwierigkeiten.
   Variante: Wenn Sie wenig Zeit im Unterricht haben, können Sie die Kärtchen der Kopiervorlage L11/A4 an die beiden Gruppen verteilen.
3. Die Gruppen A und B tauschen ihre Spielanweisungen aus. Dann erhält möglichst jeder TN eine Pantomimekarte und spielt der eigenen Gruppe die vorgegebene Szene vor. Die Gruppe rät, bis sie die Lösung gefunden hat. Dann ist der nächste TN an der Reihe. Die beiden Gruppen können parallel spielen, da sie sich anhand der Karten selbst kontrollieren können.

Materialien
B1 Kopiervorlage L11/B1 als Kartensatz und auf Folie
B2 auf Folie
B4 Stadtpläne vom Kursort

Wir müssen direkt **durch das Zentrum** fahren.

Lokale Präpositionen
Lernziel: Die TN können ausführliche Wegbeschreibungen verstehen und selbst Wege beschreiben.

B 11

B1 Präsentation von lokalen Präpositionen mit dem Dativ und mit dem Akkusativ

1. Die TN lesen die Wegbeschreibung und ordnen die passenden Zeichnungen zusammen mit ihrer Partnerin / ihrem Partner zu. *Variante:* Wenn Sie viele TN im Kurs haben, denen es leichter fällt, Kärtchen zu kombinieren (haptischer Lerntyp), bzw. TN, die gern spielerisch lernen, kleben Sie die Bild- und Satzkärtchen von Kopiervorlage L11/B1 auf festen Karton. Die TN erhalten paarweise einen Kartensatz und ordnen die Bildkärtchen den Satzkärtchen zu.
2. Abschlusskontrolle im Plenum. Geben Sie den TN Gelegenheit zu Wortschatzfragen.
Lösung: F Da kommen wir übrigens auch am Mozartplatz vorbei. D Du fährst bis zur nächsten Kreuzung. Da musst du links abbiegen. E Und jetzt geradeaus über die Brücke da. G Nach der Brücke fahren wir das Flussufer entlang. (ebenfalls richtig: … am Flussufer entlang) C Die nächste Tankstelle? Bei uns zu Hause, gegenüber der Kirche. A Wir müssen fast ganz um den Kreisverkehr herum und dann abbiegen.
3. Kopieren Sie die Zeichnungen von Kopiervorlage L11/B1 auf eine Folie. Decken Sie die Folie sukzessive auf und lesen Sie dabei die Sätze noch einmal betont vor. Um die Bedeutung der jeweiligen Präposition zu veranschaulichen, können Sie an der Folie ggf. die Fahrtrichtung bzw. die bereits zurückgelegte Strecke auf den Bildern („an … entlang", „um … herum" etc.) markieren.
4. Zeigen Sie anhand der Grammatikspots im Buch, welche Präpositionen den Dativ und welche den Akkusativ nach sich ziehen, und machen Sie ggf. weitere Beispiele an der Tafel. Markieren Sie die Artikel jeweils farbig.

Arbeitsbuch 8: in Stillarbeit oder als Hausaufgabe

B2 Anwendungsaufgabe zu den lokalen Präpositionen

1. Bitten Sie die TN, Valerios Adresse auf dem Stadtplan zu suchen. Ggf. können Sie sie darauf hinweisen, dass diese mit einem grünen Punkt im Plan markiert ist. In einem Kurs mit überwiegend ungeübten TN lassen Sie auch das Rathaus suchen, um das Hörverstehen vorzubereiten.
2. Die TN hören die Wegbeschreibung so oft wie nötig und markieren dabei den Weg im Buch. Geben Sie einem geübten TN den Stadtplan auf Folie. Sie/Er zeichnet die beschriebene Route direkt ein.
3. Abschlusskontrolle mithilfe der Folie im Plenum. *Lösung:* vgl. Hörtext
4. *fakultativ:* Fragen Sie anschließend noch einmal, wie Valerio gehen muss. Die TN beschreiben mündlich den Weg von Valerios Wohnung bis zur Fuldabrücke.

Arbeitsbuch 9: in Stillarbeit oder als Hausaufgabe

B3 Schreiben: Eine Wegbeschreibung

1. Die TN lesen die E-Mail von Matthias. Fragen Sie, worum er Roland bittet.
2. Die TN lesen anschließend den Anfang von Rolands Antwort und schreiben die E-Mail mithilfe der Stichpunkte im Kasten fertig.
3. Wer mag, kann die eigene E-Mail im Kurs vorlesen. Sammeln Sie die Texte der TN auch ein und korrigieren Sie sie. Häufig gemachte Fehler sollten in der folgenden Unterrichtsstunde gemeinsam besprochen werden.

Arbeitsbuch 10 a–b: in Stillarbeit; **10 c:** in Stillarbeit oder als Hausaufgabe für ungeübte TN; **11:** in Stillarbeit oder als Hausaufgabe für geübte TN

B4 Aktivität im Kurs: Einen Weg beschreiben

1. Jeder TN erhält eine Kopie des Stadt- bzw. Umgebungsplans, auf dem der Kursort und der Wohnort / die Wohnorte der TN zu sehen sein sollten. Die TN suchen ihre eigene Adresse und die der Schule auf dem Plan und markieren sie.
2. Die TN lesen das Beispiel im Buch. Bitten Sie dann einen TN, den Weg vom Kursort zu sich nach Hause zu beschreiben.
3. Die TN stehen auf und gehen mit ihrem Stadtplan im Kursraum umher. Dabei finden sie sich immer wieder zu neuen Paaren zusammen und beschreiben sich gegenseitig den Weg zu sich nach Hause und zeigen ihn dabei auf dem Stadtplan. Spielen Sie mit, so können Sie am leichtesten bei Schwierigkeiten helfen. Alternativ oder zusätzlich beschreiben sich die Paare den Weg von einem vorher bestimmten Ausgangspunkt auf dem Stadtplan und fragen sich am Ende, wo sie jetzt sind.

TIPP Wenn Sie in einer großen Stadt unterrichten, bitten Sie die TN am Vortag, einen Stadtplan mit in den Kurs zu bringen, damit sie den anderen ihre Adresse zeigen können. Falls Sie in einem kleineren Ort unterrichten, kopieren Sie einen Umgebungsplan für alle. Mithilfe eines Plans ist die Wegbeschreibung nicht nur leichter nachvollziehbar, sondern die TN können sich auch gegenseitig bei der Formulierung unterstützen oder korrigieren, wenn sie wissen, was ihre Partnerin / ihr Partner sagen möchte.

Arbeitsbuch 12: im Kurs

47 LEKTION 11

11 C Deshalb müssen wir ihn ja dauernd in die Werkstatt bringen.

Konjunktion *deshalb*
Lernziel: Die TN können etwas begründen und Sicherheitshinweise verstehen.

Materialien
C4 Kopiervorlage L11/C4, Spielfiguren, Münzen

C1 Präsentation der Konjunktion *deshalb*

1. Deuten Sie auf Foto 4 der Foto-Hörgeschichte und sagen Sie: „Der Wagen von Susanne und Kurt ist schon alt." Fragen Sie die TN, was das für Susanne und Kurt bedeutet, d.h. welche Konsequenzen es evtl. für ihren Alltag hat. Sammeln Sie die Antworten der TN an der Tafel und verknüpfen Sie ein Beispiel mit „deshalb":

> *Der Wagen ist alt. → Er ist oft kaputt.*
> =
> *Der Wagen ist alt. **Deshalb** ist er oft kaputt.*

2. Die TN sehen sich nun das Beispiel im Buch an und ordnen die übrigen Sätze in Stillarbeit zu.
3. Spielen Sie die CD vor. Die TN vergleichen ihre Lösungen selbstständig.
   Lösung: b) Ständig ist er kaputt. Ich bin deshalb schon lange für einen neuen. c) Aber Kurt sagt, wir haben kein Geld für ein neues Auto. Deshalb müssen wir weiter mit diesem hier zurechtkommen.
4. Zeigen Sie anhand eines Beispiels an der Tafel, dass „deshalb" entweder am Satzanfang oder an Position 3 stehen kann. Die TN kennen schon die Konjunktion „trotzdem" aus Lektion 8, sodass ihnen die Konstruktion kaum Schwierigkeiten bereiten wird.
5. Notieren Sie die beiden anderen Beispielsätze aus der Aufgabe an der Tafel. Die TN formulieren die Sätze um.

Arbeitsbuch 13–14: in Stillarbeit oder als Hausaufgabe

C2 Präsentation des Wortfelds „Fahrrad"

1. Die TN ordnen in Partnerarbeit die Fahrradteile zu. TN, die schnell fertig sind, notieren weitere Fahrradteile.
2. Abschlusskontrolle im Plenum. Die schnellen TN nennen ihre zusätzlichen Begriffe. Fragen Sie auch nach dem bestimmten Artikel zu allen Begriffen. *Lösung:* a) Vorderlicht; c) Reifen; d) Klingel; e) Rücklicht

C3 Leseverstehen: Sicherheitshinweise verstehen; Anwendungsaufgabe zu *deshalb*

1. Die TN lesen den Text und markieren, was man an einem Fahrrad regelmäßig prüfen sollte.
2. Abschlusskontrolle im Plenum. *Lösung:* Reifen, Vorder- und Rücklicht, Klingel, Luft
3. Fragen Sie, was man beachten sollte. Die TN geben mündlich einige Beispiele (Fahrradhelm tragen, Luftpumpe mitnehmen …).
4. Weisen Sie auf den Infospot hin. Zeigen Sie auf das zweite Beispiel im Text (erreichbar) und bitten Sie die TN, einen Satz mit „können" zu formulieren: Man kann die Klingel erreichen. = Die Klingel ist erreichbar.
5. Die TN lesen, wenn nötig, noch einmal den Text und dann die Satzanfänge in Aufgabe b). Sie ordnen den passenden zweiten Satzteil zu.
6. Abschlusskontrolle im Plenum. *Lösung:* 2 der Bremsweg von alten Reifen sehr lang ist. 3 Radfahrer in der Nacht schlecht erkennbar sind. 4 man beim Überholen klingeln sollte. 5 man mit zu wenig Luft nicht gut fahren kann. 6 der Helm den Kopf vor Verletzungen schützt.
7. Schreiben Sie den ersten Satz von Aufgabe b) mit „weil" an die Tafel. Fragen Sie, was das „Problem" im Verkehr ist (Man muss oft plötzlich bremsen.). Wie kann man die Sicherheit verbessern (Die Bremsen müssen funktionieren.)? Schreiben Sie den Satz mit „deshalb" an die Tafel.

> *Man muss oft plötzlich bremsen. Deshalb müssen die Bremsen funktionieren.*

8. Die TN bilden aus den Beispielen in Aufgabe b) Sätze mit „deshalb". Schreiben Sie, wenn nötig, einige der Beispiele an der Tafel mit.
   Hinweis: Einige TN haben anfangs vielleicht noch Schwierigkeiten, Ursache und Folge einer Handlung zu unterscheiden bzw. bei eigenen Sätzen daran zu denken, dass im „weil"-Satz die Ursache genannt wird, in einem „deshalb"-Satz dagegen die Folge. Markieren Sie daher Teilsätze, die die Ursache bzw. die Folge benennen, in unterschiedlichen Farben. Die TN sollten in ihrem Heft ebenfalls verschiedene Farben verwenden, um ein Gefühl für den Unterschied zu bekommen.

Arbeitsbuch 15–17: als Hausaufgabe

LEKTION 11

Materialien
C4 Kopiervorlage L11/C4, Spielfiguren, Münzen

Deshalb müssen wir ihn ja dauernd in die Werkstatt bringen.

C 11

Konjunktion *deshalb*
Lernziel: Die TN können etwas begründen und Sicherheitshinweise verstehen.

C4 Anwendungsaufgabe zu *deshalb*

1. Die TN sehen sich die Zeichnungen an und lesen die Stichpunkte. Geben Sie Gelegenheit zu Wortschatzfragen.
2. Die TN erzählen die Geschichte mündlich oder schriftlich mit ihrer Partnerin / ihrem Partner. Schnelle TN erfinden eine Fortsetzung für die Geschichte.
   Variante: Die TN setzen sich in einen Kreis und erzählen die Geschichte gemeinsam. Ein TN beginnt, seine linke Nachbarin / sein linker Nachbar erzählt weiter etc.
3. *fakultativ:* Verteilen Sie an Kleingruppen von 3–4 TN je einen Spielplan von Kopiervorlage L11/C4. Sie brauchen für jeden TN eine Spielfigur und pro Gruppe eine Münze.

C5 Aktivität im Kurs: Über Probleme mit dem Auto oder mit dem Fahrrad sprechen

1. Die TN finden sich zu Kleingruppen von 3–4 TN zusammen und entscheiden sich je nachdem, ob sie über Erfahrungen mit dem Auto oder mit dem Fahrrad sprechen möchten, für eine Gruppe. Die TN erzählen sich gegenseitig über Erlebnisse mit dem Auto oder Fahrrad.
2. *fakultativ:* Geben Sie als Hausaufgabe eine Erlebniserzählung auf. Die TN berichten schriftlich über ein besonderes Erlebnis mit ihrem Auto oder Fahrrad.

Arbeitsbuch 18: als Hausaufgabe

PHONETIK **Arbeitsbuch 19–22:** im Kurs: Spielen Sie die Wörter aus Übung 19 vor, die TN sprechen im Chor nach. Konzentrieren Sie sich im Folgenden auf den Laut, der den TN Schwierigkeiten macht. Welcher das ist, hängt von den Ausgangssprachen der TN ab. Zeigen Sie die Unterschiede zwischen Aussprache und Orthografie auf: „ks" kann als „x", „ks" oder „chs" etc. verschriftlicht werden. Die TN machen Übung 21 und finden selbstständig weitere Beispiele. Die TN lösen mithilfe von Übung 19 auch Übung 21 (Lösung: t, tz, z). Spielen Sie zum Schluss Übung 22 vor.

11 D Bei jedem Wetter unterwegs

Wetter- und Verkehrslage
Lernziel: Die TN können Nachrichten zum Wetter und Verkehrsdurchsagen verstehen.

D1 Erweiterung des Wortfelds „Wetter"
1. Fragen Sie die TN, wie das Wetter heute ist, und sammeln Sie gemeinsam mit den TN bekannte Wetterausdrücke und -wörter an der Tafel.
2. Die TN sehen sich die Fotos an und ordnen die passenden Begriffe zu. Wer fertig ist, vergleicht mit der Partnerin / dem Partner.
3. Abschlusskontrolle im Plenum. *Lösung:* A Eis; B Nebel; C Sonnenschein; D Schnee; E Gewitter; F Sturm
   Hinweis: Wenn die Wörter für Ihre TN neu sind, notieren Sie auch den Artikel zu den Nomen an der Tafel.

D2 Leseverstehen: Kurze Nachrichtentexte verstehen
1. Die TN lesen die Aufgabenstellung und die Adjektive. Gehen Sie aber zunächst noch nicht auf Fragen zum Wortschatz ein.
2. Fragen Sie die TN dann nach dem Wetter in Text a). Die TN lesen den Text und ergänzen das passende Adjektiv aus der Liste.
3. Notieren Sie die beiden Lösungen zu Text a) untereinander an der Tafel. Fragen Sie weiter, welche Wörter aus dem Text dazupassen, und notieren Sie die entsprechenden Nomen ebenfalls an der Tafel. Unterstreichen Sie die Adjektivendungen „-isch" und „-ig" und zeigen Sie anhand dieser Beispiele, wie aus einem Nomen ein Adjektiv werden kann. Verweisen Sie auch auf den Infospot.
   ! Der Infospot soll den TN helfen, die Bedeutung neuer Adjektive zu erschließen. Es geht also um rezeptives Verstehen. Erwarten Sie nicht von den TN, dass sie selbstständig neue Adjektive bilden.
4. Die TN lesen die Texte b) bis d) und ergänzen die fehlenden Adjektive. Wer schneller fertig ist, sammelt weitere bekannte Adjektive mit „-isch" bzw. „-ig".
5. Abschlusskontrolle im Plenum. *Lösung:* a) eisig; b) wolkig, gewittrig, windig, regnerisch; c) sonnig; neblig

Arbeitsbuch 23–25: in Stillarbeit

D3 Wortschatz: Über Störungen im Straßenverkehr sprechen
1. Die TN betrachten die Fotos und lesen die Begriffe. Sie versuchen zunächst in Stillarbeit eine Zuordnung von Wort und Bild.
2. Die TN sprechen über ihre Vermutungen. Stellen Sie, wenn nötig, gezielt Nachfragen, um die TN zu Begründungen ihrer Überlegungen anzuregen, z.B.: „Warum gibt es hier wohl einen Stau?"
   Lösung: A Stau; B Unfall; C Baustelle; D Tiere auf der Fahrbahn; E Falschfahrer; F gesperrte Straße
3. *fakultativ:* Die TN berichten über eigene Erfahrungen mit Stau, Tieren auf der Fahrbahn etc.

Arbeitsbuch 26: als Hausaufgabe

D4 Hörverstehen: Verkehrsnachrichten
1. Die TN lesen die Aussagen, bevor sie die Verkehrsnachrichten hören. Gehen Sie kurz auf die Bedeutung von „wegen" ein, indem sie ein Beispiel an die Tafel schreiben und auf die kausale Bedeutung von „wegen" hinweisen:

> *wegen eines Unfalls = weil ein Unfall passiert ist*

   ! Gehen Sie nicht näher auf den Genitiv bei „wegen" ein. Es geht lediglich darum, dass die TN die Bedeutung des Wortes erfassen. Präpositionen mit Genitiv werden in *Schritte plus 5* und *6* eingeführt.
2. Die TN hören die Verkehrsnachrichten so oft wie nötig und kreuzen ihre Lösungen an.
3. Abschlusskontrolle im Plenum. *Lösung:* 1 richtig; 2 richtig; 3 richtig; 4 falsch; 5 richtig

Arbeitsbuch 27: im Kurs

D5 Aktivität im Kurs: Kursgespräch über Wetter und Verkehr
1. Fragen Sie die TN, welche Verkehrsmittel sie vorwiegend benutzen.
2. Die TN sammeln in Kleingruppen von vier TN, wo sie Informationen über Wetter und Verkehr bekommen. Dabei sprechen sie auch darüber, welche dieser Informationskanäle sie nutzen und warum. Gehen Sie herum und hören Sie in die Gespräche hinein.
3. Fragen Sie abschließend einige TN im Plenum, wo sie sich über Wetter und Verkehr informieren und warum.
4. *fakultativ:* Als Hausaufgabe schreiben die TN einen kurzen Text „Ich informiere mich über Wetter und Verkehr". Sammeln Sie die Texte zur Korrektur ein.

Materialien
E1 *Variante:* Farbkopien der Fotos oder Folie
Test zu Lektion 11
Wiederholung zu Lektion 10 und Lektion 11

Ärger im Straßenverkehr

Zeitungstexte: Die Meinungsseite
Lernziel: Die TN können einen kurzen Zeitungstext lesen und ihre Meinung äußern.

E **11**

E1 Vor dem Lesen: Vermutungen äußern
Die TN lesen die Überschrift des Zeitungstextes und sehen sich die Fotos an. Sie stellen Vermutungen darüber an, wovon der Zeitungstext handelt.
Variante: Wenn Sie vermeiden möchten, dass die TN schon auf den Text „schielen", machen Sie Farbkopien von den Fotos oder ziehen Sie eine Folie und schreiben Sie die Überschrift an die Tafel.

Arbeitsbuch 28: als Hausaufgabe

E2 Leseverstehen: Einen Zeitungstext lesen
1. Die TN lesen den Text und ergänzen allein oder zu zweit die Tabelle.
2. Abschlusskontrolle im Plenum.

Lösung:

Wer nervt?	Radfahrer	Fußgänger	Autofahrer
Warum?	fahren total schnell durch die Fußgängerzone, achten nicht auf Kinder und alte Leute	laufen immer vors Rad	parken und machen die Tür auf parken auf den Bürgersteigen

E3 Aktivität im Kurs: Kursgespräch über Ärger im Straßenverkehr
1. Die TN lesen die Leitfragen im Buch und sammeln zu zweit oder zu dritt weitere Situationen im Straßenverkehr, die nerven können.
2. Wenn nötig, sammeln Sie für die Diskussion mit den TN einige Redemittel, um Aufregung zu beschreiben, z.B.: Es ärgert mich besonders, wenn …; Am meisten nervt mich, dass …; Das ist einfach unverschämt! Das Verhalten der … regt mich wirklich auf! Wie können die nur …? etc.
3. Diskutieren Sie im Plenum mit den TN über ihre Erfahrungen im Straßenverkehr.
4. *fakultativ:* Gehen Sie auch auf Unterschiede im Verhalten von deutschen Verkehrsteilnehmern und den Verkehrsteilnehmern in anderen Ländern ein, wenn die TN darüber etwas wissen oder von eigenen Erlebnissen berichten können.

Arbeitsbuch 29: als Hausaufgabe

PRÜFUNG **Arbeitsbuch 30:** Im Prüfungsteil Hören, Teil 3, der Prüfung *Start Deutsch 2* hören die TN ein Gespräch und müssen Aufgaben dazu lösen. Die TN sollten zuerst die Aufgabenstellung aufmerksam lesen und die vorgegebenen Stichpunkte überfliegen. Sie hören das Gespräch wie in der Prüfung zweimal. Einen ähnliche Form hat auch die Prüfungsaufgabe Hören, Teil 4, der Prüfung *Deutsch-Test für Zuwanderer*.

PROJEKT Die TN planen zu dritt oder viert eine Deutschlandreise wie im Buch angegeben. Klären Sie vorab die Namen aller Hauptstädte der Bundesländer.

Einen Test zu Lektion 11 finden Sie auf den Seiten 130–131. Weisen Sie die TN auf die interaktiven Übungen auf ihrer Arbeitsbuch-CD hin. Die TN können mit diesen Übungen den Stoff der Lektion selbstständig wiederholen und sich ggf. auch auf den Test vorbereiten. Wenn Sie mit den TN den Stoff von Lektion 10 und Lektion 11 wiederholen möchten, verteilen Sie die Kopiervorlage „Wiederholung zu Lektion 10 und Lektion 11" (Seiten 120–121).

Zwischenspiel 11
Gib Gas! Ich will Spaß!
Landeskunde: Regeln für Autofahrer

Materialien
1–2 Kopiervorlage „Zwischenspiel zu Lektion 11"

Dieses Zwischenspiel enthält prüfungsrelevanten Wortschatz und sollte daher unbedingt im Unterricht eingesetzt werden.

1 **Leseverstehen 1: Schlüsselwörter verstehen**
1. Die TN haben in *Schritte plus 2*, Lektion 11, schon über Auto und Verkehr gesprochen. Malen Sie einen Wortigel „Autofahren in Deutschland" an die Tafel und fragen Sie die TN, was sie mit dem Autofahren in Deutschland verbinden.
2. Führen Sie dabei einige Schlüsselwörter für den Test in Aufgabe 2 ein wie: Gas geben, die rechte/mittlere/linke Fahrbahn, vorbeilassen.
3. Die TN lesen den Text auf Seite 50. Verteilen Sie die Kopiervorlage „Zwischenspiel zu Lektion 11" und überprüfen Sie das Textverständnis mithilfe von Übung 1.
4. Abschlusskontrolle im Plenum. *Lösung:* richtig: Hermi hat ein schnelles Auto. Er mag Staus nicht. Er kümmert sich nicht um Verkehrsregeln.
5. Die TN bearbeiten die Aufgabe im Kursbuch.
6. Abschlusskontrolle im Plenum. *Lösung:* Verkehrsregeln; Bußgeldkatalog; Führerschein; Straßenverkehrsordnung
7. Geben Sie Gelegenheit zu Wortschatzfragen. Sicher sind nicht alle Begriffe, die hier vorkommen, sofort verständlich.

2 **Leseverstehen 2: Ein Verkehrstest**
1. Die TN lösen Übung 2 der Kopiervorlage „Zwischenspiel zu Lektion 11".
   Variante: Die Aufgabe kann auch im Anschluss an den Test gemacht werden.
2. Abschlusskontrolle im Plenum. *Lösung:* Foto 1: e; Foto 2: f; Foto 3: b; Foto 4: d
3. Die TN machen allein oder zu zweit den Test. Gehen Sie herum und helfen Sie bei Wortschatzfragen.
4. Die TN vergleichen mit der Lösung im Buch und zählen zugleich zusammen, ob sie Punkte in Flensburg für ihre Antworten bekommen würden. Schnelle TN zählen auch gleich Hermis Punkte.
5. Die TN berichten im Plenum, ob und wie viele Punkte sie bekommen haben. Sind sie über das Ergebnis erstaunt? Oder ist alles wie erwartet?
6. Fragen Sie, wie viele Punkte Hermi im Moment hat und ob er seinen Führerschein noch behalten darf. *Lösung:* 11 Punkte; ja
7. Die TN ordnen die Titel aus Übung 2 der Kopiervorlage den Testfragen zu: Was passt wo?
8. Abschlusskontrolle im Plenum. *Lösung:* Frage 1: Überholen ist gut, Geduld ist besser. Frage 2: Mit 120 kommen Sie auch sicher ans Ziel! Frage 3: Durst? Aber bitte nur alkoholfrei. Frage 4: Handy in die Tasche, Hände ans Steuer.
9. *fakultativ:* TN mit Internetzugang suchen das bekannte Lied „Ich will Spaß, ich geb Gas" von Markus im Internet (z.B. auf www.youtube.com*) und hören es sich an. Fragen Sie die TN, was sie vom Liedtext verstanden haben.

3 **Kursgespräch über rücksichtslose Autofahrer**
Die TN unterhalten sich über rücksichtslose Autofahrer. Helfen Sie mit gezielten Fragen, das Gespräch in Gang zu bringen.

---

* Der Verlag übernimmt keine Verantwortung für die unter dem genannten Link verbreiteten Inhalte.

Materialien
2 *Variante:* Text in Puzzleteile zerschnitten
Projekt: Zeitungen mit Auto-Anzeigen

Fokus Alltag 11
Gebrauchtwagenkauf

Die TN kennen die wichtigsten Dokumente, die Autofahrer benötigen, und wissen, worauf sie beim Autokauf achten müssen.

1 Präsentation des Wortfelds „Gebrauchtwagenkauf"

1. Notieren Sie an der Tafel den Begriff „Gebrauchtwagenkauf" und bitten Sie die TN um eine Worterklärung. Ggf. können Sie helfen, indem Sie das Kompositum mit den TN aufschlüsseln. Fragen Sie die TN, wie man vorgehen kann, wenn man ein gebrauchtes Auto kaufen möchte. Sammeln Sie alle relevanten Wörter, die die TN in diesem Zusammenhang nennen, an der Tafel und erarbeiten Sie so ein Wortfeld zum Thema. Geben Sie den TN darüber hinaus Gelegenheit zu Wortschatzfragen. Die TN übertragen das Wortfeld in ihr Lerntagebuch.
2. Die TN sehen sich die Abbildungen in ihrem Arbeitsbuch an. Deuten Sie zunächst auf den Kaufvertrag und stellen Sie ein paar Fragen zum Verständnis: „Wer verkauft ein Auto? Wer kauft das Auto? Was für ein Auto ist das?" etc.
3. Die TN ordnen die übrigen Abbildungen und Begriffe zu.
4. Abschlusskontrolle im Plenum. *Lösung:* 2 Anzeige im Kfz-Markt; 3 die Zulassungsbescheinigung Teil II; 4 der Werbeprospekt; 5 die Zulassungsbescheinigung Teil I; 6 das Autokennzeichen

LANDESKUNDE Erklären Sie, dass jeder Autobesitzer die gültigen Zulassungsbescheinigungen sowie ein Autokennzeichen und eine Kfz-Versicherung benötigt.

2 Landeskunde: Ein gebrauchtes Auto kaufen

1. Fordern Sie die TN auf, sich vorzustellen, dass sie ein gebrauchtes Auto kaufen möchten. Wie geht man normalerweise vor? Ein TN liest den bereits vorgegebenen Textabschnitt 1 vor.
2. Die TN lesen die übrigen Textabschnitte in Partnerarbeit und versuchen, sie in die richtige Reihenfolge zu bringen. Helfen Sie nicht, sondern lassen Sie eventuelle Fehler zu. Bei der Abschlusskontrolle kann über die Gründe für die gewählte Reihenfolge diskutiert werden.
   Variante: Kopieren Sie den Text und schneiden Sie die Textteile auseinander. Die TN erhalten paarweise die Puzzleteile und setzen diese zusammen.
3. Abschlusskontrolle im Plenum. *Lösung:* 2 Er sollte Kontakt mit dem Besitzer aufnehmen. … 3 Wenn er das Auto kaufen möchte, … 5 Als Nächstes muss er das Auto anmelden. … 6 Die Zulassungsstelle stellt ihm dann die Zulassungsbescheinigung Teil I aus. …

3 Über eigene Erfahrungen beim Auto- oder Fahrradkauf berichten

Die TN sitzen im Kreis und berichten in der Runde über Erfahrungen beim Autokauf im Heimatland und/oder in Deutschland. Sollten nur wenige TN einen Führerschein und ein Auto haben, können Sie nach Erfahrungen beim Fahrradkauf fragen.

PROJEKT Bringen Sie Zeitungen mit Auto-Anzeigen mit. Die TN lesen die Anzeigen in kleinen Gruppen und notieren wichtige Abkürzungen und Informationen, die in den Anzeigen vorkommen, wie PS, Baujahr etc. Klären Sie die Begriffe und Abkürzungen im Plenum.

Fokus Alltag 11
Einen Unfallhergang schildern

Die TN können einen Unfallhergang in einfachen Worten grob schildern.

1 **Leseverstehen 1: Ein Unfall ist passiert**
1. Die TN sehen sich zunächst die beiden Zeichnungen an. Fragen Sie jeweils, was hier passiert (ist). So haben Sie die Möglichkeit, das Vorwissen zu prüfen bzw. Schlüsselwörter wie „auffahren" oder „zusammenstoßen" einzuführen.
2. Die TN lesen die E-Mail und ordnen das passende Situationsbild zu.
3. Abschlusskontrolle im Plenum. *Lösung:* Situation Auffahrunfall

2 **Leseverstehen 2: Den wesentlichen Inhalt verstehen**
1. Die TN lesen die Aussagen und die E-Mail und kreuzen die passende Bedeutung an.
2. Abschlusskontrolle im Plenum. Lösung: a) Die Ampel hat von Rot zu Grün gewechselt. b) Ich bin langsam losgefahren. c) Ich bin auf das Auto vor mir gefahren. d) Das Auto ist kaputt.
3. Klären Sie ggf. weitere wichtige Wörter wie „ausweichen" oder „anhalten".

3 **Leseverstehen 3: Einfache Schilderungen eines Unfallhergangs verstehen**
1. Bitten Sie die TN, die kurzen Beschreibungen des Unfallhergangs ohne Wörterbuch dem passenden Situationsbild zuzuordnen. Dies sollte den TN möglich sein, auch wenn sie nicht jedes einzelne Wort kennen.
2. Abschlusskontrolle im Plenum.
   Lösung: 1 Ein Radfahrer ist ohne Licht aus einem Hof gekommen. ... 2 Ich bin mit dem Fahrrad von rechts gekommen. ... 3 Ich wollte parken. ... 4 Ich war Richtung Stadtmitte unterwegs. ...
3. Geben Sie Gelegenheit zu Wortschatzfragen.

4 **Sprechen: Einen Unfallhergang schildern**
1. Die TN beschreiben der Partnerin / dem Partner eine der vier Situationen. Je nachdem, wie schnell oder geübt die TN sind, können sie weitere Situationen beschreiben.
2. Die TN notieren die Beschreibungen des Unfallhergangs als Hausaufgabe schriftlich.

LEKTION 11

Materialien
1 eine Folie; Foto-Hörgeschichte als Kärtchen oder Poster der Foto-Hörgeschichte; DIN-A3-Papier, Scheren, Klebestifte

REISEN
Folge 12: *Reisepläne*
Einstieg in das Thema: Reisepläne/-vorbereitungen

1 **Vor dem Hören: Einen Comic schreiben**
1. Präsentieren Sie Foto 1 und die Aufgabe auf einer Folie. Die TN stellen Vermutungen an, zu wem welches Zitat passt. Lassen Sie die TN ggf. abstimmen und notieren Sie das jeweilige Ergebnis mit den meisten Stimmen in der Tabelle der Aufgabe. *Lösung:* a) Simon; b) Larissa; c) Kurt
2. Verteilen Sie das Poster oder kopieren Sie die Foto-Hörgeschichte für Kleingruppen von fünf TN. Die TN schneiden die Fotos aus und kleben diese in losem Abstand auf ein DIN-A3-Blatt, sodass sie zu jedem Bild Sprechblasen malen und schreiben können. Die TN denken sich in der Gruppe den Text zu ihrem Foto-Comic aus.
3. Jeder TN schlüpft in die Rolle eines Protagonisten. Die TN lesen ihren Comic mit verteilten Rollen.
4. Wer möchte, kann den Comic im Plenum als Rollenspiel präsentieren. Die anderen Comics werden im Kursraum aufgehängt.

2 **Beim ersten Hören**
1. Bitten Sie die TN, beim Hören darauf zu achten, was Larissa und Simon in den Ferien machen wollen und worauf sie sich schließlich einigen. Die TN hören die Foto-Hörgeschichte ein erstes Mal komplett und verfolgen sie im Buch mit.
2. Abschlusskontrolle im Plenum.
Lösungsvorschlag: Sie fahren zusammen mit Maria an die Nordsee. Dort kann man reiten, surfen und Mozart hören bzw. ein Musikfestival besuchen.

3 **Nach dem ersten Hören: Details der Geschichte verstehen**
1. Lesen Sie den Anfang des Lückentextes mit den TN gemeinsam und zeigen Sie anhand des ersten Beispiels, dass es jeweils zwei Möglichkeiten gibt, aber nur eine passt.
2. Die TN lesen den Text und ergänzen die Lücken zusammen mit ihrer Partnerin / ihrem Partner. Spielen Sie die Foto-Hörgeschichte noch einmal vor, wenn nötig.
3. Abschlusskontrolle im Plenum. *Lösung:* reiten; surfen; wegfahren; Kataloge; teuer; ein Musikfestival

4 **Nach dem Hören: Über Urlaubsträume sprechen**
1. Die TN lesen die Aufgabenstellung im Buch und finden sich zu Kleingruppen von 3–4 TN zusammen. Weisen Sie die TN, wenn nötig, explizit darauf hin, dass sie auch Reisewünsche äußern können, die sich – zumindest momentan – nicht verwirklichen lassen. Erinnern Sie die TN daran, dass in diesem Fall „würde" verwendet wird. Den Konjunktiv II kennen die TN bereits aus Lektion 8.
2. Die TN erzählen sich in Kleingruppen gegenseitig, wohin sie gern einmal fahren würden und was sie gern einmal sehen würden. Gehen Sie herum und hören Sie in die Gruppen hinein. Stellen Sie gezielte Fragen, wenn Sie das Gefühl haben, dass das Gespräch in einer Gruppe nicht so recht in Gang kommen will.
Variante: Sprechen Sie in kleineren Kursen im Plenum über die Urlaubsträume der TN.

12 A Wir fahren **an den** Atlantik.

Lokale Präpositionen *in*, *an* und *auf*
Lernziel: Die TN können über Reiseziele sprechen.

Materialien
A3 Reiseprospekte, Reisekataloge
A4 Kärtchen, *Variante:* Kopiervorlage L12/A4

A1 Variation: Erweiterung der lokalen Präpositionen *in*, *an* und *auf*
1. Gehen Sie vor wie auf Seite 7 beschrieben. Wenn die TN Lust haben, können sie die Variationsübung als Streitgespräch vorführen.
2. Notieren Sie einige Beispiele zu den Präpositionen an der Tafel und verweisen Sie auf den Grammatikspot. Erinnern Sie die TN ggf. daran, dass auf die Frage „Wohin?" der Akkusativ steht.

Arbeitsbuch 1–2: als Hausaufgabe; **3:** in Stillarbeit oder Partnerarbeit

A2 Anwendungsaufgabe zu den lokalen Präpositionen
1. Die TN hören sechs unterschiedliche Geräuschsequenzen und ordnen ihnen jeweils die passende Zeichnung zu.
2. Abschlusskontrolle im Plenum. Lassen Sie die TN noch einmal mit eigenen Worten berichten, wohin Julius der Reihe nach fährt. Achten Sie dabei auf die korrekte Verwendung der Präpositionen und Artikel.
   Lösung: 2 in die Wüste; 3 in die Berge; 4 ans Meer; 5 aufs Land; 6 an den Bodensee

Arbeitsbuch 4: in Stillarbeit

A3 Anwendungsaufgabe zu den lokalen Präpositionen auf die Frage *Wo?* bzw. *Wohin?*
1. Klären Sie zusammen mit den TN zunächst die Situation auf der Zeichnung und notieren Sie einige Beispiele an der Tafel:

Wohin?	Wir könnten im Sommer doch in die Berge fahren!	– *In die* Berge? Nein!
Wo? ...		– *In den* Bergen ist es zu langweilig.

2. Machen Sie anhand des Tafelbildes deutlich, dass nach den Präpositionen „in", „an" und „auf" die Artikel „dem", „der", „den" (Wo? → Dativ) oder „den", „das", „die" (Wohin? → Akkusativ) stehen können. Erinnern Sie die TN in diesem Zusammenhang auch daran, dass „in" und „nach" vor Städtenamen sowie vor den meisten Ländernamen ohne Artikel benutzt werden. Verweisen Sie die TN auch auf die Grammatikspots im Buch.
3. Die TN finden sich paarweise zusammen und suchen sich einen Reiseprospekt oder -katalog aus, in dem sie ein wenig blättern und einige Reiseziele auswählen können. Die TN lesen dann das Beispiel im Buch und handeln mit ihrer Partnerin / ihrem Partner aus, wohin sie gemeinsam fahren wollen. Die Stichpunkte im Redemittelkasten sowie die beiden Grammatikspots helfen ihnen dabei. Paare, die mit der Aufgabe fertig sind, geben sich gegenseitig Urlaubstipps.
   Hinweis: Diese Aufgabe ist auch eine gute Vorbereitung auf die mündliche Prüfung des *Deutsch-Tests für Zuwanderer*, in der die TN sich ebenfalls auf etwas einigen müssen.

Arbeitsbuch 5–7: als Hausaufgabe; **8–9:** in Stillarbeit; **10:** als Hausaufgabe

A4 Aktivität im Kurs: Ratespiel
1. Drei TN lesen das Beispiel mit verteilten Rollen vor. Schreiben Sie ggf. drei andere Begriffe auf eine Karte und lassen Sie die TN raten, wo sie sich befinden.
2. Die TN bilden Kleingruppen von 3–4 TN. Jeder überlegt sich ein Reiseziel und schreibt jeweils drei dazu passende Gegenstände auf eine Karte. Anschließend lesen die TN ihren Mitspielern vor, welche Gegenstände sie im Gepäck haben, und lassen ihre Mitspieler raten, wo sie gerade Urlaub machen.
   Variante: Wenn Sie nicht viel Zeit haben oder das Ratespiel etwas gelenkter gestalten wollen, können Sie die Kopiervorlage L12/A4 kopieren und an die TN verteilen. Weiter wie oben beschrieben.

Materialien
B1 gebastelte Hotelschlüssel (mit Anhänger für Zimmernummer)
B2 physische und/oder politische Landkarte D-A-CH

Schöne Apartments mit großem Balkon.

Adjektivdeklination ohne Artikel
Lernziel: Die TN können Kleinanzeigen und Werbeaussagen zu Urlaubsunterkünften verstehen.

B **12**

B1   Präsentation der Adjektivdeklination ohne Artikel im Nominativ und Dativ
1. Deuten Sie auf Foto 6 der Foto-Hörgeschichte und fragen Sie die TN, ob sie sich noch daran erinnern, für welches Angebot Simon sich interessiert.
2. Die TN hören noch einmal, was Simon seinem Vater vorliest, und ergänzen den Anzeigentext im Buch.
3. Abschlusskontrolle im Plenum. *Lösung:* großem; freiem; Ruhige
4. Notieren Sie dann Beispiele an der Tafel:

Ergänzen Sie das Tafelbild gemeinsam mit den TN und markieren Sie die Endungen der Artikel bzw. der Adjektive im Nominativ farbig, sodass der Zusammenhang deutlich wird:

```
der Balkon      →  großer Balkon
das Zimmer      →  großes Zimmer
die Lage        →  ruhige Lage
die Apartments  →  schöne Apartments
```

5. Verfahren Sie ggf. mit dem Dativ ebenso. Erinnern Sie die TN an dieser Stelle an die Adjektivdeklination nach dem unbestimmten und nach dem bestimmten Artikel, die sie bereits in Lektion 9 und Lektion 10 kennengelernt haben. Zeigen Sie anhand des Tafelbildes, dass Adjektive, denen kein Artikel vorausgeht, die Endungen des Artikels übernehmen.
6. *fakultativ:* Bilden Sie mehrere Hotelteams und ein Gästeteam. Jedes Hotelteam gibt seinem Hotel einen Namen, bastelt einen Hotelschlüssel und formuliert einen Anzeigentext, in dem es sein Hotel mit möglichst vielen Details anpreist. Das Gästeteam formuliert einen Anzeigentext, aus dem möglichst genau hervorgeht, was für ein Hotel es sucht. Gehen Sie herum und helfen Sie bei Schwierigkeiten. Anschließend stellen sich die verschiedenen Hotels vor und das Gästeteam entscheidet, welches Hotel seinen Vorstellungen am ehesten entspricht. Zur Kontrolle wird der Anzeigentext des Gästeteams vorgelesen, bevor das auserwählte Hotel den Gästen ihren Zimmerschlüssel überreicht.

B2   Leseverstehen 1: Kleinanzeigen zu Urlaubsunterkünften verstehen
1. Bringen Sie nach Möglichkeit eine politische und eine physische Landkarte der deutschsprachigen Länder mit und hängen Sie sie im Kursraum auf. Die TN suchen nach den angegebenen Regionen und lokalisieren sie auf der Landkarte. Geben Sie den TN, wenn nötig, etwas Hilfestellung, indem Sie ihnen Anhaltspunkte für das Auffinden geben.
Variante: Wenn Sie keine Landkarte zur Hand haben, können Sie sich mit der Karte in der vorderen Umschlagseite des Kursbuchs behelfen.
2. Die TN lesen die Texte in Stillarbeit und ordnen sie den Fotos zu.
3. Abschlusskontrolle im Plenum. Fragen Sie die TN nach Begründungen für die jeweilige Zuordnung. Sie sollten Ihnen passende Hinweise aus dem Text nennen können. Erklären Sie, wenn nötig, die Landeskennzeichen D, A und CH, die unter den Fotos in Klammern stehen.
Lösung: A Schleswig-Holstein; B Mecklenburger Seenplatte; C Luzern; D Salzkammergut
4. Gehen Sie nun noch einmal auf die Adjektivendungen ein, indem Sie die TN zunächst bitten, in Stillarbeit alle Adjektive in den vier Anzeigentexten zu unterstreichen. Die TN tragen die Adjektive in selbst erstellte Formentabellen ein.
5. Weisen Sie die TN anhand des Grammatikspots auf die Adjektivendung ohne Artikel im Akkusativ hin. Machen Sie auch ein Beispiel für Femininum und Neutrum an der Tafel, wenn nötig.

B3   Leseverstehen 2: Urlaubswünsche und -ziele erkennen
1. Die TN lesen Aufgabe a) und die vier Anzeigen aus B2. Fragen Sie die TN, welches Angebot für die Familie am besten passt, und bitten Sie die TN, ihre Entscheidung auch zu begründen.
2. Die TN lesen die übrigen Reisewünsche und ordnen ihnen die passenden Anzeigentexte zu.
3. Abschlusskontrolle im Plenum. *Lösung:* a) D; b) C; c) B; d) A

12 B Schöne Apartments mit großem Balkon.
Adjektivdeklination ohne Artikel
Lernziel: Die TN können Kleinanzeigen und Werbeaussagen zu Urlaubsunterkünften verstehen.

B4 **Anwendungsaufgabe zur Adjektivdeklination ohne Artikel**
1. Die TN finden sich paarweise zusammen und ergänzen gemeinsam die Adjektivendungen in den Anzeigentexten. Schnelle TN entwerfen eine eigene kurze Anzeige.
2. Abschlusskontrolle im Plenum. Wer selbst eine Anzeige geschrieben hat, darf diese vorlesen.
Lösung: a) Schöner; b) günstiges; c) Preiswerte; d) kleine; zentraler; freundliche

Arbeitsbuch 11–12: als Hausaufgabe: Mithilfe von Übung 12 können sich die TN die Adjektivdeklination noch einmal selbstständig erarbeiten.; **13–14:** in Stillarbeit

B5 **Aktivität im Kurs: Über persönliche Präferenzen sprechen**
1. Fragen Sie einen TN exemplarisch, welche Unterkunft aus B2 sie/er wählen würde und warum. Erinnern Sie die TN, wenn nötig, an dieser Stelle noch einmal daran, dass man für hypothetische Äußerungen und Wünsche „würde" + Infinitiv benutzt.
2. Die TN finden sich zu Kleingruppen von 3–4 TN zusammen und sprechen über die Unterkünfte aus B2. Gehen Sie herum und achten Sie darauf, dass die TN ihre Entscheidung begründen. Wenn die TN am Thema interessiert sind, können Sie die Aufgabe erweitern und mit den TN allgemein über ihre Vorlieben bei Urlaubsunterkünften sprechen.
Variante: Wenn Ihr Kurs nicht allzu groß ist (10–16 TN), können die TN auch im Plenum über die Urlaubsunterkünfte sprechen. Erfahrungsgemäß haben es die TN gern, wenn auch Sie als Kursleiterin/Kursleiter mitdiskutieren.
3. *fakultativ:* Geben Sie die Aufgabe im Anschluss an das Kursgespräch als schriftliche Hausaufgabe: Die TN schreiben einen kurzen Text über Unterbringungswünsche/-präferenzen auf Reisen. Beim Schreiben haben die TN mehr Zeit zur Reflexion und können ihre Meinung noch differenzierter darstellen. Sammeln Sie die Texte ein und korrigieren Sie sie.

Materialien
C1 Kopiervorlage L12/C1
C3 Kopiervorlage L12/C3, *Variante:* (aktuelle) Reiseangebote, Flyer von Reiseagenturen etc.

Eine Reise buchen
Gespräche im Reisebüro
Lernziel: Die TN können im Reisebüro Informationen einholen und eine Reise buchen.

C1 Hörverstehen 1: Eine Reiseroute; Präsentation eines Gesprächs im Reisebüro
1. Fragen Sie mit Verweis auf die Landkarte im Buch: „Wo beginnt Hanna ihre Reise?" und „Was ist ihr erstes Reiseziel?"
2. Die TN hören den Anfang eines Gesprächs im Reisebüro. Erklären Sie den TN, dass sie besonders auf die Orte der Reise achten und die Reiseroute in die Landkarte einzeichnen sollen. Die TN vergleichen ihre Notizen mit ihrer Partnerin / ihrem Partner.
3. Fragen Sie die TN, mit welchen Verkehrsmitteln Hanna ab Leipzig weiterreist. Die TN hören das Gespräch noch einmal und ergänzen die Tabelle.
4. Abschlusskontrolle im Plenum. Achten Sie darauf, dass die TN die lokalen Präpositionen „von" und „nach" sowie die Präposition „mit" korrekt gebrauchen.
   Lösung: 2 von Leipzig nach Helgoland: mit dem Flugzeug, mit dem Schiff; 3 von Helgoland nach Bremerhaven: mit dem Schiff; 4 von Bremerhaven nach Düsseldorf: mit dem Auto
5. Kopieren Sie die Kopiervorlage L12/C1 für alle. Die TN finden sich paarweise zusammen und beschreiben sich gegenseitig ihre Reiseroute. Auf diese Weise wenden die TN die Redemittel aus der Hörübung aktiv an.
   Hinweis: Wenn Sie das Hörverstehen nicht unterbrechen möchten, können Sie die Kopiervorlage auch nach C2 einsetzen.

C2 Hörverstehen 2: Detailinformationen zu einer Reise verstehen
1. Die TN lesen die drei Aussagen und hören dann das Gespräch im Reisebüro weiter. Sie kreuzen eine Lösung an.
2. Abschlusskontrolle im Plenum. Weisen Sie die TN auch auf den Infospot hin. *Lösung:* a) richtig; b) richtig; c) falsch

Arbeitsbuch 15–17: als Hausaufgabe

C3 Aktivität im Kurs: Rollenspiel
1. Die TN lesen die Anzeigen. Fragen Sie dann, was die beiden Reisebüros jeweils anbieten. Fragen Sie die TN auch, ob sie Bus- oder Flugreisen bevorzugen und warum.
2. Die TN finden sich paarweise zusammen und einigen sich auf die Rollenverteilung. Jeder liest seine Rollenkarte: Wenn Sie den TN Zusatzaufgaben oder Alternativen anbieten möchten, verteilen Sie die Kopiervorlage L12/C3.
   Variante: Bringen Sie nach Möglichkeit Reiseanzeigen aus der Zeitung oder Flyer von Reiseagenturen mit in den Kurs, um die Situation für die TN authentischer zu gestalten. Die TN haben so das Gefühl, sich mithilfe der Dialogarbeit gezielt auf reale Gesprächssituationen vorbereiten zu können. Dazu kommt, dass Sie so ein breiteres Spektrum an Reiseangeboten an die TN verteilen können und auf diese Weise die Präsentation für alle interessanter wird.
3. Lassen Sie einige Gespräche im Plenum vorspielen. Da es in großen Kursen ermüdend sein kann, wenn alle auf einmal ihr Gespräch präsentieren, verteilen Sie die Präsentation auf mehrere Unterrichtsstunden.

Arbeitsbuch 18: in Stillarbeit oder als Hausaufgabe

C4 Aktivität im Kurs: Von eigenen Reisen berichten
1. Die TN lesen die Fragen a) bis d) im Buch. Fragen Sie dann einen TN, welche Länder sie/er zuletzt bereist hat, wie lange sie/er unterwegs war etc. Die anderen TN stellen weitere Fragen und berichten dann auch selbst über ihre Reisen. Erfahrungsgemäß erzählen die TN gern von vergangenen Reisen und sind auch neugierig, was die anderen zu berichten haben. Die Fragen im Buch dienen als Leitfragen, die jederzeit um weitere Aspekte ergänzt werden können.
   Variante: Wenn Sie einen sehr großen Kurs haben, bietet es sich an, die TN in Gruppen einzuteilen, damit es nicht langweilig wird. Gehen Sie herum und sprechen Sie jeweils ein paar Minuten mit jeder Gruppe, bevor Sie zur nächsten Gruppe wechseln.
2. *fakultativ:* Die TN schreiben als Hausaufgabe einen kurzen Bericht über ihre letzte Reise. Bitten Sie sie, dabei besonders auf die Leitfragen aus dem Buch einzugehen. Sammeln Sie die Texte ein und korrigieren Sie sie.

12 D Postkarten schreiben

Einladungen schreiben und Vorschläge machen
Lernziel: Die TN können private Postkarten schreiben, jemanden einladen und unterschiedliche Aktivitäten vorschlagen und beschreiben.

Materialien
Projekt: Landkarte Ihrer Region

D1 Leseverstehen 1: Die Hauptinformation verstehen

1. Die TN sehen sich die Fotos im Buch an. Fragen Sie die TN, ob sie eine der Städte oder Gegenden kennen oder wo das sein könnte. Die TN stellen Vermutungen an oder umschreiben die abgebildeten Orte. Wenn jemand bereits in Frankfurt war und die Stadt auf dem oberen Bild wiedererkennt, kann sie/er kurz berichten, was es dort zu sehen gibt.
2. Die TN lesen die drei Postkartentexte und ordnen sie dem passenden Foto zu. Wer schon fertig ist, kann neuen Wortschatz für alle im Wörterbuch nachschlagen und später bei Worterklärungen behilflich sein.
3. Abschlusskontrolle im Plenum. Geben Sie dabei auch Gelegenheit zu Wortschatzfragen.

Lösung: <u>oben:</u> Text B; <u>Mitte:</u> Text C; <u>unten:</u> Text A

D2 Leseverstehen 2: Den wesentlichen Inhalt verstehen

1. Die TN sehen sich die Rubriken in der Tabelle an. Fragen Sie die TN, welche Vorschläge Thorsten für den Besuch von Lukas macht. Die TN lesen Postkarte A noch einmal und ergänzen die Tabelle. Besprechen Sie die Lösungen im Plenum.
2. Verfahren Sie mit den Postkarten B und C ebenso.

Lösung:

Vorschläge	Sport	Kultur	Essen/Trinken	Ausflüge
Karte A	Wandern, Fußballstadion	–	–	(in die Berge)
Karte B	–	der Römer (= das Rathaus), die alte Oper, das Museumsufer, Kneipen	Apfelwein, Grüne Soße	–
Karte C	Rad fahren, spazieren gehen	–	–	mit dem Schiff nach Helgoland

Arbeitsbuch 19–20: in Stillarbeit oder Partnerarbeit

D3 Anwendungsaufgabe: Eine Postkarte schreiben

Die TN lesen die Aufgabenstellung. Stellen Sie sicher, dass alle TN verstanden haben, was sie tun sollen und welche Punkte sie in ihrer Postkarte berücksichtigen sollen. Die TN entscheiden selbst, ob sie die Postkarte allein oder zusammen mit ihrer Partnerin / ihrem Partner schreiben wollen. Die Vorlage im Buch dient als Orientierung, sie kann selbstverständlich verändert und/oder erweitert werden. Gehen Sie herum und helfen Sie bei Schwierigkeiten.

Hinweis: Die TN haben bereits in *Schritte plus 2,* Lektion 14, gelernt, wie man einfache Einladungen verfasst. Während sie sich auf Niveau A1 im Wesentlichen auf Termin- und Ortsangaben beschränken mussten, sollten sie jetzt zeigen, wie sich ihre Kenntnisse erweitert haben.

Variante: Wenn Sie wenig Zeit im Kurs haben und ihre TN gut selbstständig arbeiten können, können Sie die Aufgabe auch als Hausaufgabe aufgeben.

TIPP Wenn die TN mit oder ohne Vorlage einen Text schreiben, sollten Sie diesen nach Möglichkeit einsammeln und mit Korrekturhinweisen versehen. Erfahrungsgemäß ist es wenig effektiv, die Fehler lediglich zu korrigieren, d.h. beispielsweise einen falschen Artikel durch den richtigen zu ersetzen. In diesem Fall denken nur die wenigsten TN über ihre Fehler nach, sondern akzeptieren die Korrektur und legen den Text zur Seite. So werden sie denselben Fehler voraussichtlich immer wieder machen. Wenn Sie die Fehlerquelle dagegen nur markieren und Ihren TN einen Hinweis geben, dass sie z.B. die Pluralendung vergessen haben, können die TN sich selbst korrigieren und dabei etwas lernen. In diesem Fall sollten Sie ihnen die Gelegenheit geben, ihren Text noch einmal abzugeben und durchsehen zu lassen. Dieses Korrekturverfahren nimmt zwar zunächst mehr Zeit in Anspruch, ist jedoch langfristig gesehen wesentlich effektiver. Wenn Sie das erste Mal mit Korrekturhinweisen arbeiten, sollten Sie den TN kurz erklären, welche Korrekturzeichen Sie verwendet haben. Sie können z.B. mit unterschiedlichen Farben für Orthografie, Grammatikfehler etc. arbeiten, sollten dann aber während der gesamten Kursdauer bei denselben Farben bleiben, um die TN nicht zu verwirren.

Arbeitsbuch 21: in Stillarbeit oder Partnerarbeit; **22–23:** in Stillarbeit: Ungeübte TN bearbeiten Übung 22, geübte TN bearbeiten Übung 23. Lassen Sie die TN selbst entscheiden, welcher „Gruppe" sie angehören.

Materialien
Projekt: Landkarte Ihrer Region

Postkarten schreiben

Einladungen schreiben und Vorschläge machen
Lernziel: Die TN können private Postkarten schreiben, jemanden einladen und unterschiedliche Aktivitäten vorschlagen und beschreiben.

D

PROJEKT **Arbeitsbuch 24:** Bringen Sie nach Möglichkeit eine Landkarte der Region mit in den Unterricht und sammeln Sie mit den TN an der Tafel Ausflugsziele, die sie bereits kennen. Fragen Sie auch, welche Ausflüge sich besonders für bestimmte Personengruppen (ältere Menschen, junge Leute, Familien) eignen. Die TN finden sich nach Interesse zu Projektgruppen zusammen und holen außerhalb des Unterrichts Informationen über Ausflugsziele für „ihren" Personenkreis ein. Überlegen Sie gemeinsam, wo die TN Informationen bzw. Materialien dieser Art erhalten können und helfen Sie ihnen beim Heraussuchen von Adressen / der Adresse des Fremdenverkehrsbüros. Vereinbaren Sie mit den TN einen Termin, an dem die gesammelten Materialien im Kurs sortiert, systematisiert und abschließend präsentiert werden sollen. Im Plenum diskutieren die TN über die verschiedenen Vorschläge und einigen sich auf das „beste" Ausflugsziel, das für alle Leute geeignet ist.
Hinweis: Wenn Ihr Kursort sehr klein ist und kein eigenes Fremdenverkehrsbüro hat, können Sie vorab einige Materialien vom Fremdenverkehrsamt Ihrer Region oder der nächstgrößeren Stadt anfordern und die Materialien im Unterricht sichten lassen. In diesem Fall könnten Sie aber auch ein Interviewprojekt daraus machen, d.h. die TN fragen Passanten der gewählten Altersgruppe nach Ausflugstipps und präsentieren diese im Kurs.

PHONETIK **Arbeitsbuch 25–27:** im Kurs: Die TN haben schon häufiger Übungen zum Wortakzent, zum Satzakzent und zur Satzmelodie gemacht. Die Übungen sollten ihnen daher keine Schwierigkeiten bereiten. Gehen Sie vor wie im Arbeitsbuch beschrieben und lassen Sie einige TN die Gedichte exemplarisch vorlesen. Achten Sie besonders darauf, dass die Pausen eingehalten werden.

12 E Eine Traumreise planen

Urlaubspläne und Reisewünsche
Lernziel: Die TN können aus mehreren Optionen etwas Passendes auswählen und sich bei einer Diskussion auf einen Vorschlag einigen.

Materialien
E1–E4 Plakate, dicke Stifte
Lerntagebuch: auf Folie
Test zu Lektion 12

E1 **Vorbereitung: Assoziationen sammeln und Vorwissen aktivieren**
1. Schreiben Sie die vier Wortigel aus dem Kursbuch auf vier Plakate und hängen Sie sie auf. Die TN gehen von Plakat zu Plakat und notieren darauf ihre Assoziationen zum jeweiligen Begriff.
2. Wenn kein TN mehr schreibt, finden sich die TN paarweise zusammen und gehen wieder von Plakat zu Plakat. Sie lesen die Assoziationen der anderen TN und helfen sich gegenseitig bei Wortschatzfragen.

Arbeitsbuch 28: in Partnerarbeit

E2 **Vorlieben und Abneigungen ausdrücken**
1. Schreiben Sie die vier Urlaubstypen auf je ein Plakat und hängen Sie in jede Zimmerecke eins. Die TN lesen die Kurzbeschreibungen zu den vier Urlaubstypen in ihrem Buch. Gehen Sie herum und gehen Sie individuell auf Wortschatzfragen der TN ein.
2. Die TN entscheiden sich für einen der vier Urlaubstypen und stellen sich in die entsprechende Ecke. Fragen Sie einzelne TN aus jeder Gruppe, warum sie sich für diesen Urlaubstyp entschieden haben. Was ist für sie/ihn im Urlaub wichtig bzw. unwichtig?

E3 **Aktivität im Kurs: Eine gemeinsame Traumreise planen**
1. Sammeln Sie mit den TN an der Tafel Ausdrucksmöglichkeiten dazu, wie man Ablehnung bzw. Zustimmung zu einem Vorschlag ausdrücken und neue Vorschläge ins Gespräch bringen kann.
2. Die TN lesen die Aufgabe und das Beispiel und diskutieren dann in der Gruppe mögliche Reiseziele. Sie sollten sich auch über den Reisetermin, die Reisedauer, das Reisemittel, die Unterkunft einigen und sich darüber beraten, was sie mitnehmen und was sie während der Reise machen wollen. Die Redemittel an der Tafel und im Buch helfen ihnen bei der Diskussion. Gehen Sie herum und hören Sie in die Gruppengespräche hinein. Wenn in einer Gruppe keine richtige Diskussion in Gang kommt, helfen Sie mit ein paar Fragen oder provokativen Vorschlägen nach.
Hinweis: Diese Aufgabe dient auch als Vorbereitung auf die mündliche Prüfung des *Deutsch-Tests für Zuwanderer,* in der die Prüfungsteilnehmer ebenfalls im Laufe einer Diskussion über ein bestimmtes Thema zu einer Einigung kommen sollen.

! Gehen Sie an dieser Stelle nicht auf die Verwendungsmöglichkeiten von „lassen" ein. „Lass uns doch …"! sollte zunächst als Formel gelernt werden.

E4 **Aktivität im Kurs: Präsentation der Traumreisen**
1. Die Gruppen entwerfen ein Plakat nach dem Muster im Buch.
2. Die TN hängen ihre Plakate gut sichtbar im Kursraum auf. Jede Gruppe stellt ihr Plakat gemeinsam dem Plenum vor. Die anderen hören zu und stellen ggf. Rückfragen. Achten Sie bei der Präsentation darauf, dass alle TN einer Gruppe aktiv sind und jeweils einen Teil der Reiseplanung vorstellen. Denken Sie auch daran, die Ergebnisse angemessen zu honorieren, z.B. in Form von Applaus.

TIPP Wenn die TN die Ergebnisse einer freieren Aufgabe oder eines Projekts in Form eines Plakats präsentieren, sollte nur das Wichtigste in Stichpunkten auf dem Plakat stehen, dies aber möglichst groß. Die Detailinformationen erfahren die Zuhörer dann in der mündlichen Präsentation. Das Plakat dient dabei als Gedankenstütze, bietet aber keine vollständigen Sätze, die abgelesen werden können. Auf diese Weise können Sie das freie Sprechen der TN fördern.

Arbeitsbuch 29: in Stillarbeit oder als Hausaufgabe

LERNTAGEBUCH **Arbeitsbuch 30:** im Kurs: Kopieren Sie das Lerntagebuch auf Folie und ergänzen Sie das Wortfeld „Meer" gemeinsam im Kurs. Regen Sie die Fantasie der TN an, indem Sie gezielt fragen, welche Gerüche, Geräusche … ihnen bei dem Wort „Meer" einfallen. Fordern Sie die TN dann auf, in Kleingruppen oder als Hausaufgabe zu den Themen „Stadt" und „Land" ebenfalls ein Wortfeld der Sinne zu erstellen.

PRÜFUNG **Arbeitsbuch 31:** Diese Übung bereitet auf den Prüfungsteil Hören, Teil 2, der Prüfung *Start Deutsch 2* und der Prüfung *Deutsch-Test für Zuwanderer* vor. Die TN sollten zuerst die Aufgabenstellung und die Antwortmöglichkeiten aufmerksam lesen.

Einen Test zu Lektion 12 finden Sie auf den Seiten 132–133. Weisen Sie die TN auf die interaktiven Übungen auf ihrer Arbeitsbuch-CD hin. Die TN können mit diesen Übungen den Stoff der Lektion selbstständig wiederholen und sich ggf. auch auf den Test vorbereiten.

Materialien
1 Kopiervorlage „Zwischenspiel zu Lektion 12"

Zwischenspiel 12
Eine runde Sache

Leseverstehen: Ballonfahrten

1 **Leseverstehen: Ein Interview verstehen**
1. Geben Sie den TN Zeit, den großen Heißluftballon im Buch zu betrachten, und schreiben Sie inzwischen „Ballon" und „eine runde Sache" an die Tafel.
2. Die TN äußern Vermutungen über den Titel des Zwischenspiels: Was ist wohl mit „eine runde Sache" gemeint? Erklären Sie dann das Wortspiel: Der Ballon ist rund, also eine runde Sache im Wortsinn – darauf sind die TN vielleicht selbst schon gekommen. Aber „eine runde Sache" ist auch etwas, was von vorn bis hinten gut geplant und durchdacht ist.
3. Verteilen Sie die Kopiervorlage „Zwischenspiel zu Lektion 12". Die TN lesen die Überschriften.
4. Die TN lesen das Interview im Kursbuch und ordnen jedem Abschnitt (also jeder Interviewfrage mit Antwort) eine passende Überschrift zu.
   Hinweis: Die TN könnten vorab die Abschnitte auch nummerieren, dann ist die Abschlusskontrolle einfacher.
5. Abschlusskontrolle im Plenum.
   Lösung (von oben nach unten): Fliegen – Beruf und Hobby; Die Welt von oben genießen; Fahrtzeit; Ohne Sicht geht es nicht; Tickets und Termine; Terminabsagen
6. Die TN lesen das Interview noch einmal und bearbeiten dann die Zusammenfassung. Sie enthält zehn Fehler, die die TN korrigieren sollen.
7. Abschlusskontrolle im Plenum.
   Lösung: falsch: Schifffahrten, richtig: Ballonfahrten; falsch: zehn Leute, richtig: acht Leute; falsch: drei Stunden, richtig: eine bis eineinhalb Stunden; falsch: saubere Luft, richtig: ruhige Luft; falsch: Mittagszeit, richtig: am Morgen und am Abend; falsch: am Morgen oder am Abend, richtig: in der Mittagszeit; falsch: Ballon, richtig: Ticket; falsch: ein neues Ticket kaufen, richtig: einen neuen Termin machen; falsch: Spaß, richtig: Sicherheit
8. Die TN bearbeiten Übung 2 der Kopiervorlage in Stillarbeit oder als Hausaufgabe.
   Lösung: a) Der Ballon fährt nach oben in die Höhe. b) Das Wetter passt gut. c) Sicherheit ist für uns am wichtigsten. d) Wir vereinbaren einen neuen Termin.

2 **Kursgespräch über Ballonfahrten**
1. Die TN sprechen darüber, ob sie gern selbst eine Ballonfahrt machen würden. Vielleicht ist sogar schon einmal jemand mit einem Ballon gefahren und kann von seinen Erlebnissen berichten.
2. *fakultativ:* Gestalten Sie bei Interesse ein Projekt mit den TN: Sie sollen sich im Internet, im Branchenbuch oder bei der Touristeninformation am Ort über Ballonfahrten-Anbieter in der Region informieren: Was kostet eine Fahrt? Wie viele Personen können mitfahren? Wie lange dauert eine Fahrt? etc. Die TN stellen ihre Ergebnisse im Kurs vor.

Fokus Alltag 12
Ein Antragsformular

Materialien
Projekt: Formulare der öffentlichen Verkehrsbetriebe

Die TN können in einfachen Antragsformularen persönliche Daten und gewünschte Leistungen ausfüllen, z.B. Schülermonatskarte.

1 **Schreiben 1: Ein Formular ausfüllen**
1. Die TN sehen sich das Formular an. Klären Sie wichtige Begriffe wie „Geltungsdauer" und „Fahrtstrecke".
2. Fragen Sie die TN, welche Informationen im Formular noch fehlen. Worauf müssen sie beim Hören also achten?
   Lösung: Adresse der Schule, Angabe zum Ausbildungstarif und zur Geltungsdauer, Verkehrsmittel
3. Die TN hören das Gespräch zwischen Samira und ihrer Mutter so oft wie nötig und ergänzen das Formular.
4. Abschlusskontrolle im Plenum: Adresse der Schule: Oranienstraße 89, 10969 Berlin; Ausbildungstarif I; Geltungsdauer: ab 1.8.; Bus M29; U-Bahn U8
5. Fragen Sie die TN nach dem Namen der Schule ihrer Kinder und nach dem Schulweg: Welche Verkehrsmittel benutzen die Kinder?

LANDESKUNDE Die TN sollten Angebotsformen von Wochen- und Monatskarten sowie weitere Angebote von Bus und Bahn wie die Bahncard kennen (siehe auch Projekt unten).

2 **Schreiben 2: Ein Formular ausfüllen**
1. Fragen Sie die TN, was ein Abonnement ist. Die TN erzählen auch, ob und was für Abonnements sie haben.
2. Stellen Sie sicher, dass alle die Begriffe „Auftraggeber", „Zahlungsart" und „Lieferadresse" verstehen.
3. Die TN lesen das Formular. Helfen Sie ggf. bei weiteren Wortschatzfragen.
4. Die TN tragen die Begriffe im Formular ein.
5. Abschlusskontrolle im Plenum.
   Lösung (von oben nach unten und von links nach rechts): Auftraggeber; Lieferadresse; Zahlungsart
6. Fragen Sie die TN, ob Frau Ayed ihrer Nichte ein Probe-Abo oder ein Geschenk-Abo schenkt. Die TN kreuzen auch hierfür eine Lösung an.
7. Abschlusskontrolle im Plenum. Fragen Sie nach, wo im Formular die Antwort steht.
   Lösung: Probe-Abo (denn die Bezugsdauer ist nur von 1.9. bis 1.12.)

PROJEKT Die TN bringen Antragsformulare der öffentlichen Verkehrsbetriebe mit und füllen sie mit ihren Daten bzw. den Daten ihrer Kinder aus. Gehen Sie herum und helfen Sie bei Schwierigkeiten.

Materialien
Projekt: Prospekte von Busreiseveranstaltern und andere Kurzreiseangebote

Fokus Alltag 12
Eine Buchungsbestätigung

Die TN können in einer Buchungsbestätigung die wesentlichen Informationen verstehen und diese mit der Buchung vergleichen.

1 Leseverstehen 1: Ein Reiseangebot verstehen
1. Die TN lesen den Prospekt. Stellen Sie einige Verständnisfragen: „Wohin geht die Reise?", „Mit welchem Verkehrsmittel findet die Reise statt?", „Von wo fährt der Bus ab?", „Wie viel kostet die Reise?"
2. Die TN lesen die Aussagen zu Herrn Torello. Sie lesen das Angebot noch einmal und kreuzen ihre Lösungen an.
3. Abschlusskontrolle im Plenum. *Lösung:* richtig: a
4. Die TN unterhalten sich kurz über das Reiseangebot: Finden sie es interessant? Würden sie gern mitfahren? Warum (nicht)? War jemand schon in Salzburg?

2 Leseverstehen 2: Eine Buchungsbestätigung verstehen
1. Die TN lesen die Buchungsbestätigung. Erklären Sie, wenn nötig, den Begriff „Leistungen".
2. Die TN vergleichen die Bestätigung mit der Anmeldung oben und markieren die Fehler.
3. Abschlusskontrolle im Plenum: Die TN hören das Gespräch zwischen Herrn Torello und dem Reisebüro und vergleichen mit ihren Korrekturen. Gehen Sie anschließend die Lösungen noch einmal mit den TN durch.
Lösung: richtig: Torello; 2.12.; Führung Mozarthaus für 1 Person; Preis insgesamt: 68 Euro

PROJEKT
1. Die TN bringen Prospekte von Busreisen und anderen Kurzreisen mit in den Kurs und informieren sich in Kleingruppen von 3-5 TN über die Termine, Preise, Leistungen. Sie notieren wichtige Eckdaten und sprechen auch darüber, ob sie die Reise gern machen würden und warum.
2. Die Gruppen berichten dem Plenum über „ihr" Reiseangebot.
3. Fragen Sie nach, wie man sich für diese Reisen anmelden kann. Gibt es schriftliche Anmeldeformulare oder kann man anrufen? Sollte an einem oder mehreren Angeboten ein Anmeldeformular hängen, könnten Sie es für alle TN kopieren und die TN bitten, es mit ihren persönlichen Angaben auszufüllen.

13 AUF DER BANK

Folge 13: *Die Geheimzahl*
Einstieg in das Thema: Geld abheben

Materialien
1 eine EC-Karte, eine Telefonkarte, eine Kundenkarte, eine Kreditkarte

1 Vor dem Hören: Vorwissen aktivieren
1. Bringen Sie nach Möglichkeit die Karten (EC-Karte, Telefonkarte etc.) aus der Aufgabe mit und klären Sie mit den TN, um welche Art von Karte es sich jeweils handelt. Die Bücher bleiben dabei zunächst geschlossen.
2. Die TN sehen sich die Abbildungen im Buch an und ordnen zu.
   Lösung: A Telefonkarte; B Krankenversichertenkarte; C EC-Karte; D Kundenkarte

2 Vor dem Hören: Schlüsselwörter verstehen
1. Gehen Sie mit gezielten Fragen näher darauf ein, was man mit einer EC-Karte machen kann und was man dazu benötigt. Sicher haben die meisten ein eigenes Konto bei der Bank und wissen, dass man mit einer EC-Karte überall in Europa und darüber hinaus Geld abheben kann, vorausgesetzt, man kennt die Geheimzahl. Mehr Wortschatz zum Thema „Bank" wird im Laufe dieser Lektion schrittweise aufgebaut.
2. Die TN lesen die Aussagen im Buch und entscheiden sich jeweils für eine der beiden Worterklärungen.
3. Abschlusskontrolle im Plenum. Geben Sie den TN Gelegenheit zu Wortschatzfragen, um sicherzugehen, dass alle TN verstanden haben, worum es geht.
   Lösung: a) kaputt machen; b) Nur eine Person darf die Zahl kennen; c) holen

3 Beim ersten Hören
1. Die TN hören die Foto-Hörgeschichte und versuchen herauszufinden, was Marias Problem ist und wie sie es am Ende lösen kann. Die TN hören die Foto-Hörgeschichte ggf. mehrmals.
2. Abschlusskontrolle im Plenum.
   Lösungsvorschlag: Maria hat ihre Geheimzahl vergessen. Durch Simons Frage erinnert sie sich wieder daran.

4 Nach dem ersten Hören: Den wesentlichen Inhalt verstehen
1. Die TN finden sich paarweise zusammen. Sie sehen sich das Beispiel an und ordnen dann die übrigen Textteile. Auf diese Weise rekonstruieren sie die Geschichte.
2. Abschlusskontrolle im Plenum.
   Lösung: b) Sie will mit ihrer EC-Karte Geld vom Geldautomaten abheben. Aber sie hat leider ihre Geheimzahl vergessen. Ohne Geheimzahl kann man aber kein Geld abheben. c) Sie fragt den Angestellten am Bankschalter nach ihrer Geheimzahl. Er kann ihr aber nicht helfen. Nur sie selbst kennt ihre Geheimzahl. d) Sie kommt enttäuscht nach Hause. Dort fällt ihr die Geheimzahl wieder ein – durch eine Frage von Simon!
3. *fakultativ:* Die TN schreiben diese Zusammenfassung der Foto-Hörgeschichte in ihr Heft, um eine zusammenhängende Inhaltsangabe zu haben.
   Variante: Geübte TN können statt Aufgabe 4 versuchen, eine eigene Zusammenfassung der Foto-Hörgeschichte zu schreiben. Sie kontrollieren anschließend mithilfe von Aufgabe 4, dass sie keine wesentlichen Punkte vergessen haben.

5 Nach dem Hören: Kursgespräch über Erfahrungen mit der eigenen Vergesslichkeit
1. Fragen Sie die TN, ob ihnen so etwas Ähnliches auch schon einmal passiert ist und wie sie das Problem gelöst haben.
2. *fakultativ:* Stellen Sie weitere Fragen rund ums Thema Geld, z.B., ob man in den Heimatländern der TN meistens bar bezahlt oder mit Karte etc. Die TN erhalten so Gelegenheit, ihre Erfahrungen einzubringen. Zugleich wird der Wortschatz der Lektion teilweise vorentlastet.

LEKTION 13   66

Materialien
A2 auf Folie
A3 blaue und rosa Satzkarten, Variante:
Kopiervorlage L13/A3

Kannst du mir sagen, **was** das heißt?

Indirekte Fragen mit Fragepronomen
Lernziel: Die TN können sich am Bankschalter informieren.

A1 Präsentation der indirekten Fragen mit Fragepronomen

1. Deuten Sie noch einmal auf Foto 2 der Foto-Hörgeschichte und fragen Sie die TN, was Maria von Larissa wissen möchte. Die TN formulieren Marias Frage mit eigenen Worten.
2. Die TN hören Beispiel 1 und ergänzen die Lücke. Verfahren Sie mit den anderen zwei Beispielen genauso.
   Lösung: 1 was; 2 wo; 3 wie
3. Notieren Sie die drei Fragen aus den Beispielen an der Tafel:

Zeigen Sie den TN anhand des Tafelbildes, dass das Verb in der indirekten Frage ans Satzende rückt.
4. Verweisen Sie die TN auch auf den Grammatikspot im Buch und heben Sie hervor, dass diese Art der Frage mit allen Fragewörtern (wer, wie, wo, was, warum ...) möglich ist und zusammen mit bestimmten einleitenden Formulierungen wie z.B. „Können Sie mir sagen, ...?" oder „Weißt du, ...?" benutzt werden, um eine Frage höflich zu machen.

A2 Anwendungsaufgabe zu indirekten Fragen mit Fragepronomen

1. Zeigen Sie die Zeichnung zunächst mithilfe einer Folie. Die TN stellen Vermutungen zum Ort der Handlung an und überlegen, worüber die beiden Herren sprechen könnten. Wenn einige TN aus Ihrem Kurs bereits ein Konto haben, können sie den anderen erzählen, wie die Kontoeröffnung abgelaufen ist, was sie dazu benötigt haben etc. Notieren Sie neue Wörter an der Tafel mit.
2. Die TN lesen die beiden Sprechblasen im Buch. Geben Sie den TN Gelegenheit zu Wortschatzfragen.
3. Ein TN liest die direkte Frage in Beispiel a) vor. Deuten Sie noch einmal auf den Grammatikspot und erinnern Sie daran, dass man Fragen so höflicher formulieren kann. Der TN liest die Sprechblase und die indirekte Frage vor.
4. Die TN formen die direkten Fragen aus den Beispielen b) bis e) ebenfalls in indirekte Fragen um.
5. Abschlusskontrolle im Plenum. Klären Sie mit den TN ggf. unbekannten Wortschatz. Wer mit der Aufgabe fertig ist, überlegt sich weitere Fragen.
   Lösung: b) ..., wie lange man auf die EC-Karte warten muss? c) ..., wo man Geld abheben kann? d) ..., wann hier die Banken geöffnet haben? e) ..., wann ich die Kontoauszüge kriege?

Arbeitsbuch 1–6: in Stillarbeit oder als Hausaufgabe: Mithilfe von Übung 3 machen sich die TN noch einmal die Verbstellung in direkter bzw. indirekter Frage bewusst.

A3 Aktivität im Kurs: Partnersuchspiel

1. Zeigen Sie die Beispiele im Buch und machen Sie deutlich, dass auf dem rosa Kärtchen ein Problem und eine Frage notiert sind, auf dem blauen Kärtchen eine passende Antwort bzw. ein Ratschlag. Jeder TN erhält nun ein blaues und ein rosa Kärtchen, auf das er eine eigene W-Frage bzw. die passende Antwort schreibt.
2. Notieren Sie in der Zwischenzeit noch einmal die höflichen Einleitungen für Fragen an der Tafel.
3. Anschließend werden die Karten eingesammelt, gemischt und neu verteilt. Jeder TN erhält wieder ein Frage- und ein Antwortkärtchen. Die TN lesen zunächst zu dritt das Beispiel im Buch und ergänzen es. Wer eine richtige Antwort geben kann, darf sein eigenes Fragekärtchen ins Spiel bringen und einem anderen TN eine Frage stellen. Wer richtig antworten kann, darf fortfahren.
   Variante: Wenn Sie sehr viele TN im Kurs haben, bietet es sich an, in Kleingruppen von 4–6 TN zu spielen. Dazu werden die Karten innerhalb der Kleingruppe gesammelt, gemischt und neu verteilt. Wenn Sie wenig Zeit im Unterricht haben oder die TN noch Schwierigkeiten mit dem selbstständigen Formulieren von Fragen haben, können Sie auch die Kopiervorlage L13/A3 auf festes Papier kopieren und als Kartensatz verteilen. Die TN befragen sich gegenseitig, bis jeder seine Frage stellen konnte bzw. geantwortet hat. Gehen Sie herum und helfen Sie bei Schwierigkeiten.

PHONETIK **Arbeitsbuch 7–8:** im Kurs: Die TN haben schon mehrfach die Satzmelodie in Fragen geübt (z.B. *Schritte plus 1*, Lektion 2 und 3). Nun können sie die Satzmelodie in indirekten W-Fragen trainieren: Die TN hören die Beispiele aus Übung 7 und markieren die Satzmelodie. Machen Sie sie, wenn nötig, darauf aufmerksam, dass wie in direkten W-Fragen auch in indirekten Fragen die Stimme am Ende nach unten geht. Nach der Einleitungsfloskel (Können Sie mir sagen, ...?) bleibt die Stimme noch auf einem Level, sie wird nicht gesenkt. Übung 8 können die TN in Partnerarbeit machen und dabei die richtige Satzmelodie üben. Regen Sie die TN dazu an, eigene Fragen zu finden.

67 LEKTION 13

13 B Können Sie mal nachsehen, **ob** die Zahl in Ihrem Computer ist?

Indirekte Fragen mit dem Fragepronomen *ob*
Lernziel: Die TN können sich über Zahlungsmöglichkeiten informieren.

Materialien
B3 Kopiervorlage L13/B3

B1 **Variation: Präsentation der indirekten Fragen mit dem Fragepronomen *ob***
1. Die TN hören das Beispiel und lesen im Buch mit.
2. Schreiben Sie die Frage ggf. noch einmal an die Tafel und machen Sie deutlich, dass auch bei dieser Frage das Verb am Ende steht.

Fragen Sie die TN, wie die direkte Frage lautet und schreiben Sie sie unter die indirekte Frage. Zeigen Sie anhand des Beispiels auf, dass bei Fragen, die mit Ja oder Nein beantwortet werden, nach einleitenden Höflichkeitsformeln „ob" eingefügt werden muss. Verweisen Sie die TN auch auf den Grammatikspot im Buch.
3. Gehen Sie weiter vor wie auf Seite 7 beschrieben.

B2 **Erweiterung des Wortfelds „Bank"**
1. Diese Aufgabe dient der Vorbereitung von B3. Die TN lesen Beispiel a) im Buch.
2. Die TN finden sich paarweise zusammen und ordnen den neuen Wörtern die passenden Erklärungen zu.
3. Abschlusskontrolle im Plenum.
Lösung: b) in Raten zahlen: Man bezahlt nicht auf einmal, sondern z.B. monatlich einen bestimmten Betrag. c) Geld überweisen: Man zahlt nicht direkt, sondern vom eigenen Konto auf ein anderes. d) die Bankverbindung, -en: Das sind die Kontonummer und die Nummer der Bank, die Bankleitzahl. e) die Zinsen: Man bezahlt sie, wenn man sich Geld ausleiht. Oder man bekommt sie, wenn man Geld spart.

Arbeitsbuch 9–11: in Stillarbeit oder als Hausaufgabe: In Übung 11 können sich die TN das Satzbauschema der indirekten Fragen mit „ob" bewusst machen.

B3 **Anwendungsaufgabe zu indirekten Fragen mit dem Fragepronomen *ob***
1. Sehen Sie sich mit den TN Zeichnung 1 an und klären Sie gemeinsam die Situation. Zwei TN lesen das Gespräch vor und ergänzen dabei die indirekte Frage.
2. Die TN finden sich paarweise zusammen und ergänzen die übrigen Gespräche.
3. Abschlusskontrolle im Plenum.
Lösung: 1 ..., ob ich in Raten zahlen kann? 2 ..., ob Sie auch Kreditkarten akzeptieren? 3 ..., ob ich das Geld überweisen kann?
4. Weisen Sie die TN an dieser Stelle auch auf die Wortstellung in indirekten Fragen mit Modalverben hin. Machen Sie ggf. ein Beispiel an der Tafel:

Machen Sie anhand des Tafelbildes deutlich, dass „können" in der direkten Frage am Satzanfang steht, in der indirekten Frage aber am Satzende stehen muss.
5. *fakultativ:* Die TN finden sich paarweise zusammen. Kopieren Sie die Kopiervorlage L13/B3 für jedes Paar und zerschneiden Sie sie in die Teile A und B. Die TN erfragen gegenseitig die fehlenden Informationen auf ihrem Blatt.

Arbeitsbuch 12: in Partnerarbeit; **13–16:** in Stillarbeit oder als Hausaufgabe

B4 **Aktivität im Kurs: Partnerinterview**
1. Die TN lesen das Beispiel im Buch.
2. Notieren Sie die Satzanfänge „Ich wollte dich fragen, ..." und „Ich würde gern wissen, ..." an der Tafel. Die TN finden sich paarweise zusammen und notieren zunächst fünf Fragen schriftlich, bevor sie ihre Partnerin / ihren Partner fragen. Geübte TN notieren direkte Fragen und formulieren die indirekten Fragen dann im Gespräch mündlich. Wer fertig ist, überlegt sich weitere Fragen, ohne diese vorher aufzuschreiben.

LERN TAGEBUCH **Arbeitsbuch 17:** im Kurs: Lesen Sie zusammen mit den TN die Einträge im Lerntagebuch. Die TN finden in Partnerarbeit oder Stillarbeit weitere Beispiele für die beiden Kategorien. Gehen Sie herum und korrigieren Sie, wenn nötig. Wer möchte, kann die Liste zu Hause um weitere Beispiele ergänzen.

LEKTION 13

Materialien
C3 Kopiervorlage L13/C3

Ich musste mir eine neue Karte ausstellen **lassen**.

Das Verb *lassen*
Lernziel: Die TN können über Dienstleistungen sprechen.

C 13

C1 Variation: Präsentation des Verbs *lassen*

1. Die TN sehen sich das Foto an, das sie bereits aus der Foto-Hörgeschichte kennen, und versuchen sich daran zu erinnern, was passiert war.
2. Gehen Sie weiter vor wie auf Seite 7 beschrieben.
3. Klären Sie die Bedeutung des Verbs „lassen", indem Sie fragen, ob man sich z.B. auch selbst eine neue EC-Karte ausstellen oder sich selbst Geld auszahlen kann. Notieren Sie an der Tafel:

> Die Bank stellt mir eine neue Karte aus.   aber: Ich │lasse│ mir eine neue Karte │ausstellen│.
>
> Die Bank zahlt mir das Geld aus.   aber: Ich │lasse│ mir das Geld am Schalter │auszahlen│.

Weisen Sie die TN darauf hin, dass das Verb „lassen" immer dann benutzt wird, wenn man etwas nicht selbst machen kann oder will.

! Gehen Sie nur in Kursen mit überwiegend geübten TN auch auf die Bedeutung „erlauben" ein (Ich lasse meine Kinder abends noch Schokolade essen).

4. Notieren Sie abschließend Beispiele für Zeitausdrücke ohne Präposition an der Tafel. Lassen Sie sich dabei von den TN helfen. Weisen Sie die TN auch auf den Infospot im Buch hin.

Arbeitsbuch 18: in Stillarbeit oder Partnerarbeit

C2 Anwendungsaufgabe zum Verb *lassen*

1. Schreiben Sie „Der Kunde ist König." an die Tafel. Sprechen Sie mit den TN über diese Aussage.
2. Die TN lösen die Aufgabe im Buch. Verweisen Sie die TN auf die Grammatikspots. Schnelle TN finden weitere Beispiele. Gehen Sie herum und helfen Sie bei Schwierigkeiten.
3. Abschlusskontrolle im Plenum. Bitten Sie die schnellen TN, auch ihre zusätzlichen Beispiele vorzutragen. Besonders schöne Sätze können für alle an der Tafel notiert werden.
Lösung: A Er lässt sich die Haare schneiden. B Er lässt sich einen Anzug nähen. D Er lässt seine Einkäufe tragen. E Er lässt sein Auto waschen.
4. Gehen Sie abschließend auch auf die Wortstellung im Satz mit Modalverben ein, um die nächste Aufgabe vorzubereiten.

> Ich │lasse│ mein Fahrrad immer │reparieren│.
>
> Ich │muss│ mein Fahrrad immer │reparieren│ │lassen│.
>
> Position 2   Satzende

Machen Sie anhand des Tafelbildes deutlich, dass das Verb „lassen" in einem Satz mit Modalverb ans Satzende rückt.

Arbeitsbuch 19: als Hausaufgabe; **20–21:** in Stillarbeit; **22–23:** in Stillarbeit oder als Hausaufgabe

C3 Aktivität im Kurs: Partnerinterview

1. Die TN lesen die Beispiele im Kasten und das Beispiel. Geben Sie den TN Gelegenheit zu Wortschatzfragen.
2. Die TN finden sich in Kleingruppen von 3–4 TN zusammen und unterhalten sich darüber, welche Dienstleistungen sie in Anspruch nehmen und was sie selbst machen (können).
Variante: Wenn der Kurs nicht allzu groß ist, können die TN auch im Plenum darüber sprechen.
3. *fakultativ:* Wenn Sie mit den TN die Verwendung von „lassen" weiter üben möchten, kopieren Sie die Kopiervorlage L13/C3. Die TN finden sich zu Kleingruppen von drei TN zusammen. Jede Gruppe erhält einen Kartensatz, der verdeckt auf den Tisch gelegt wird. Die TN ziehen reihum eine Karte und bilden je nachdem, ob die Aktivität mit oder ohne Krone dargestellt ist, einen Satz mit oder ohne „lassen". Gehen Sie herum und helfen Sie bei Schwierigkeiten.

Arbeitsbuch 24: in Stillarbeit

69 LEKTION 13

13 D Kontoeröffnung, Kreditkarten und Geldautomat

Erweiterung des Wortfelds „Bank"
Lernziel: Die TN können dem Bedienungsmenü eines Geldautomaten folgen.

Materialien
D2 ggf. vergrößerte Kopien der Zeichnungen, Plakate, Klebstoff, dicke Stifte

D1 — Hörverstehen: Unterschiede zwischen Girokonto und Sparkonto
1. Die TN lesen die Aussagen zu Text 1 und Text 2 in Stillarbeit. Klären Sie mit den TN ggf. unbekannten Wortschatz.
2. Die TN hören die beiden Gespräche am Bankschalter so oft wie nötig und kreuzen jeweils in der Tabelle an, was zutrifft.
3. Abschlusskontrolle im Plenum. *Lösung:* b) Sparkonto; c) Sparkonto; d) Girokonto; e) Kreditkarte; f) EC-Karte; g) Kreditkarte

Arbeitsbuch 25: in Stillarbeit oder als Hausaufgabe

D2 — Leseverstehen: Eine Bedienungsanleitung verstehen
1. Die TN sehen sich die Zeichnungen an und lesen die Anweisungen dazu.
2. Fragen Sie, welche Anweisung zu Zeichnung 1 und ggf. Zeichnung 2 passt. Die TN ordnen die übrigen Sätze den Zeichnungen zu.
3. Abschlusskontrolle im Plenum. Geben Sie den TN Gelegenheit zu Wortschatzfragen.
   Lösung: 1 Stecken Sie Ihre EC-Karte in den Geldautomaten. 3 Tippen Sie Ihre Geheimzahl ein und drücken Sie die Taste „Bestätigung". 4 Wählen Sie den gewünschten Geldbetrag aus. 5 Sie müssen warten. 6 Nehmen Sie Ihre Karte wieder. 7 Nehmen Sie das Geld. 8 Sie sind fertig.
4. *fakultativ:* Vergrößern und kopieren Sie die Zeichnungen. Die TN kleben je eine Zeichnung auf ein Plakat und schreiben die passende Anweisung darunter. Die Plakate werden in der richtigen Reihenfolge im Kursraum aufgehängt.
5. Sprechen Sie bei Interesse der TN noch weiter über das Thema, indem Sie die TN nach ihren Gewohnheiten fragen, d.h. ob und ggf. zu welchem Zweck sie z.B. die Serviceterminals ihrer Bank nutzen und in welchen Alltagssituationen sie sonst einen Automaten bedienen (Monatskarten für die öffentlichen Verkehrsmittel, Bahnfahrkarten etc.).

Arbeitsbuch 26: im Kurs

D3 — Aktivität im Kurs: Rollenspiel
1. Die TN lesen die Redemittel. Klären Sie mit den TN ggf. unbekannten Wortschatz.
2. Die TN finden sich paarweise zusammen, wählen gemeinsam eine der Situationen aus und schreiben ein Gespräch am Bankschalter. Gehen Sie herum und helfen Sie bei Schwierigkeiten.
3. Wer Lust hat, spielt sein Gespräch im Plenum vor.

PHONETIK — **Arbeitsbuch 27:** im Kurs: Gedichte eignen sich durch ihren Rhythmus besonders gut, um die Satzintonation zu üben. Die TN lesen die Gedichte und markieren selbstständig die Hauptbetonungen. Sie hören die CD und vergleichen. Weisen Sie die TN auf Gedicht b) hin. Was stimmt hier nicht? (Zeile 2 reimt sich eigentlich nicht, es müsste „schöner" heißen. Zeile 4 ist als langer Vokal realisiert, obwohl „dumm" kurz gesprochen wird und deshalb auch mit zwei „m" geschrieben wird.) Die TN sprechen die Gedichte der Partnerin / dem Partner vor. Wenn die TN Spaß an diesen Tiergedichten hatten, können sie als Hausaufgabe versuchen, ein eigenes Gedicht zu schreiben.

Materialien
E1 die Zeichnungen in Kopie
Test zu Lektion 13
Wiederholung zu Lektion 12 und Lektion 13

Vermischtes rund ums Geld

Kurzmeldungen zum Thema „Geld"
Lernziel: Die TN können einfache Zeitungstexte verstehen.

E 13

E1 Leseverstehen 1: Das Thema erfassen und eine Überschrift finden

1. Kopieren Sie die Zeichnungen auf ein Arbeitsblatt und verteilen Sie dieses. Die Bücher bleiben noch geschlossen. Die TN finden sich paarweise zusammen, wählen eine der drei Zeichnungen aus und denken sich dazu eine kleine Geschichte aus, die sie aufschreiben. Gehen Sie herum und helfen Sie bei Schwierigkeiten.
2. Wer will, kann seine Geschichte vorlesen. Sammeln Sie die Texte auch zur Korrektur ein.
3. Die TN lesen die Texte im Buch und entscheiden, welche der drei Zeichnungen jeweils passt.
4. Abschlusskontrolle im Plenum. Die TN vergleichen die Geschichten im Buch mit ihren eigenen und überlegen abschließend gemeinsam, welche Überschriften sie den Texten geben wollen.
   Lösung: A3; B2; C1
5. Weisen Sie auf den Infospot hin und notieren Sie an der Tafel ein Beispiel:

> Die Bankmitarbeiter helfen Ihnen nicht <u>vor 9 Uhr</u>.
> Da ist die Bank noch nicht geöffnet.
>
> Sie helfen Ihnen auch nicht <u>nach 15 Uhr</u>.
> Da ist die Bank schon geschlossen.   = außerhalb der Öffnungszeiten
>
> Aber sie helfen Ihnen <u>von 9 bis 15 Uhr</u>.
> Zu dieser Zeit ist die Bank geöffnet.   = während der Öffnungszeiten

! Gehen Sie nicht auf den Genitiv ein. Dieser ist Thema von *Schritte plus 5*. Die TN sollen für den Moment nur die Bedeutung verstehen.

E2 Leseverstehen 2: Die Kernaussagen verstehen

1. Die TN lesen die Aussagen zu Text 1 und entscheiden, welche Aussage stimmt. Geben Sie ggf. Zeit, damit sie den Text noch einmal lesen können.
2. Die TN bearbeiten Text 2 und Text 3. *Lösung:* richtig: a, d, e

PRÜFUNG **Arbeitsbuch 28:** Im Prüfungsteil Schreiben, Teil 1, der Prüfung *Start Deutsch 2* ergänzen die TN ein Formular mit den fehlenden Informationen. Die TN müssen sich die notwendigen Informationen aus einem Begleittext heraussuchen.

Einen Test zu Lektion 13 finden Sie auf den Seiten 134–135. Weisen Sie die TN auf die interaktiven Übungen auf ihrer Arbeitsbuch-CD hin. Die TN können mit diesen Übungen den Stoff der Lektion selbstständig wiederholen und sich ggf. auch auf den Test vorbereiten. Wenn Sie mit den TN den Stoff von Lektion 12 und Lektion 13 wiederholen möchten, verteilen Sie die Kopiervorlage „Wiederholung zu Lektion 12 und Lektion 13" (Seite 122–123). Die TN spielen zu zweit nach der Anleitung auf der Vorlage.

Zwischenspiel 13
Sie wollen alle nur das eine!
Gespräche auf der Straße

Materialien
1–2 Kopiervorlage „Zwischenspiel zu Lektion 13"
3 Papierschilder, Streichhölzer

1 Rollenspiel: Ein Gespräch auf der Straße
1. Die TN betrachten die Zeichnung. Stellen Sie ein paar Fragen dazu, um die TN auf die Beschäftigung mit den Szenen einzustimmen, z.B.: Was macht der Mann am Parkscheinautomaten? Warum sieht er wohl so ärgerlich aus?
2. Die TN beschreiben in Partnerarbeit, was sie sehen, wer die Personen wohl sind, was sie machen. Gehen Sie herum und geben Sie den TN individuell Gelegenheit zu Wortschatzfragen. Notieren Sie Schlüsselwörter, die aus den Partnergesprächen kommen, für alle an der Tafel: z.B. Räuber, Strafzettel, Spendendose.
3. Verteilen Sie die Kopiervorlage „Zwischenspiel zu Lektion 13". Die TN lösen Übung 1 in Partnerarbeit.
4. Abschlusskontrolle im Plenum.
   Lösung: Das passiert: a, f, g, i, k. Das passiert nicht: b, c, d, e, h, j, l
5. Die TN suchen sich paarweise eine der Szenen auf dem Bild aus und schreiben ein Gespräch dazu.
6. Die Gespräche der TN werden im Kurs vorgespielt. Bilden Sie bei größeren Gruppen zwei Plenen, damit diese Unterrichtsphase nicht zu lange dauert.

2   Hörverstehen: Kurze Gespräche verstehen
1. Die TN hören die Gespräche einmal.
2. Spielen Sie die Gespräche noch einmal vor. Ungeübte TN bearbeiten Übung 2 der Kopiervorlage, geübtere TN Aufgabe 2 im Buch.
   Variante: Sie können auch für alle nur eine der beiden Aufgaben vorgeben und die zweite Aufgabe weglassen.
3. Abschlusskontrolle im Plenum.
   Lösung (Buch): richtig: A Der Passant hat kein Bargeld. / Der Passant möchte dem Räuber das Geld überweisen. B Der Kellner will die Polizei rufen. C Die Frau spendet Geld für die Kinderhilfe. D Der Autofahrer hat kein Kleingeld. E Die beiden Leute sagen, dass die Geldbörse ihnen gehört.
   Lösung (Kopiervorlage): a) E; b) C; c) A; d) B; e) D; f) B; g) A; h) D; i) C
4. *fakultativ:* Die TN lesen die Fragen zu Übung 3 der Kopiervorlage und fassen die Kernaussagen der Szenen noch einmal in eigenen Worten zusammen.
   Lösung: Gespräch A: Weil der Passant kein Bargeld hat. Er bietet an, Geld zu überweisen, aber der Räuber hat kein Konto. Gespräch B: Weil der Gast nicht zahlen kann/will. Gespräch C: Weil es nicht gesagt hat, dass über der Frau eine Uhr ist. Gespräch D: Weil er es ungerecht findet, dass er eine Strafe zahlen soll. Denn er wollte ja einen Parkschein lösen. Gespräch E: Weil kein Geld drin ist.
5. Erinnern Sie die TN an die selbst entwickelten Straßengespräche aus Aufgabe 1 und bitten Sie sie, die tatsächlichen Gespräche mit ihren erfundenen Gesprächen zu vergleichen: Gab es Parallelen? Unterschiede? Worüber haben sich die TN gewundert?

3 Rollenspiel zu Szene F
1. Die TN sehen sich zu dritt die Szene F an und schreiben ein Gespräch.
2. Die Gruppen geben ihr Gespräch an eine andere Gruppe weiter, die das „Manuskript" zunächst auf sprachliche Fehler hin liest und korrigiert. Gehen Sie herum und helfen Sie bei Schwierigkeiten.
3. Die Gruppen spielen das Gespräch, das sie gerade korrigiert haben, dem Plenum vor.
4. Geben Sie jeder Gruppe einen Namen (A, B, C ...) und stellen Sie auf Ihrem Schreibtisch für jede Gruppe ein Papierschild auf. Verteilen Sie an jeden TN fünf Streichhölzer und erklären Sie: Die Streichhölzer sollen für die lustigsten oder interessantesten Gespräche vergeben werden. Jeder kann dabei seine Streichhölzer an verschiedene Gruppen verteilen oder auch nur an eine. Die TN überlegen jeder für sich, welche Gespräche ihnen gut gefallen haben, und legen dann ihre Streichhölzer zu den jeweiligen Papierschildern auf Ihrem Schreibtisch. Zählen Sie zusammen: Welche Gruppe hat die meisten Streichhölzer bekommen? Zur „Belohnung" darf diese Gruppe ihr Gespräch noch einmal vorführen.

Fokus Alltag 13
Kommunikation mit Versicherungen

Die TN können Briefen von und an Versicherungen wichtige Informationen entnehmen, z.B. zu Kosten.

1 **Vorwissen aktivieren**
Die TN nennen ihnen bekannte Versicherungen und was genau dadurch versichert ist. Sie erzählen auch, welche Versicherungen sie haben und weshalb. Welche Versicherungen braucht man unbedingt, welche sind nach Einschätzung der TN weniger wichtig?

2 **Wortfeld „Versicherung"**
1. Die TN sehen sich die Zeichnungen an und erzählen kurz, was sie sehen.
2. Sie lesen die Begriffe und ordnen sie der passenden Definition und der passenden Zeichnung zu.
3. Abschlusskontrolle im Plenum. *Lösung:* Lebensversicherung: a, B; Haftpflichtversicherung: b, C

3 **Leseverstehen 1: Empfänger und Absender**
1. Die TN lesen zuerst die Fragen zu den Briefen und dann die Briefe. Sie kreuzen ihre Lösungen an.
2. Abschlusskontrolle im Plenum.
   Lösung: a) Die Versicherung an eine Person / ein Mitglied: Brief 1, Brief 2; Eine Person / Ein Mitglied an die Versicherung: Brief 3; b) Kfz-Versicherung: Brief 2; Lebensversicherung: Brief 1; Haftpflichtversicherung: Brief 3

4 **Leseverstehen 2: Wichtige Informationen verstehen**
1. Die TN lesen die Aussagen. Sie lesen die Briefe noch einmal und kreuzen ihre Lösungen an. Gehen Sie herum und helfen Sie individuell bei Wortschatzfragen.
2. Abschlusskontrolle im Plenum.
   Lösung: a) Die Versicherung kostet 45,13 Euro pro Jahr. b) Frau Schmitz muss in dem Formular schreiben, wie viele Kilometer sie gefahren ist. c) Die Versicherung soll die Brille bezahlen.

PROJEKT
1. Vergeben Sie kleine Rechercheaufgaben an die TN: Sie sollen in Kleingruppen z.B. herausfinden, was die Lebensversicherung, Kfz-Versicherung oder Haftpflichtversicherung bei einem bestimmten Versicherer kostet. Oder sie sollen herausfinden, welche Leistungen in einem bestimmten Tarif einer Kfz-Versicherung inklusive sind, etc. Weil Versicherungen so unterschiedliche Beiträge verlangen und so unterschiedliche Leistungen anbieten, ist es wichtig, dass Sie diese Aufgabe gut vorbereiten und sich die gewählte Versicherung und die möglichen Lösungen vorher ansehen, damit die Aufgabe gelenkt genug ist und eindeutige Lösungen möglich sind.
2. Die TN finden die Lösungen mithilfe der von Ihnen angegebenen (Internet-)Adressen oder Telefonnummern heraus.
3. Die TN präsentieren ihre Lösungen im Unterricht.

Fokus Alltag 13
Gespräche zum Thema Versicherung

Die TN können einfach und klar äußern, welche Versicherung sie abschließen möchten. Sie können der Versicherung mitteilen, dass sie bestimmte Dokumente benötigen.

1 **Hörverstehen 1: Die wesentlichen Informationen verstehen**
1. Die TN lesen die beiden Aussagen und äußern Vermutungen, was richtig sein könnte.
2. Sie hören das Gespräch einmal und kreuzen ihre Lösung an.
3. Abschlusskontrolle im Plenum. *Lösung:* Sie möchte eine Haftpflichtversicherung abschließen.
4. Die TN lesen das Dialograster und ergänzen es in Stillarbeit.
5. Sie hören zur Kontrolle das Gespräch noch einmal. *Lösung:* vgl. Hörtext
6. *fakultativ:* Stellen Sie, wenn nötig, noch einige Fragen, z.B.: Warum bietet der Makler Frau Gül eine Versicherung für Singles an? Wieso hat Frau Gül vorher keine Haftpflichtversicherung gebraucht? etc.

2 **Hörverstehen 2: Ein Schlüsselwort verstehen**
1. Die TN lesen die beiden Definitionen. Sie hören das Gespräch so oft wie nötig und kreuzen ihre Lösung an.
2. Abschlusskontrolle im Plenum. *Lösung:* Ein Versicherungsnachweis ist eine Bestätigung, dass man versichert ist.
3. Stellen Sie weitere Fragen zum Hörtext, z.B.: Für wen braucht Frau Gül den Versicherungsnachweis? Was schickt ihr der Versicherungsmitarbeiter? etc.
4. Fragen Sie die TN nach Situationen, in denen sie Bestätigungen, Versicherungsnachweise und sonstige Dokumente von einer Versicherung benötigten. Wie haben sie sich diese beschafft?

LANDESKUNDE Den TN sollte klar sein, dass sie wichtige Dokumente auch telefonisch anfordern können.

3 **Redemittel: Anrufe bei einer Versicherung**
1. Die TN bearbeiten die Übung in Stillarbeit. Gehen Sie herum und helfen Sie bei Bedarf, insbesondere bei Wortschatzfragen.
2. Abschlusskontrolle im Plenum. *Lösung:* a) 4; b) 1; c) 3; d) 2
3. *fakultativ:* In Kursen mit überwiegend ungeübten TN schreiben die TN die Mini-Gespräche ab, damit sie sie im Zusammenhang haben.
4. Sammeln Sie – auch zur Vorbereitung auf Übung 4 – mit den TN weitere Redemittel, die für ein Gespräch mit einer Versicherung relevant sein könnten.

4 **Rollenspiel: Anruf bei einer Versicherung**
1. Die TN lesen das Beispiel und überlegen, welche Aussage aus Übung 3 hier passen könnte. (*Lösungsvorschlag:* Bitte senden Sie mir ein Schadensformular.)
2. Die TN überlegen sich zu zweit eine weitere Situation.
   Variante: Wenn Sie wenig Zeit im Kurs haben oder Sie den TN eine Hilfestellung geben möchten, schreiben Sie selbst einige Situationen auf, die sie den TN für ihr Rollenspiel geben können.
3. Die TN tauschen ihr Kärtchen mit einem anderen Paar. Sie schreiben zu ihrer „neuen" Situation ein kurzes Gespräch.
4. Die TN spielen ihre Gespräche dem Plenum vor.

Materialien
1 Plakate mit Lebensstationen, alte Zeitschriften, Zeitungen
4 Glückwunschkarten zur Geburt

LEBENSSTATIONEN

Folge 14: *Belinda*
Einstieg in das Thema: Kindheit, Jugend, Erwachsenenalter, Alter

1 Vor dem Hören: Vermutungen äußern

1. Bereiten Sie zu Hause fünf Plakate vor, auf denen Lebensstationen stehen: Geburt/Säuglingsalter, Kindheit, Jugend, Erwachsenenalter, Alter. Die TN hängen die Plakate in der richtigen Reihenfolge an die Wand. Bilden Sie fünf Gruppen, für jede Lebensstation eine. Zunächst überlegen die Gruppen, welches Alter gemeint ist, und notieren die Zahlen. Dann überlegen sie, was alles zu dieser Lebensstation dazugehört, was die Leute normalerweise in diesem Alter machen. Die Gruppen halten ihre Ergebnisse auf den Plakaten fest. Wenn möglich, bringen Sie alte Zeitungen und Zeitschriften mit und lassen Sie die TN zu ihren Plakaten passende Bilder ausschneiden und aufkleben.
2. Die Gruppen stellen ihre Ergebnisse im Plenum vor.
3. Die TN kennen die Personen der Foto-Hörgeschichte inzwischen recht gut. Sprechen Sie mit den TN darüber, in welcher Lebensstation die Protagonisten sich gerade befinden.
4. Die TN öffnen ihr Buch. Besprechen Sie mit den TN Aufgabe 1 wie im Kursbuch angegeben. Fragen Sie die TN, worüber Larissa und Simon gerade diskutieren. Warum lacht Simon Larissa wohl aus? Was denkt Maria?
5. *fakultativ:* Deuten Sie auf Foto 4. In Partnerarbeit schreiben die TN ein Gespräch zur Situation: „Larissa und Simon besuchen Susanne im Krankenhaus. Sie sehen das Baby, ihr kleines Geschwisterchen, zum ersten Mal. Was sagen sie?"

2 Beim ersten Hören

1. Fragen Sie, wer an Tante Erika gedacht hat und wie sie ins Krankenhaus gekommen ist. Dann hören die TN die Foto-Hörgeschichte.
2. Abschlusskontrolle im Plenum.
   Lösungsvorschlag: Maria hat an Tante Erika gedacht. Sie ruft Sebastian an und bittet ihn, Tante Erika ins Krankenhaus zu bringen.

3 Nach dem ersten Hören: Die Geschichte nacherzählen

1. Die TN erzählen die Geschichte schriftlich nach. Zuvor hören sie die Geschichte noch einmal. Dabei verwenden sie die Stichwörter im Buch.
2. Die TN tauschen ihre Texte aus und korrigieren den Text der Partnerin / des Partners, soweit es ihnen möglich ist. Damit hier nicht immer die Paare zusammenarbeiten, die sowieso nebeneinandersitzen, können Sie die Partner, die ihre Texte miteinander tauschen, auslosen.
3. Sammeln Sie die Texte anschließend ein und korrigieren Sie sie. Verwenden Sie für die Korrektur eine andere Farbe.
   Variante: Einzelne TN lesen ihre Geschichte vor, die anderen TN hören zu und achten auf Fehler. Wer einen Fehler hört, klopft auf den Tisch und korrigiert ihn.

4 Nach dem Hören: Über Lieblingsnamen sprechen

1. Sprechen Sie im Plenum über die Lieblingsnamen der TN und fragen Sie sie ggf. auch, wie ihre Kinder heißen.
2. In Deutschland schreiben viele Leute den Eltern zur Geburt eines Kindes eine Karte. Sprechen Sie mit den TN darüber, was man schreiben kann. Notieren Sie die Beispiele an der Tafel.
3. Kopieren Sie Glückwunschkarten zur Geburt. Jeder TN erhält eine Kopie und schreibt eine Karte an Susanne und Kurt. Besprechen Sie einige Karten exemplarisch.

4. *fakultativ:* Die TN stellen sich vor, sie seien Susanne oder Kurt, und schreiben einen Antwortbrief auf eine der Grußkarten. Für ungeübte TN können Sie eine Kopie mit Stichwörtern vorbereiten, z.B. sich bedanken, sich freuen, jetzt große Familie, Au-pair-Mädchen haben etc. Geübte TN schreiben einen freien Text, allerdings zu einer Vorgabe: Bedanken Sie sich. Erzählen Sie etwas über die neue Familie. Was wird sich ändern?

14 A Ich **habe** nicht **gewusst**, dass Babys so klein sind!

Wiederholung von Perfekt und Präteritum
Lernziel: Die TN können über Vergangenes sprechen.

Materialien
A2 die Zeichnungen aus A2, auch auf Folie
A4 Folie von A4; ggf. kleine Zettel oder Post-its
A5 Digitalkamera, Passfotos; Kopiervorlage L14/A5, Spielfiguren, Würfel

A1 Wiederholung des Perfekts
1. Die TN lesen die Mini-Gespräche im Buch und ergänzen die Tabelle. *Lösung:* ich habe gewusst; ich bin gekommen
2. Schreiben Sie auf eine Seite der Tafel „ich habe ...", auf die andere Seite „ich bin ..." Die TN gehen nacheinander an die Tafel und notieren zuerst ein Verb auf der „haben"-Seite, dann ein zweites auf der „sein"-Seite. Wenn die Übung ins Stocken gerät, weil den TN keine Verben mit „sein" mehr einfallen, beschränken sie sich darauf, ein Verb mit „haben" zu notieren.
3. Besprechen Sie im Plenum die Verben, die an der Tafel stehen. Fragen Sie die TN nach der Regel, welche Verben das Perfekt mit „sein" und welche es mit „haben" bilden.

A2 Hörverstehen 1: Das Thema erfassen
1. Kopieren Sie die Zeichnungen mehrfach und schneiden Sie sie auseinander. Die TN arbeiten zu zweit zusammen und erhalten pro Paar eine Zeichnung. Die TN stellen sich vor, sie seien in ihrer Kindheit oft an dem Ort auf der Zeichnung gewesen. Sie sollen notieren, was sie dort gemacht haben. Geben Sie eine Zeit vor, da es sich hier nur um eine kurze Einstiegsübung handelt, fünf Minuten.
Variante: Wenn Sie die Übung abwechslungsreicher gestalten wollen, geben Sie nicht nur diese drei Beispiele vor, sondern kopieren Sie weitere Bilder von Orten, an denen man aufgewachsen sein könnte. (z.B. *Schritte plus 4*, Seite 54, A2, „das Meer", „das Land" etc.).
2. Legen Sie die Folie der Zeichnungen auf, damit die TN jetzt alle Zeichnungen sehen können. Ohne den Ort zu nennen, lesen die TN ihre Erzählungen vor, die anderen hören zu und erraten, welcher Ort gemeint ist.
3. Die TN hören die Einleitung zur Sendung (bis: „Wer hat sie nicht?"). Sprechen Sie mit den TN darüber, was das für eine Sendung ist und wo man sie hören könnte.
4. Die TN öffnen die Bücher, hören die Interviews und ordnen die Kindheitserinnerungen der Personen der passenden Zeichnung zu.
5. Abschlusskontrolle im Plenum. *Lösung*: 1 Baustelle; 2 Bauernhof; 3 Lebensmittelgeschäft

A3 Hörverstehen 2: Den Inhalt global verstehen
1. Die TN lesen die Textausschnitte und ordnen sie den Hörtexten zu. Dabei helfen die zuvor besprochenen Zeichnungen.
2. Die TN hören die Radiosendung ein zweites Mal und vergleichen ihre Lösungen.
3. Abschlusskontrolle im Plenum. *Lösung*: 1 b, d; 2 c, f; 3 a, e

A4 Bewusstmachung der Perfekt- und Präteritumformen
1. Die TN lesen die Aussagen aus A3 noch einmal und unterstreichen alle Verben bzw. Verbformen. Dann füllen sie die Tabelle aus.
2. Legen Sie eine Folie der Tabelle auf und ergänzen Sie die Tabelle. Die TN vergleichen und korrigieren ihre Lösungen.
Lösung:

ich habe mich verletzt	ich durfte	ich war
ich habe bekommen	ich konnte	ich hatte
ich habe erlebt	ich musste	
ich bin aufgewachsen	ich wollte	
es ist passiert	ich sollte	

3. Wiederholen Sie mit den TN die Regeln zur Bildung des Partizip Perfekt bei regelmäßigen und unregelmäßigen Verben, bei trennbaren Verben und den Verben auf „-ieren". Die Modalverben und „sein" und „haben" werden meistens im Präteritum benutzt. Weisen Sie die TN auch auf die beiden Verben „kam" sowie „sagte" hin, die im Infospot auftauchen. Vertiefen Sie das Präteritum hier nicht, dieses wird explizit in *Schritte plus 5*, Lektion 1, eingeführt.
4. *fakultativ:* Erinnern Sie die TN an Tante Erika. Sprechen Sie im Plenum darüber, was die TN noch über Tante Erika wissen. Halten Sie Stichpunkte an der Tafel fest. Verteilen Sie an jeden TN zwei kleine Zettel oder Post-its. Beschränken Sie sich in großen Kursen auf einen Zettel, sonst dauert die Übung zu lange. Auf jedem Zettel notieren die TN eine Zahl zwischen 1 und 80. Sammeln Sie die Zettel wieder ein und verteilen Sie sie neu. Erzählen Sie mit den TN zusammen Tante Erikas Leben. Beginnen Sie: „Tante Erika wurde 1926 geboren. Mit einem Jahr ist sie unter dem Küchentisch herumgekrabbelt." Der TN mit der nächsten Zahl setzt die Geschichte fort: „Mit ... Jahren hat sie ..."

Arbeitsbuch 1–2: als Hausaufgabe

Materialien
A2 die Zeichnungen aus A2, auch auf Folie
A4 Folie von A4; kleine Zettel oder Post-its
A5 Digitalkamera, Passfotos; Kopiervorlage
L14/A5, Spielfiguren, Würfel

Ich **habe** nicht **gewusst**, dass Babys so klein sind!

Wiederholung von Perfekt und Präteritum
Lernziel: Die TN können über Vergangenes sprechen.

A5 **Aktivität im Kurs: Partnerinterview zu Kindheitserinnerungen**
1. Besprechen Sie mit dem Kurs die ersten beiden Beispiele im Kasten. Wie kann man daraus Fragen formulieren? Notieren Sie die Vorschläge an der Tafel.
2. In Partnerarbeit erstellen die TN einen Fragenkatalog von zwölf Fragen für das Interview. Ungeübte TN können sich bei Bedarf mit weniger Fragen begnügen. Die Beispiele im Buch sind Anregungen, die die TN benutzen können, aber nicht müssen. Erklären Sie den TN, dass beide Partner die Fragen notieren müssen.
3. Stellen Sie die Paare neu zusammen. Die Partner interviewen sich gegenseitig und notieren die Antworten der Partnerin / des Partners.
4. Stellen Sie Gruppen von vier TN zusammen. Die TN berichten, was sie über ihren Interviewpartner erfahren haben. Achten Sie darauf, dass die TN nicht nur die Fragen und die Antworten vorlesen, sondern eigenständig neue Sätze formulieren. Gehen Sie herum und helfen Sie bei Schwierigkeiten.
5. *fakultativ:* Anhand ihrer Notizen schreiben die TN einen kleinen Text über die Kindheit ihres Interviewpartners. Lassen Sie die Texte vorlesen oder hängen Sie sie nach dem Korrigieren aus. Wenn die TN Passfotos mitbringen oder Sie die Möglichkeit haben, Fotos mit einer Digitalkamera zu machen, können Sie aus diesen Texten und den Fotos ein Erinnerungsalbum für die TN zusammenstellen, das Sie leicht für jeden TN kopieren können.
6. Verteilen Sie die Kopiervorlage L14/A5. Die TN sitzen zu viert zusammen und erhalten Spielfiguren und einen Würfel. Die TN spielen nach den Spielregeln auf dem Spielplan. Wenn ein TN zu einem Thema nichts sagen kann, weil sie/er beispielsweise noch nicht verheiratet ist und nichts über die eigene Hochzeit erzählen kann, kann sie/er über die Hochzeit eines Freundes, eines Bruders, einer Schwester … erzählen.
Hinweis: Diese Kopiervorlage können Sie auch zu einem späteren Zeitpunkt wieder einsetzen, wenn Sie ein Gespräch unter den TN anregen möchten.

Arbeitsbuch 3: in Stillarbeit oder als Hausaufgabe

14 B Könntet ihr nicht mal Ruhe geben?

Wiederholung: Konjunktiv II
Lernziel: Die TN können über Wünsche sprechen, Vorschläge machen und Ratschläge geben.

Materialien
B2 auf Folie
B3 Zettel mit Stichwörtern
B5 rote und blaue Kärtchen; Kopiervorlage L14/B5

B1 Wiederholung: Wünsche und Konflikte
1. Die TN sehen sich zunächst nur die Fotos an. Fragen Sie sie, woran sie sich noch erinnern können. Die TN berichten in eigenen Worten über die (Konflikt-) Situationen.
2. Die TN ordnen die Texte den Fotos zu.
3. Abschlusskontrolle im Plenum. *Lösung (von oben nach unten):* E; D; B; C; A

B2 Bewusstmachung der Konjunktivformen
1. Die TN ergänzen mithilfe von B1 die Lücken. Ein TN trägt seine Lösung auf einer Folie ein.
2. Legen Sie die Folie auf und besprechen Sie die Lösungen. Um den TN noch einmal bewusst zu machen, dass der Konjunktiv II für Wünsche benutzt wird, kringeln Sie „Wunsch" auf der Folie ein; kasteln Sie ebenso die Verben ein, mit denen ein Wunsch im Deutschen ausgedrückt wird: hier „würde" + Infinitiv, „hätte", „wäre", „möchte" + Infinitiv. Verfahren Sie ebenso mit der Aufforderung / dem Vorschlag im zweiten Kasten.
Lösung: vgl. B1

Arbeitsbuch 4: in Stillarbeit oder als Hausaufgabe

B3 Schreiben: Konflikte beschreiben
1. Die Konflikte aus B1 sind typische Familienkonflikte zwischen Eltern und Kindern. Diskutieren Sie mit den TN bei geschlossenen Büchern darüber, welche Konflikte es noch geben kann. Halten Sie die Ergebnisse stichwortartig in einer Tabelle fest.

Familienkonflikte			
Eltern	Kinder	Eltern – Kinder	Familie – andere Personen
		zu wenig Taschengeld	

2. Die TN öffnen die Bücher und schreiben zu den Situationen aus B3 kleine Texte. Bereiten Sie Zettel mit Stichwörtern als Hilfestellung vor. Geübte TN bearbeiten die Aufgabe ohne Hilfen. Besonders schnelle TN können noch weitere Konflikte aus der Tabelle verschriftlichen und/oder Lösungen formulieren.
3. Einige TN lesen ihre Texte im Plenum vor. Die anderen TN achten auf Fehler.

B4 Aktivität im Kurs: Kompromisse machen
1. Die TN erzählen kurz über eigene Familienkonflikte, um sich in die Situation hineinzuversetzen. Fragen Sie gezielt nach, wie die TN mit ihren Kindern zu Lösungen von Konflikten kommen oder welche Kompromisse üblicherweise in der Familie geschlossen werden. Schreiben Sie Redemittel, die die TN dabei verwenden, an die Tafel.
2. Die TN schreiben zu zweit ein Gespräch zu einer der Situationen aus B3. Dabei helfen ihnen die Redemittel im Buch. Gehen Sie herum und achten Sie darauf, dass die TN nicht beim Streitgespräch/Konflikt stehen bleiben, sondern einen Lösungsvorschlag in ihr Gespräch „einbauen".
3. Einige Paare spielen ihr Gespräch vor. Was sagen die anderen? Wurde der Konflikt gut gelöst?

Arbeitsbuch 5: als Hausaufgabe

B5 Aktivität im Kurs: Ratschläge geben
1. Verteilen Sie an die TN je ein rotes und ein blaues Kärtchen. Auf dem roten Kärtchen notieren die TN ein Problem in der Ich-Form. Auf dem blauen Kärtchen formulieren sie in der Du-Form einen Ratschlag zu dem Problem. Dabei können sie das Tafelbild aus B3 als Hilfestellung nutzen oder – wenn Sie wenig Zeit im Kurs haben – die Kopiervorlage L14/B5. Weisen Sie die TN auf den Grammatikspot im Buch hin: Ratschläge kann man auch mit „sollte" formulieren. Das kennen die TN bereits aus *Schritte plus 3*, Lektion 4.
2. Sammeln Sie die Kärtchen ein und verteilen Sie sie neu.
3. Ein TN liest das Problem auf ihrem/seinem roten Kärtchen vor. Wer den dazu passenden Ratschlag auf einem blauen Kärtchen hat, liest diesen ebenfalls vor etc., bis alle Probleme gelöst sind.

Arbeitsbuch 6: im Kurs: Ungeübte TN bearbeiten 6b, während geübte TN in 6c einen freien Antwortbrief schreiben. Sammeln Sie die Briefe ein und korrigieren Sie sie. Besprechen Sie häufige Fehler mit allen TN.

LEKTION 14

Hallo **Schwesterchen**

Wortbildung
Lernziel: Die TN können einen kurzen Zeitungsartikel verstehen.

C1 Präsentation des Diminutivs -chen
1. Die TN sehen sich die Zeichnungen an und ordnen zu.
2. Abschlusskontrolle im Plenum.
   Lösung: 1 die Schwester; 2 das Schwesterchen; 3 der Bär; 4 das Bärchen; 5 das Haus; 6 das Häuschen
3. Notieren Sie das erste Beispiel an der Tafel:

   Erklären und notieren Sie die Regel. Weisen Sie anhand des dritten Beispiels auf die Umlautung hin (Häuschen).
4. Sammeln Sie mit den TN weitere Beispiele an der Tafel für sinnvolle Diminutiva.
5. Geben Sie den Satz „Oh, Sie haben aber ein schönes Häuschen!" an der Tafel vor. Entwickeln Sie mit den TN zusammen ein kurzes Gespräch um diesen Satz herum. Einigen Sie sich auf eine Situation und die Personen. Notieren Sie die Sätze erst, wenn die TN sie korrekt gesagt haben.
6. *fakultativ:* Verteilen Sie die Sätze der Kopiervorlage L14/C1. Je zwei TN erhalten einen Satz und entwickeln ein Gespräch, wie Sie es zuvor an der Tafel vorgeführt haben. Gehen Sie herum und helfen Sie bei Schwierigkeiten. Die TN spielen einige Gespräche im Plenum vor. Sprechen Sie auch über die jeweilige Situation. Hier können Sie auch die negativen Untertöne einiger Formulierungen ansprechen. Wenn man beispielsweise zu jemandem sagt: „Was hast du denn für ein Jäckchen an!", ist nicht unbedingt eine zu kleine Jacke gemeint, sondern eine besonders hässliche oder schlecht sitzende.
   Hinweis: Das Spiel wird freier, wenn die TN den Text nicht ablesen, sondern frei sprechen müssen. Korrigieren Sie keine Fehler, hier stehen das Spielen und die Situation im Vordergrund. Greifen Sie nur ein, wenn ein TN offensichtlich nicht mehr weiterweiß.

C2 Landeskunde: Kosenamen
1. Die TN lesen die Worterklärung zu Kosename bei C3. Lassen Sie die TN auch in eigenen Worten eine Erklärung formulieren, um sicherzugehen, dass alle das Wort verstanden haben.
2. Die TN sehen sich die Zeichnungen an und lesen die Wörter. Welche sind ihrer Meinung nach Kosenamen, welche nicht? Fragen Sie auch nach Begründungen für die Meinung der TN.
   Lösung: Zuckermaus; Schatz; Engel
3. Führen Sie in diesem Zusammenhang auch das Wort „Schimpfwort" bzw. „Schimpfname" ein und erklären Sie, dass Personen durchaus auch „Esel", „Kuh" oder „Drache" genannt werden, dass das dann aber negativ gemeint ist.
4. *fakultativ:* Fragen Sie die TN, ob sie noch andere Kosenamen kennen.

C3 Leseverstehen: Ein Artikel über Kosenamen

1. Die TN lesen den Text und ergänzen selbstständig die Kosenamen. Gehen Sie herum und helfen Sie individuell bei Wortschatzfragen. Schnelle TN sammeln einige Kosenamen in ihrer Sprache und übersetzen sie ins Deutsche.
2. Abschlusskontrolle im Plenum.
   Lösung: Schätzchen; Bärchen; Dickerchen; Fee; Nüdelchen
3. Sprechen Sie mit den TN über den Text: Wie finden die TN die „deutschen" Kosenamen? Welche gefallen ihnen? Werden in ihrem Heimatland ähnliche Kosenamen vergeben oder gibt es ganz andere, aus ganz anderen Bereichen?

Arbeitsbuch 7: in Stillarbeit

14 C Hallo **Schwesterchen**

Wortbildung
Lernziel: Die TN können einen kurzen Zeitungsartikel verstehen.

C4 **Wiederholung und Erweiterung: Wortbildung**
1. Die TN suchen aus dem Text in C3 die passenden Wörter und tragen sie in die Spalten ein.
2. Besprechen Sie mit den TN die Lösungen an der Tafel. Fragen Sie sie, was die jeweilige Endung bedeutet. Was sagt diese Endung aus (z.B. „los"= ohne)? Sprechen Sie zuletzt über die Komposita und ihre Regeln. Die TN haben verschiedene Wortbildungsregeln in *Schritte plus 1–4* kennengelernt. Hier werden noch einmal die bekannten Formen in einer Übersicht zusammengefasst.
Lösung: dankbar, lustig, einfallslos, unangenehm; Raucher, Partnerin, Befragung; der Arbeitskollege, die Tierwelt

Arbeitsbuch 8–10: als Hausaufgabe

C5 **Aktivität im Kurs: Wörter suchen**
1. Bilden Sie Gruppen von vier TN. Je ein TN pro Gruppe überträgt die Tabelle aus dem Buch auf einen Zettel oder ins Heft.
2. Die Gruppen haben zehn Minuten Zeit, Wörter mit den angegebenen Endungen zu suchen. Die TN suchen im Kursbuch und auch im Wörterbuch.
3. Jede Gruppe trägt ihre Ergebnisse vor und erhält Punkte für richtige Wörter. Die Gruppe mit den meisten Punkten hat gewonnen.

Materialien
D2 auf Folie; Zettel mit den Streitthemen

Schön, **dass** du da bist.

Wiederholung der Nebensatzverbindungen (*wenn, dass, weil*) und der Hauptsatzverbindungen (*denn, aber, trotzdem, deshalb*)
Lernziel: Die TN können etwas begründen und widerlegen.

D   **14**

D1 Wiederholung der Nebensatzverbindungen
1. Die TN lesen den Brief und ergänzen die Tabelle.
2. Abschlusskontrolle im Plenum. Schreiben Sie die drei Beispielsätze aus der Tabelle auch an die Tafel. Erläutern Sie den TN der Unterschied zwischen „weil" und „wenn". Mit „weil" wird ein Grund genannt, mit temporalem „wenn" ein gleichzeitiges oder zukünftiges Ereignis. Das Verb steht jeweils am Ende, markieren Sie es. Erläutern Sie den TN auch, dass „Schön" im dritten Beispiel eine Verkürzung von „Es ist schön" ist, es sich in diesem Satz also auch um einen Hauptsatz und einen Nebensatz handelt. Sammeln Sie mit den TN weitere Einleitungen von „dass"-Sätzen an der Tafel.

> Du wirst es ja sehen, <u>wenn</u> Du mich | besuchst | . (Zeit)
> Simon und Larissa haben sogar im Krankenhaus gestritten, <u>weil</u> sie sich nicht einigen | konnten | . (Grund)
> Schön, <u>dass</u> Du | kommst | .

Arbeitsbuch 11: in Stillarbeit

D2/D3 Vermutungen über eine Statistik äußern
1. Legen Sie eine Folie der Aufgabe auf. Die TN haben die Bücher geschlossen. Lesen Sie die Frage und die Beispiele vor. Stellen Sie sicher, dass alle TN die Beispiele verstanden haben. Stimmen Sie dann im Kurs ab. Jeder TN hat eine Stimme. Schreiben Sie das Abstimmungsergebnis links neben die Tabelle.
2. Was hat die TN überrascht? Ist das in den Heimatländern genauso? Vielleicht haben einige TN Lust, im Internet zu recherchieren, wie es in anderen Ländern wirklich aussieht. Vielleicht finden sie entsprechende Statistiken und können sie im Kurs vorstellen.
3. *fakultativ:* Machen Sie eine anonyme Abstimmung (auf Zettelchen), worüber die TN sich am häufigsten mit Ihrer Partnerin/Ihrem Partner streiten. Entspricht das Ergebnis der Statistik?
4. *fakultativ:* Bereiten Sie zu Hause Zettel vor, auf denen Sie die Streitpunkte notieren. Die TN finden sich zu Paaren zusammen, möglichst ein Mann und eine Frau, falls Ihre Kurszusammensetzung das zulässt. Jedes Paar zieht einen Zettel mit einem Streitthema. Die Paare schreiben ein Streitgespräch zu ihrem Thema. Anschließend werden die Gespräche im Plenum vorgespielt.

Arbeitsbuch 12: als Hausaufgabe

D4 Hörverstehen: Ein Interview
1. Sagen Sie den TN, dass sie ein Interview mit einem Ehepaar hören und notieren sollen, worüber das Paar oft streitet.
2. Die TN hören das Interview und notieren ihre Lösungen.
3. Abschlusskontrolle im Plenum. *Lösung:* 1 Haushalt; 2 Zeit; 3 Erziehungsfragen
4. Wenn Sie das Interview noch weiter besprechen wollen, fragen Sie die TN, wer mit wem warum unzufrieden ist. *Lösungsvorschlag:* 1. Justus ist mit Karin unzufrieden, weil sie nie aufräumt. 2. Karin ist mit Justus unzufrieden, weil er nie Zeit für sie hat. 3. Karin ist mit Justus unzufrieden, weil er den Kindern zu viel erlaubt.

D5 Wiederholung der Hauptsatzverbindungen
1. Die TN lesen die Beispielsätze und ergänzen die Lücken. *Lösung:* a) trotzdem; b) deshalb; c) denn; d) aber
2. Notieren Sie die Beispielsätze an der Tafel. Markieren Sie die Konjunktionen und die Verben. Erklären Sie den TN, dass das Verb immer auf Position 2 steht. „Deshalb" und „trotzdem" stehen auf Position 1. Aber „denn" und „aber" stehen auf einer sogenannten Position 0. Es ist wichtig, den TN diesen Unterschied an dieser Stelle sehr deutlich zu machen.

	<u>Position 0</u>	<u>Position 1</u>	<u>Position 2</u>	
Ich räume dauernd auf,		trotzdem	findet	Justus mich unordentlich.
Du hast fast nie Zeit für mich,		deshalb	bin	ich öfters mal sauer.
Das ist auch so ein Problem,	denn	Justus	ist	einfach nicht streng genug.
Wir streiten oft,	aber	für uns	gehört	das zu einer glücklichen Ehe.

Arbeitsbuch 13–14: in Stillarbeit oder als Hausaufgabe

81 LEKTION 14

14 E Lebensabschnitte
Biografische Daten
Lernziel: Die TN können aus ihrem Leben erzählen und biografische Angaben machen.

Materialien
1 Foto von Udo Jürgens
Test zu Lektion 14

E1 **Einstimmung auf das Thema: Ein Lied**
1. Die TN ergänzen allein oder zu zweit den Ausschnitt des Liedes von Udo Jürgens.
2. Spielen Sie den Liedausschnitt vor. Die TN vergleichen ihre Lösungen mit dem Lied.
3. Sprechen Sie mit den TN über den Liedausschnitt: Wie steht der Sänger zur Seniorenzeit? Wie finden die TN die Melodie (fröhlich, flott, traurig, langsam …)? Und das Lied (ermutigend, unrealistisch …)?
4. Zeigen Sie auch ein Foto von Udo Jürgens und berichten Sie, dass der Musiker auch mit über 70 Jahren noch Konzerte gibt und sehr fit ist. Das Lied, das er vor vielen Jahren geschrieben hat, hat sich zumindest in seinem Fall als wahr herausgestellt.

E2 **Leseverstehen: Biografische Angaben**
1. Die TN lesen den Text einmal. Geben Sie Gelegenheit zu Wortschatzfragen.
2. Die TN lesen den „Steckbrief". Sie suchen im Text die Informationen und ergänzen den „Steckbrief".
3. Abschlusskontrolle im Plenum. Weisen Sie die TN ggf. darauf hin, dass „Wir waren fünf Geschwister" bedeutet, dass Birgitta Schulze vier Geschwister hatte.
Lösung: Eltern/Geschwister: Mutter arm, Vater im Krieg gefallen, vier Geschwister; Verheiratet – wann/mit wem: früh geheiratet, einen fast zehn Jahre älteren Mann; Kinder: drei; Beruf: Hausfrau; Hobbys: Theater, Mitglied bei Amnesty International und im Kulturverein
4. Die TN lesen Aufgabe b) und, wenn nötig, auch noch einmal den Text. Sie äußern ihre Meinung zu Birgittas Leben. Lassen Sie unterschiedliche Meinungen gelten, aber verlangen Sie Begründungen!

E3 **Aktivität im Kurs: Über das eigene Leben sprechen**
1. Ein TN liest das Beispiel aus dem Buch vor.
2. Die TN machen sich Gedanken zu den im Buch angegebenen Lebensabschnitten und notieren Stichpunkte.
3. Die TN erzählen im Kurs von ihren Erlebnissen bzw. ihren Plänen für spätere Lebensabschnitte. Ermuntern Sie die anderen TN, der Erzählerin / dem Erzähler Fragen zu stellen. Möglicherweise ergibt sich ein interessantes Kursgespräch.
Variante: Wenn Ihr Kurs sehr groß ist, bilden Sie Gruppen von 5–6 TN. Die TN erzählen in der Gruppe. Gehen Sie herum und regen Sie zu Nachfragen an.
4. Als Hausaufgabe schreiben die TN analog zum Beispiel im Buch einen kurzen Text über ihr Leben und ihre Pläne. Sammeln Sie die Texte zur Korrektur ein.

Einen Test zu Lektion 14 finden Sie auf den Seiten 136–137. Weisen Sie die TN auch auf die interaktiven Übungen auf ihrer Arbeitsbuch-CD hin. Die TN können mit diesen Übungen den Stoff der Lektion selbstständig wiederholen und sich ggf. auch auf den Test vorbereiten. Die TN können jetzt auch ihren Kenntnisstand mit dem Fragebogen auf den Seiten 84 und 85 im Kursbuch überprüfen.

Materialien
1 Karten mit Kopien der Liedausschnitte auf Seite 83 im Kursbuch, Kopiervorlage „Zwischenspiel zu Lektion 14"
4 Kopiervorlage „Zwischenspiel zu Lektion 14"

Zwischenspiel 14
Sag beim Abschied leise „Servus"
Landeskunde: Wörter zum Abschied

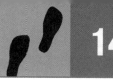

1 Landeskunde: Abschiedswörter

1. Die TN betrachten das Foto und beachten die Textabschnitte vorerst nicht. Sprechen Sie mit den TN über die Situation: Wer sind die Personen? Wie stehen sie zueinander? Wohin fährt die junge Frau? Was sagen/fühlen die beiden? Es ist den TN sicher klar, dass es um einen Abschied geht.
   Variante: Wenn die TN Freude an Rollenspielen haben, können sie sich zu zweit ein kurzes Gespräch zur Situation ausdenken und es im Plenum vorspielen.
2. Machen Sie an der Tafel eine Tabelle mit vier Spalten. Fragen Sie die TN zunächst nach den Abschiedswörtern, die sie kennen (z.B. tschüs, auf Wiedersehen), und tragen Sie die Beispiele in der Tabelle ein.

Nord-/Westdeutschland	Süddeutschland	Österreich	Schweiz
Auf Wiedersehen	Auf Wiedersehen	Auf Wiedersehen	
Tschüs	Tschüs		
...			

3. Die TN lesen die Abschiedswörter auf Seite 82 und diskutieren, wo diese wohl benutzt werden. Regen Sie ruhig zu unterschiedlichen Hypothesen an, tragen Sie die Wörter dann im Tafelbild an den „richtigen" Stellen ein.

Nord-/Westdeutschland	Süddeutschland	Österreich	Schweiz
Auf Wiedersehen	Auf Wiedersehen	Auf Wiedersehen	Auf Wiederluege
Tschüs	Tschüs	Tschüs	
Bis dann	Bis dann	Bis dann	Bis dann
Tschö			
	Servus	Servus	
Bis bald	Bis bald	Bis bald	Bis bald
			Salü
	Ade		Ade
Tschau	Tschau	Tschau	Tschau
Wir sehen uns	Wir sehen uns	Wir sehen uns	Wir sehen uns

4. Kopieren Sie die Liedausschnitte auf Seite 83 und kleben Sie jedes Lied auf eine kleine Karte. Verteilen Sie an Paare jeweils 2 bis 3 Liedkarten. Die TN lesen in Partnerarbeit nur ihre Liedausschnitte und suchen nach weiteren Abschiedswörtern.
5. Die TN nennen ihre Abschiedswörter und Ausdrücke für Abschied.
6. Verteilen Sie die Kopiervorlage „Zwischenspiel zu Lektion 14". Die TN lesen die Erklärungen zu den Abschiedswörtern in Übung 1. Deuten Sie auf einzelne Wörter an der Tafel und fragen Sie nach Informationen dazu, um sicherzustellen, dass die TN die Erklärungen verstanden haben.
7. Die TN ordnen die Erklärungen den Situationen auf der Kopiervorlage zu. Wenn Sie wenig Zeit im Kurs haben, kann diese Übung auch als Hausaufgabe gemacht werden.
8. Abschlusskontrolle im Plenum.
   Lösung: Schweizurlaub: f; Kaffeehaus: a, d, e; Kölner Karneval: a, g; Party: b; Kinobesuch: a, d

LANDESKUNDE
Die heute gängigsten Abschiedsgrüße sind im Kursbuch auf Seite 82 aufgelistet. „Salü" wird in der Schweiz auch für die Begrüßung verwendet, ebenso „Servus", das in Bayern und Österreich für die Begrüßung verwendet wird. „Ich muss dich lassen" steht für „Ich muss dich verlassen", „Lebwohl" und „Adieu" sind veraltete Formen für den Abschied auf immer, die heute kaum verwendet werden. „Ade" wird vor allem in Baden-Württemberg verwendet, das Wort kommt vom französischen „Adieu". Machen Sie die TN darauf aufmerksam, dass auch „Gute Nacht" ein Abschiedsgruß ist, den man nur spätabends sagt, wenn klar ist, dass man jetzt nach Hause und zu Bett geht.

2/3 Lieder singen

1. Spielen Sie die Liedausschnitte vor. Die TN lesen mit.
2. Stellen Sie das Verständnis sicher und erklären Sie Schlüsselwörter (z.B. „scheiden").
3. Spielen Sie die Liedausschnitte noch einmal vor. Wer Lust hat, singt mit.
   Variante: TN, die lieber spielen, können die Situationen pantomimisch nachmachen, während die anderen singen.
4. *fakultativ:* Wenn die TN gern singen und spielen, spielen Sie auch die Karaoke-Version der Liedausschnitte vor. Die TN singen und spielen wie oben.

83 LEKTION 14

Zwischenspiel 14
Sag beim Abschied leise „Servus"
Landeskunde: Wörter zum Abschied

Materialien
4 Kopiervorlage „Zwischenspiel zu Lektion 14"

Ein Abschiedsgedicht
1. Die TN finden sich in Kleingruppen von 2–3 TN zusammen. Sie lesen die Aufgabenstellung von Übung 2 der Kopiervorlage und wählen ein bis zwei Liedtexte aus, auf die sie antworten möchten. Sie schreiben einen Antworttext bzw. ein Antwortgedicht. Geübte TN schreiben – ebenfalls in Kleingruppen – ein eigenes Abschiedsgedicht. Die Begriffe/Reime im Kursbuch helfen ihnen dabei.
2. Die TN tragen ihre Gedichte im Plenum vor.
   Variante: Wenn der Kurs sehr groß ist oder Sie wenig Zeit haben, werden die Texte im Kursraum aufgehängt. Die TN haben dann in der Pause Gelegenheit, die Texte und Gedichte der anderen zu lesen.

Fokus Familie 14
Aufforderungen von Behörden

Die TN können schriftlichen Aufforderungen der Behörden relevante Informationen entnehmen, z.B. Fristen.

Da dieser Fokus möglicherweise nur für einen Teil der TN von Interesse ist, können die Übungen auch als Hausaufgabe gegeben werden.

1 **Leseverstehen 1: Die wesentliche Information verstehen**
1. Die TN lesen die beiden Aussagen. Sagen Sie ihnen, dass sie im Brief nach der passenden Information suchen sollen: Was muss Frau Akbas tun?
2. Die TN überfliegen den Brief. Geben Sie wenig Lesezeit, damit die TN nicht in Versuchung kommen, Details verstehen zu wollen oder Wörter im Wörterbuch nachzuschlagen.
3. Abschlusskontrolle im Plenum. *Lösung:* Sie muss ihren Sohn an einer Schule anmelden.

LANDESKUNDE Erinnern Sie die TN ggf. daran, dass in Deutschland Schulpflicht besteht und dass das Kind mit sechs oder sieben Jahren eingeschult werden muss.

2 **Leseverstehen 2: Wichtige Informationen verstehen**
1. Die TN lesen die Aussagen zum Brief. Sie lesen den Brief noch einmal und kreuzen ihre Lösungen an.
2. Abschlusskontrolle im Plenum. *Lösung:* a) richtig; b) falsch; c) richtig; d) falsch
3. *fakultativ:* Stellen Sie weitere Fragen zum Verständnis: Welche Dokumente muss Frau Akbas noch mitbringen? Um wie viel kann sie zur Anmeldung gehen? etc.
4. TN mit Schulkindern erzählen von der Schulanmeldung: Wie ist diese abgelaufen?

Fokus Alltag 14
Eine soziale Einrichtung: das Seniorenbüro

Die TN können Informationsbroschüren verstehen und Telefonnummern herausfinden.

Materialien
Projekt: Prospektmaterial von sozialen Einrichtungen am Kursort

1 **Leseverstehen 1: Ein Schlüsselwort verstehen**
1. Klären Sie mit den TN, was „Senioren" sind und was eine „Einrichtung" ist.
2. Die TN lesen die Aussagen und dann den Prospekt. Sie kreuzen ihre Lösung an.
3. Abschlusskontrolle im Plenum. *Lösung:* Das ist eine Einrichtung für ältere Leute.

2 **Leseverstehen 2: Wichtige Informationen verstehen**
1. Die TN lesen die Angebote und Dienstleistungen noch einmal. Fragen Sie sie, was sie sich unter den verschiedenen Angeboten vorstellen, um das Vorwissen zu aktivieren.
2. Die TN lesen die Erklärungen in der Übung und ordnen sie den Angeboten/Diensten aus dem Prospekt zu.
3. Abschlusskontrolle im Plenum. *Lösung (von oben nach unten):* 3; 2; 1
4. Fragen Sie die TN, ob sie solche Angebote auch kennen oder ob sie Menschen kennen, die solche Dienste in Anspruch nehmen. Welche Angebote finden sie gut, welche weniger? Fragen Sie auch, was für Angebote für Senioren es in den Heimatländern der TN gibt.

3 **Leseverstehen 3: Passende Angebote finden**
1. Die TN lesen die Situationen und die Telefonnummern des Seniorenbüros. Sie überlegen in Partnerarbeit, welcher Ansprechpartner für welche Situation passt. Schnelle TN überlegen sich zusätzlich eigene Situationen und notieren die passende Telefonnummer dazu.
2. Abschlusskontrolle im Plenum. Die schnellen TN stellen ihre eigenen Situationen vor.
Lösung: a) 680-33, 680-30, 680-39; b) 680-33; c) 680-42; d) 680-39

PROJEKT
1. Die TN sollen sich über soziale Einrichtungen am Kursort informieren. Schreiben Sie dazu „Soziale Einrichtungen" als Wortigel an die Tafel. Die TN nennen alle sozialen Einrichtungen, die ihnen einfallen bzw. die sie kennen, weil sie am Kursort vorhanden sind (z.B. Krippe, Nachbarschaftshilfe, Jugendtreffs, Besuchsdienst, Tafel, Essen auf Rädern, Tierheim ...).
2. Die TN finden sich in Kleingruppen von 3–4 TN zusammen. Gemeinsam sollen sich über eine soziale Einrichtung vor Ort informieren und z.B. Prospektmaterial zur Anschauung mit in den Kurs bringen.
Variante: Entscheiden Sie sich gemeinsam mit den TN für eine soziale Einrichtung, die für alle TN interessant oder relevant ist, und organisieren Sie einen Besuch in dieser Einrichtung.

Materialien
Lösungsschlüssel; Hinweiszettel für Lernstationen
fakultativ: zusätzliche Aufgaben

Wiederholungsstationen

Schritte plus 4 bietet als Abschluss im Arbeitsbuch ein Kapitel mit Wiederholungsübungen. Sicher haben die TN unterschiedliche Wünsche im Hinblick auf das, was sie noch üben möchten. Sagen Sie den TN daher, dass sie nicht alle Übungen machen müssen, sondern selbst auswählen können und sollen, welche Übungen sie machen möchten. Geben Sie eine Zeit für das Lösen der Übungen vor, z.B. eine Unterrichtsstunde. Legen Sie mehrere Lösungsschlüssel zu den „Wiederholungsstationen" bereit, damit die TN sich selbstständig kontrollieren können.

Variante:
1. Bereiten Sie die Wiederholungsübungen im Arbeitsbuch als Lernstationen (siehe den Tipp unten) vor, indem Sie z.B. an den einzelnen Stationen Hinweise auf die Übungen im Buch legen: „Möchten Sie die Wortbildung üben? Machen Sie Übung 1, 2 und 3."
2. Geben Sie den TN Zeit, die Stationen in Ruhe abzugehen und sich darüber zu informieren, welche Wiederholungsmöglichkeiten sie haben. Die TN entscheiden selbst, welche und wie viele Stationen sie bearbeiten möchten, gehen wieder an ihren Platz und lösen die Übungen zu ihren Stationen. Sie kontrollieren sich selbst mithilfe des Lösungsschlüssels.
3. *fakultativ:* Zusätzlich zu den Wiederholungsübungen aus dem Arbeitsbuch können Sie weitere Stationen „erfinden". Legen Sie z.B. kleine Schreibaufgaben aus, um auch das freie Schreiben zu üben (Brief aus dem Urlaub, Beschwerdebrief, Leserbrief etc.). Sammeln Sie diese Texte ein und geben Sie sie korrigiert an die TN zurück.

TIPP Eine gute Möglichkeit für binnendifferenzierten Unterricht ist das Arbeiten mit Lernstationen: Den TN werden bei dieser Methode mehrere Arbeitsstationen angeboten, an denen sie bereits Gelerntes wiederholen und vertiefen können. Diese Arbeitsstationen werden als Arbeitsblätter, Kopiervorlagen, Arbeitsaufträge oder Hinweise auf Aufgaben im Kursbuch an verschiedenen Stellen im Kursraum ausgelegt und z.B. nach Schwierigkeitsgrad oder Themengebieten geordnet. Sie können Lernstationen immer wieder in Ihren Unterricht einbauen, wenn Sie ein Thema oder mehrere Themen wiederholen möchten. Mithilfe von Lernstationen fördern Sie die TN nach ihren unterschiedlichen Bedürfnissen und Interessen.

Kopiervorlage L8/1

Wer sagt das? Zu welchem Foto passt das Zitat? Ergänzen Sie.

a .... : Hier. Das kannst du ganz einfach ausrechnen.	**b** .... : Das Stück kenne ich!
c .... : Hi, Simmi! Ich dachte, du musst das ganze Wochenende lernen.	**d** .... : Deine CD ist super! Kannst du mir die mal leihen?
e .... : Ich verstehe euch. Ein Wochenende nur für euch beide, das geht ja bald nicht mehr.	**f** .... : Ach, Simon! Da bist du wieder. Hast du was rausbekommen?
g .... : Das ist total ungerecht! Alle fahren weg, und ich? Warum darf ich nicht mal für ein paar Stunden zum Skaten? Wo ist das Problem?	

Kopiervorlage L8/A4

Hinweis: Wenn Ihre TN Anregungen brauchen, können Sie je ein Set der Bildkarten an Kleingruppen von drei TN austeilen. Die TN nehmen reihum ein Kärtchen und sagen, was sie eigentlich tun sollten und was sie stattdessen machen, z.B. „Ich sollte jeden Abend noch die Kasse machen. Trotzdem sehe ich meistens fern."

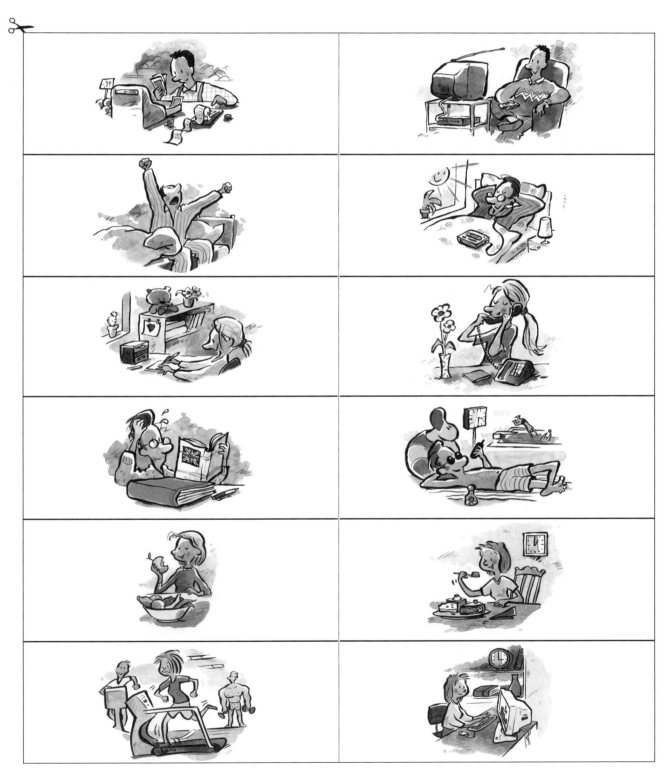

Kopiervorlage L8/B3

Was würden Sie jetzt gern machen?	Was ist Ihr Ziel in drei Jahren?
Was für ein Auto hätten Sie gern?	Was würden Sie gern noch lernen?
Wohin würden Sie gern reisen?	Was würden Sie nie wieder tun?
Was wären Sie gern von Beruf?	Was würden Sie heute Abend gern machen?
Sie gewinnen im Lotto. Was würden Sie mit dem Geld machen?	Was wünschen Sie sich am meisten?
Was würden Sie am Wochenende bei schönem Wetter machen?	Mit wem würden Sie gern mal essen gehen?

Kopiervorlage „Zwischenspiel zu Lektion 8"

1 **Lesen Sie den Text oben links und kreuzen Sie an: Was ist richtig?**

a Was haben die Menschen früher am Sonntag gemacht?
  ☐ Sie haben viel gearbeitet.
  ☐ Sie haben Pause gemacht.

b Wie verbringen sie den Tag heute?
  ☐ Sie sitzen am Computer.
  ☐ Sie möchten etwas unternehmen.

2 **Sonntags-Wörter: Kreuzen Sie an: Richtig oder falsch?**

		richtig	falsch
A	Der Sonntagsbraten ist ein Fleischgericht für reiche Leute.	☐	☐
B	Familien sind früher am Sonntag oft zusammen spazieren gegangen.	☐	☐
C	Ein Sonntagskleid ist ein einfaches Kleid.	☐	☐
D	Ein Sonntagsfahrer fährt nur sonntags mit dem Auto.	☐	☐
E	Wenn eine Zeitung am Sonntag erscheint, ist das eine Sonntagszeitung.	☐	☐

3 **Hören Sie das Märchen und ergänzen Sie.**

> Stein • Fleisch • Pferd • Messer • ein Stück Gold • Glück • Schwein • Milch • Gans

a Hans bekommt als Lohn für seine gute Arbeit ....

b Er findet, dass ein .... besser ist als Gold, weil er dann nicht zu Fuß gehen muss.

c Dann trifft Hans einen Bauern. .... ist besser als ein Pferd, denkt Hans, und möchte die Kuh haben.

d Aber ein Metzger erzählt ihm, dass .... noch viel besser ist. Und Hans nimmt das Schwein.

e Das .... gehört nicht dem Metzger, sondern dem Polizisten. Hans hat Angst und gibt das Schwein weg. Er bekommt eine .... dafür.

f Wenn man .... schleifen kann, wird man reich. Hans freut sich, dass er einen .... bekommt.

g Aber der Stein ist sehr schwer. Hans hat ...., denn der Stein fällt ins Wasser.

Kopiervorlage L9/A4

Das große Adjektiv-Spiel

Sie brauchen für jeden Spieler eine Spielfigur, außerdem <u>eine</u> Spielfigur extra und einen Würfel. Jede Spielerin / Jeder Spieler setzt die eigene Figur auf ein beliebiges Wort im inneren Rechteck. Eine Figur steht auf dem Startfeld am Rand.

Die erste Spielerin / Der erste Spieler würfelt und zieht die eigene Figur vor und auch die Figur am Rand. Nun verbindet sie/er das Wort im inneren Rechteck mit dem Wort in dem äußeren Rechteck, z.B. „teuer" und „Feuerzeug": ein teures Feuerzeug.

Dann würfelt die nächste Spielerin / der nächste Spieler und zieht die eigene Figur und die Figur am Rand vor.

Wenn die beiden Wörter nicht zusammenpassen, darf die Spielerin / der Spieler ein passendes neues Wort aus dem inneren Rechteck wählen.

Schwieriger: Die Spielerin / Der Spieler sagt einen ganzen Satz: Ich kaufe ein teures Feuerzeug.

Äußeres Rechteck (Substantive)

Obere Reihe: START, Kinder, Feuerzeug, Regal, Fenster, Gläser, Löffel, Lampen, Brautkleid, Geschenk

Linke Spalte (von oben nach unten): ZIEL, Kuli, Ehering, Fahrrad, Getränke, Koffer, Wohnung, Häuser, Müll, Zimmer, Jacke, Zeitung, Kleider, Tasche, Bilder, Turnschuhe, Kursbuch, Bett, Teppich, Hose, Büros, Fußball, Garten, Blumen

Untere Reihe: Hausschlüssel, Brief, Fotos, Familien, Sessel, Schreibtisch, Kühlschrank, Schrank, Messer

Rechte Spalte (von oben nach unten): Gutschein, Tesafilm, Schere, Eltern, Texte, Geschenke, Kochbuch, Telefon, Handy, CDs, Auto, Straßenbahn, Fernseher, Schokolade, Tee, Brötchen, Eis, Tassen, Computer, Wecker, Kuchen, Uhr, Töpfe

Inneres Rechteck (Adjektive)

weiß, teuer (!) teure(n), günstig, alt, interessant, dick, modern, billig, langweilig, hoch, schnell, hässlich, groß, schön, laut, blau, gut, viel, klein, lang

Kopiervorlage L9/B2

Hinweis: Schneiden Sie die Kärtchen aus und verteilen Sie sie an die Hälfte der TN.

Radio: gut – Antenne (die)	**Parfüm:** frisch – Duft (der)
Tisch: dünn – Glasplatte (die)	**Bluse:** groß – Knöpfe (die, Pl.)
Lampe: stark – Glühbirne (die)	**Handtücher:** bunt – Blumen (die, Pl.)
Buch: groß – Schrift (die)	**Schrank:** grün – Türen (die, Pl.)
Kuchen: süß – Obst (das)	**Waschmaschine:** gering – Wasserverbrauch (der)
Teetassen: gelb – Glas (das)	**Schuhe:** warm – Futter (das)
T-Shirt: bunt – Bild (das)	**Computer:** flach – Bildschirm (der)
Handy: groß – Tasten (die, Pl.)	**Mixer:** stark – Motor (der)
Bleistift: weich – Mine (die)	**Wörterbuch:** viel – Stichwörter (die, Pl.)

Kopiervorlage L9/B3

Hinweis: Verteilen Sie an jede(n) TN ein leeres „Zimmer". Die TN zeichnen zu zweit Wohnzimmermöbel in das „Zimmer". Wenn Ihre TN nicht gern zeichnen oder Sie die Aufgabe gelenkter gestalten möchten, verteilen Sie auch die Möbelbilder. Die TN müssen dann die Möbel nur ausschneiden und in das „Zimmer" legen.

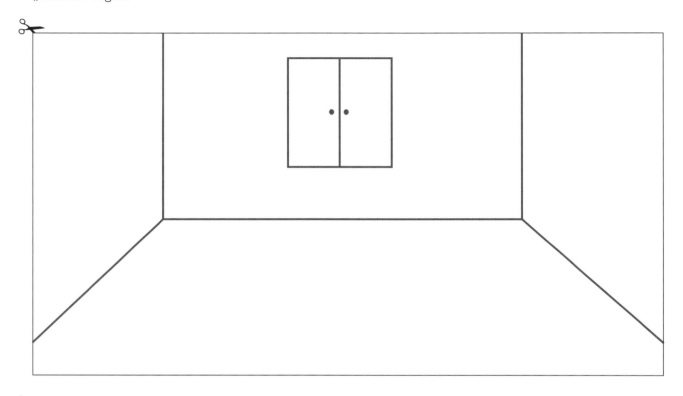

Kopiervorlage „Zwischenspiel zu Lektion 9"

1 **Lesen Sie die Texte noch einmal und kreuzen Sie an: Richtig oder falsch?**

		richtig	falsch
a	Die Porzellanpuppe hat viel Geld gekostet.	☐	☐
b	Valentina hat ihr einen schönen Platz gegeben, weil sie ihrer Tante eine Freude machen wollte.	☐	☐
c	Valentina hat die Figur beim Umzug weggeworfen.	☐	☐
d	Vor fünf Jahren war Valentina sehr krank.	☐	☐
e	Ernesto hat ihr einen Harlekin gemacht, weil sie nicht mehr gelacht hat.	☐	☐
f	Valentina lacht nun immer, wenn sie an Ernesto denkt.	☐	☐
g	Alexander hat Valentina den Drachen geschenkt, weil sie sich schon so viele Jahre kennen.	☐	☐
h	Der Drachen hatte eine Liebeserklärung für Valentina im Mund.	☐	☐

2 **Was bedeuten die Sätze in diesem Kontext? Kreuzen Sie an.**

a Ich wollte meiner Tante nicht wehtun.
   ☐ Meine Tante hatte große Schmerzen. Ich wollte ihr helfen.
   ☐ Ich wollte meine Tante nicht traurig machen.

b Die Porzellanpuppe ist ein wertvolles Geschenk.
   ☐ Die Tante hat viel zu viel Geld für eine billige Puppe bezahlt.
   ☐ Die Puppe ist etwas ganz Besonderes und sie war auch nicht billig.

c Kinder merken so was trotzdem.
   ☐ Kinder fühlen, wenn es anderen nicht gut geht.
   ☐ Kinder können sich alles gut merken, was man ihnen sagt.

d Was willst du mir denn damit sagen?
   ☐ Was für eine Bedeutung hat dieses Geschenk?
   ☐ Glaubst du, dass ich wie ein Drache bin?

e Drachen bringen Glück.
   ☐ Drachen bringen kleine Geschenke in ihrem Mund mit.
   ☐ Wer einen Drachen hat, hat auch Glück.

Kopiervorlage L10/1

Was passt? Ordnen Sie zu. Es gibt oft mehrere Möglichkeiten!

bekommen	das Paket, -e	die Post austragen
zukleben	der Brief, -e	aufmachen
kaufen	die Adresse, -n	kontrollieren
eintragen	der Karton, -s	suchen
einwerfen	die Paketkarte, -n	schreiben
auspacken	die Waage, -n	wollen
sich anstellen	der Briefkasten, ¨	hineingehen
leeren	die Briefmarke, -n	wiegen
ausfüllen	das Formular, -e	legen
verschicken	das Päckchen, -	einpacken
	der Absender, -	
	der Postbote, -n	
	die Postfiliale, -n	
	die Sondermarke, -n	
	der Schalter, -	
	das Gewicht	

Kopiervorlage L10/A1

Für diese Aufgabe brauchen Sie eine aktuelle Preisliste der Post. Suchen Sie die Preise für folgende Leistungen heraus:

a Sie schicken einen Brief nach Spanien. Der Brief wiegt 18 Gramm.

   ....

b Sie schicken ein Paket zu Ihrer Freundin nach Stuttgart. Das Paket wiegt 18 Kilogramm.

   ....

c Ihre Tochter ist auf Klassenfahrt in Österreich. Sie wollen ihr eine Postkarte schicken.

   ....

d Sie schicken eine Bewerbung an eine Firma. Der Brief ist so groß wie Ihr Kursbuch und wiegt 234 Gramm.

   ....

e Sie kündigen Ihre alte Wohnung. Weil Sie ganz sicher sein wollen, dass der Brief ankommt, schicken Sie ihn als Einschreiben (Einwurf).

   ....

f Sie kündigen Ihre Autoversicherung. Sie wollen ganz sicher sein, dass der Brief ankommt. Sie schicken ihn als Einschreiben mit Rückantwort.

   ....

g Sie schicken einen 47 Gramm schweren Brief in Ihr Heimatland.

   ....

h Sie schicken ein 4,3 Kilogramm schweres Paket an einen Freund in der Türkei.

   ....

Kopiervorlage L10/A3

Sie brauchen Briefmarken.	Wie viele? Sondermarken? Normale Marken? Die Briefmarken kosten …
Sie wollen einen Brief nach Österreich schicken. Kosten?	Gewicht: 250 g, Kosten: 3,40 Euro
Sie möchten eine Postkarte an Freunde in Ghana (Afrika) schicken.	Porto für Postkarte Welt: 1 Euro
Sie haben ein Päckchen. Es soll so schnell wie möglich ankommen.	Express Service kostet 12,50 Euro extra.
Sie möchten ein Einschreiben versenden. Was für Möglichkeiten?	Eigenhändig (persönliche Lieferung an den Empfänger)
Einwurf (Postbote notiert, dass er den Brief eingeworfen hat)	Rückschein (Empfangsbestätigung mit der Unterschrift vom Empfänger)

Kopiervorlage L10/B4

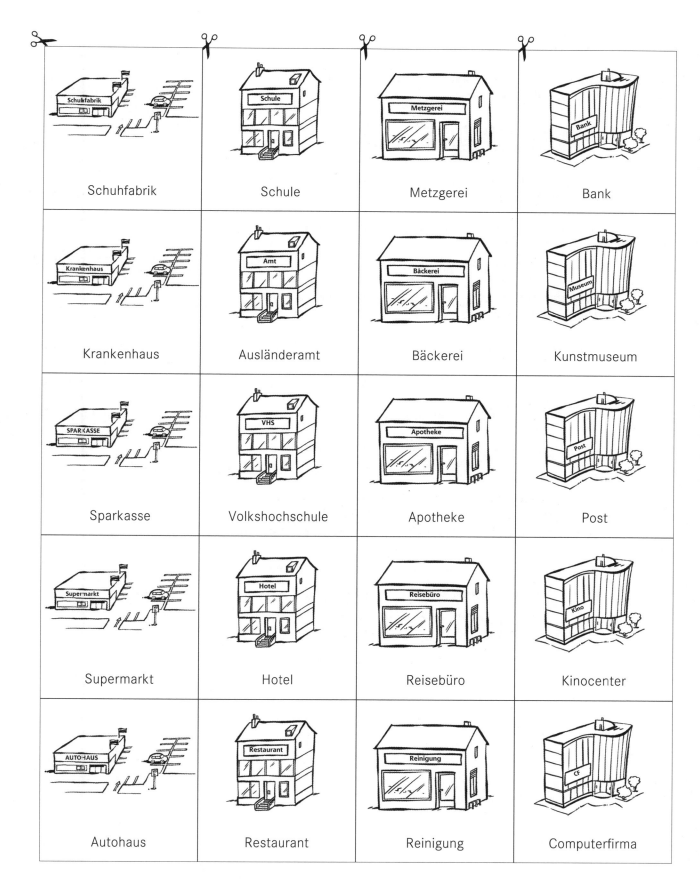

Kopiervorlage „Zwischenspiel zu Lektion 10"

1   Ordnen Sie zu.

a Wenn ich über die Straße gehe, schaue ich oft nicht nach rechts und links. Ich weiß, das ist sehr

b Der Sohn von meiner Nachbarin ist 18 und kann nicht kochen, nicht waschen und nicht aufräumen. Er ist wirklich sehr

c Meine Tochter hilft mir kaum im Haushalt. Und wenn sie es tut, dann leider nur sehr

d Setz dich doch! Aber vielleicht nicht auf das Sofa, das ist ziemlich

e Du musst mir doch keine Blumen mitbringen! Das ist wirklich

f Leider kommt der Zug nach Hamburg heute etwas später. Heute? Der ist doch immer

g Herr Meier hat mich heute Morgen nicht gegrüßt. Das war sehr

h Muss dein Zimmer denn immer so … sein?

i Igitt! Ein kleines Tier im Salat. Wie

j Mein Bruder denkt immer, dass er nichts kann. Er ist so

☐ ungern.
☐ unvorsichtig.
☐ unselbstständig.
☐ unaufgeräumt
☐ unappetitlich!
☐ unsicher!
☐ unbequem.
☐ unnötig.
☐ unpünktlich.
☐ unhöflich.

**2   Welche „un"-Wörter passen zu Ihnen, welche nicht?
Suchen Sie in der Liste oben und im Wörterbuch.
Arbeiten Sie mit einer Partnerin / einem Partner und erzählen Sie.**

> *Also, unpünktlich bin ich nicht, denn ich komme sehr selten zu spät. Vielleicht bin ich manchmal etwas unvorsichtig: …*

Kopiervorlage L11/A4

Woher? Vom Supermarkt	**Woher?** Aus der Garage
Wohin? Zum Deutschkurs	**Wohin?** Zur Tankstelle
Woher? Von der Arbeit	**Woher?** Vom Friseur
Wohin? Nach Hause	**Wohin?** Zum Kindergarten
Woher? Vom Zahnarzt	**Woher?** Vom Deutschkurs
Wohin? Zum Augenarzt	**Wohin?** Ins Café/Restaurant
Woher? Aus der Bäckerei	**Woher?** Aus dem Bett
Wohin? Zur Arbeit	**Wohin?** Ins Badezimmer

Kopiervorlage L11/B1

Hinweis: Kopieren Sie die Kopiervorlage mehrmals, schneiden Sie die Karten aus und kleben Sie sie auf festen Karton.

Wir müssen fast ganz **um** den Kreisverkehr **herum** und dann abbiegen.	
Wir müssen direkt **durch** das Zentrum fahren.	
Die nächste Tankstelle? Bei uns zu Hause, **gegenüber** der Kirche.	
Du fährst **bis zur** nächsten Kreuzung. Da musst du links abbiegen.	
Und jetzt geradeaus **über** die Brücke da.	
Da kommen wir übrigens auch **am** Mozartplatz **vorbei**.	
Nach der Brücke fahren wir das Flussufer **entlang**.	

Kopiervorlage L11/C4
Kopf oder Zahl

Spielverlauf:
1. Gespielt wird in Gruppen von 3–4 Spielern. Jede Spielerin / Jeder Spieler erhält eine Spielfigur.
2. Die erste Spielerin / Der erste Spieler wirft die Münze. Zeigt die Zahl nach oben, darf sie/er ein Feld vorgehen, zeigt das Bild nach oben, darf sie/er zwei Felder weitergehen. Die Spielerin / Der Spieler liest den Satzanfang laut vor und vervollständigt den Satz mit eigenen Worten. Wenn die Mitspieler mit dem Satz einverstanden sind, darf sie/er ein weiteres Feld vorgehen. Wenn die Mitspieler die Lösung nicht akzeptieren, muss sie/er ein Feld zurück. Auf den Pausefeldern ist keine Aufgabe zu lösen.
3. Wer zuerst im Ziel ist, hat gewonnen.

Start →	Mein Auto ist kaputt. Deshalb …	Heute gibt es Stau, weil …	Pause	Mein Fahrradreifen ist platt. Deshalb …	Ich möchte den Führerschein machen. Deshalb …
					Der Bremsweg ist lang, weil …
Setzen Sie einmal aus! ☹	Ich brauche eine Luftpumpe, weil …	Rücken Sie 2 Felder vor! ☺	An der Kreuzung ist ein Unfall passiert, weil …		Rücken Sie 2 Felder vor! ☺
Ich fahre oft mit dem Bus. Deshalb …			Ich muss ein neues Rücklicht kaufen, weil …		Ich kann nicht klingeln, weil …
Pause			Ich muss zur Tankstelle fahren, weil …		Pause
Ich möchte ein Fahrrad kaufen, weil …		Ziel	Heute hat es geregnet. Deshalb …		Ich finde keinen Parkplatz. Deshalb …
Der Weg zum Deutschkurs ist weit. Deshalb …					Setzen Sie einmal aus! ☹
Pause	Ich bin in einen Nagel gefahren. Deshalb …	Ich kann nicht Auto fahren, weil …	Rücken Sie 2 Felder vor! ☺	Ich fahre gern mit der U-Bahn, weil …	Die Reifen sind alt. Deshalb …

Kopiervorlage „Zwischenspiel zu Lektion 11"

1 **Lesen Sie den Text. Was erfahren Sie über Hermi? Kreuzen Sie an: Was ist richtig?**

☐ Hermi hat ein schnelles Auto.
☐ Er fährt nie im Berufsverkehr, weil man dann langsam fahren muss.
☐ Er mag Staus nicht.
☐ Er kümmert sich nicht um Verkehrsregeln.
☐ Deshalb muss er jetzt einen medizinisch-psychologischen Test machen.

2 **Wählen Sie für jeden Titel ein passendes Foto. Achtung: Zwei Titel passen nicht.**

Foto

a Achtung! Links überholen verboten! _____

b Mit 120 kommen Sie auch sicher ans Ziel! _____

c Tanken Sie mal wieder Alkohol! _____

d Überholen ist gut, Geduld besser. _____

e Durst? Aber bitte nur alkoholfrei! _____

f Handy in die Tasche, Hände ans Steuer! _____

3 **Suchen Sie im Internet nach dem Lied „Ich will Spaß" von Markus. Was ist das Thema? Berichten Sie im Kurs.**

Kopiervorlage L12/A4

In den Bergen	**Im Dschungel**
• ein Rucksack • Trekkingschuhe • eine warme Jacke	• ein Messer • ein Sonnenhut • Medikamente
Auf dem Land	**Auf einer Insel**
• Sportschuhe • ein Plan / eine Straßenkarte • ein Tierbuch	• eine Badehose • eine Sonnencreme • ein Buch
Am Meer	**In der Wüste**
• ein Sonnenschirm • eine Sonnenbrille • ein Handtuch	• Wasser • ein warmer Pullover • viele T-Shirts

Kopiervorlage L12/C1

1 Eine Reiseroute beschreiben

a Welche Orte möchten Sie besuchen? Wählen Sie fünf Orte und markieren Sie sie auf der Landkarte.
b In welcher Reihenfolge besuchen Sie diese Orte? Zeichnen Sie Ihre Route auf der Karte ein.
c Beschreiben Sie Ihrer Partnerin / Ihrem Partner Ihre Reiseroute.

▶ *Zuerst fahre ich mit dem Bus/Auto/Schiff/Zug nach ...*

  Zuerst fliege ich nach ...

  Dann ...

  Später ...

  Schließlich ...

  Am Schluss ... ◀

2 Sich verabreden

Ihre Partnerin / Ihr Partner beschreibt Ihnen eine Reiseroute. Zeichnen Sie die Route in Ihre Karte ein. Besuchen Sie dieselben Orte? Vielleicht können Sie sich verabreden! Sprechen Sie darüber.

Kopiervorlage L12/C3

Reisen mit der Bahn

in die Musicalstädte

Füssen, Bochum, Hamburg

von allen deutschen Städten für **49 Euro**

Übernachtung und Eintrittskarten für ein Musical nicht inklusive!

Die Ticket-Agentur bietet günstige Eintrittskarten für verschiedene Musicals

- ☐ König Ludwig II. (Füssen) ab **19 Euro**
- ☐ Starlight Express (Bochum) ab **24 Euro**
- ☐ König der Löwen (Hamburg) ab **29 Euro**

Im Reisebüro – Kundin/Kunde
Sie möchten ein Musical besuchen. Informieren Sie sich über die Angebote und buchen Sie eine Fahrkarte mit dem Zug und eine Eintrittskarte.

Im Reisebüro – Angestellte/Angestellter
Geben Sie Auskunft. Die günstigsten Karten für König Ludwig II. sind leider schon weg. Für König der Löwen gibt es nur noch für einen Termin einen passenden Zug.

Kopiervorlage „Zwischenspiel zu Lektion 12"

1   Lesen Sie das Interview und ordnen Sie jedem Abschnitt die passende Überschrift zu. Achtung: Eine Überschrift passt nicht.

Die Welt von oben genießen

Terminabsagen

Fliegen – Beruf und Hobby

Ohne Sicht geht es nicht

2000 Meter über den Bergen

Tickets und Termine

Fahrtzeit

2   Lesen Sie noch einmal und kreuzen Sie an: Was bedeutet das Gleiche?

a   Man steigt mit dem Ballon auf.
- ☐ Der Ballon fährt nach oben in die Höhe.
- ☐ Man steigt auf dem Ballon nach oben.

b   Das Wetter spielt mit.
- ☐ Das Wetter ist schlecht.
- ☐ Das Wetter passt gut.

c   Sicherheit steht bei uns an erster Stelle.
- ☐ Für die Sicherheit haben wir schon einen Preis gewonnen.
- ☐ Sicherheit ist für uns am wichtigsten.

d   Wir machen einen neuen Termin aus.
- ☐ Wir vereinbaren einen neuen Termin.
- ☐ Wir sagen den neuen Termin nicht ab.

Kopiervorlage L 13/A3

Ich brauche Geld. Wo gibt es einen Geldautomaten?	Gleich hier um die Ecke ist einer.
Ich möchte ein Konto eröffnen. Was muss ich da machen?	Da musst du zu einer Bank gehen und ein Formular ausfüllen.
Ich habe jetzt meine Geheimzahl von der Bank bekommen. Wie kann ich mir die Zahl merken?	Du musst die Zahl auswendig lernen.
Ich habe ein neues Konto. Wie bekomme ich die Kontoauszüge?	Du bekommst sie am Automaten oder die Bank schickt sie dir.
„Einprägen"? Das verstehe ich nicht. Was heißt das?	Das heißt „auswendig lernen" oder „sich merken".
Ich muss noch zur Bank. Wie lange hat sie geöffnet?	Meistens haben die Banken so bis 15.30 Uhr geöffnet. Donnerstags auch länger.

Kopiervorlage L13/B3
Wechselspiel A

Sie sind neu in der Stadt und haben viele Fragen. Fragen Sie Ihre Partnerin / Ihren Partner! Beginnen Sie mit „Können Sie mir sagen, …?" oder mit „Wissen Sie, …?" Notieren Sie die Antworten in der Tabelle.

Ihre Partnerin / Ihr Partner hat auch Fragen an Sie. Helfen Sie. Sie finden die Antworten in Ihrer Tabelle.

Beispiel: ~~Wo gibt es hier eine Bank?~~ → Können Sie mir sagen, wo es hier eine Bank gibt?

Wo gibt es hier eine Bank?	Geldautomat? *Neben der Apotheke ist einer.*	Gibt es hier ein günstiges Hotel?	Kreditkarten? *Das ist ganz unterschiedlich. Manche akzeptieren Kreditkarten, andere nicht.*	Wie bedient man den Automaten?
Kann ich die Waschmaschine in Raten bezahlen?	Banken länger geöffnet? *Jeden Donnerstag. Die Banken schließen dann erst um 18 Uhr.*	Wie viel Prozent Zinsen bekomme ich auf ein Sparbuch?	Kontoauszüge? *An jedem Serviceterminal Ihrer Bank, also an einem Automaten.*	Wie hoch sind die Zinsen für einen Kredit?
EC-Karte? *Nein, in circa einer Woche bekommen Sie Ihre EC-Karte per Post.*	Wo kann ich außerhalb der Öffnungszeiten Geld überweisen?	Kontoauszüge zuschicken? *Sie bekommen Ihre Kontoauszüge einmal im Monat per Post.*	Brauche ich zur Kontoeröffnung einen Ausweis?	Karte aus dem Automaten? *Weil Sie dreimal die falsche Geheimzahl eingegeben haben.*

Kopiervorlage L13/B3
Wechselspiel   B

Sie sind neu in der Stadt und haben viele Fragen. Fragen Sie Ihre Partnerin / Ihren Partner!
Beginnen Sie mit „Können Sie mir sagen, …?" oder mit „Wissen Sie, …?" Notieren Sie die Antworten in der Tabelle.

Ihre Partnerin / Ihr Partner hat auch Fragen an Sie. Helfen Sie. Sie finden die Antworten in Ihrer Tabelle.

Beispiel: ~~Wo finde ich hier einen Geldautomaten?~~ → Können Sie mir sagen, wo ich hier einen Geldautomaten finde?

eine Bank? *Gleich hier um die Ecke in der Blumenstraße.*	Wo finde ich hier einen Geldautomaten?	günstiges Hotel? *Ja, gegenüber dem Bahnhof ist das „Go In". Die Zimmer sind günstig und sauber.*	Akzeptieren die Geschäfte hier Kreditkarten?	Automat bedienen? *Das ist ganz einfach. Sie drücken hier und folgen den Anweisungen.*
in Raten bezahlen? *Ja, aber dann kostet sie mehr.*	An welchem Tag haben die Banken hier länger geöffnet?	Zinsen? *Auf ein normales Sparbuch bekommen Sie 2 Prozent Zinsen.*	Wo kann ich meine Kontoauszüge selbst ausdrucken?	Zinsen für einen Kredit? *Das ist sehr unterschiedlich. Zwischen 4 und 8 Prozent.*
Muss ich lange auf meine EC-Karte warten?	Geld überweisen? *An jedem Serviceterminal Ihrer Bank.*	Wie oft schicken Sie mir die Kontoauszüge zu?	Ausweis für Kontoeröffnung? *Ja, Sie brauchen Ihren Personalausweis oder Reisepass.*	Warum kommt meine Karte nicht mehr aus dem Automaten?

Kopiervorlage L13/C3

Lampe aufhängen	Auto reparieren	Anzug nähen
Fahrrad reparieren	Reifen wechseln	Essen servieren
Auto waschen	Wohnung putzen	Briefe am PC schreiben
Wohnung renovieren	Öl wechseln	Kleider ändern
Waschmaschine anschließen	Schrank aufbauen	Bilder aufhängen
ein Konto eröffnen	Jacke reinigen	ein Paket liefern

Kopiervorlage „Zwischenspiel zu Lektion 13"

1   Sehen Sie sich das Bild im Kursbuch an. Was passiert dort alles? Kreuzen Sie an.

Jemand ...	Das passiert.	Das passiert nicht.
a bittet um eine Spende.	☐	☐
b gibt dem Kellner Trinkgeld.	☐	☐
c überweist auf der Bank Geld.	☐	☐
d verliert gerade seine Geldbörse auf der Straße.	☐	☐
e möchte ein Konto eröffnen.	☐	☐
f will ein Eis kaufen.	☐	☐
g findet eine Geldbörse.	☐	☐
h hebt vom Automaten Geld ab.	☐	☐
i spricht mit einem Räuber.	☐	☐
j stiehlt gerade Geld.	☐	☐
k wirft Geld in einen Automaten.	☐	☐
l gibt viel Geld beim Juwelier aus.	☐	☐

2   Hören Sie die Gespräche noch einmal. Zu welchem Gespräch gehört dieser Satz? Ergänzen Sie den richtigen Buchstaben (A–E).

a Dann wissen Sie sicher auch, wie viel drin ist, oder? ☐
b Hier hast du einen Euro. ☐
c Raus mit dem Geld! ☐
d Wie schade, dass ich überhaupt kein Geld habe. ☐
e Könnten Sie vielleicht diesen Fünf-Euro-Schein wechseln? ☐
f Darf ich Ihnen die Rechnung geben? ☐
g Ich habe kein Bargeld dabei. ☐
h Ich brauche dringend Münzen für den Automaten. ☐
i Eine kleine Spende ... ☐

3   Wissen Sie, warum? Antworten Sie.

Gespräch A: Warum bekommt der Räuber kein Geld? Wie möchte der Passant das Problem lösen?

Gespräch B: Warum ruft der Kellner die Polizei?

Gespräch C: Warum ist die Frau mit dem Kind nicht zufrieden?

Gespräch D: Warum möchte der Autofahrer sich beschweren?

Gespräch E: Warum möchte keiner mehr die Geldbörse haben?

Kopiervorlage L14/A5

1. Stellen Sie Ihre Spielfiguren auf ein beliebiges Feld, möglichst nicht alle auf das gleiche.
2. Sie würfeln und kommen z.B. auf das Feld „über Ihre Hochzeit". Erzählen Sie eine Minute lang etwas über Ihre Hochzeit: Wann war sie? Wo? Wie? Wer war da? ...
3. Eine Mitspielerin / Ein Mitspieler beobachtet die Uhr.
4. Wenn Ihnen nichts mehr einfällt, dürfen die anderen Fragen stellen.
5. Der nächste Mitspieler würfelt.

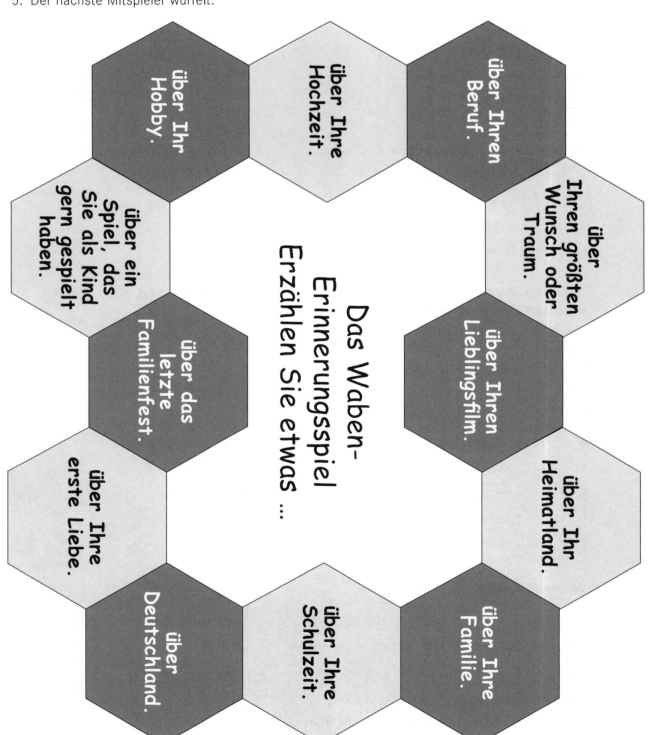

Das Waben-Erinnerungsspiel
Erzählen Sie etwas ...

- über Ihr Hobby.
- über Ihre Hochzeit.
- über Ihren Beruf.
- über ein Spiel, das Sie als Kind gern gespielt haben.
- über Ihren größten Wunsch oder Traum.
- über das letzte Familienfest.
- über Ihren Lieblingsfilm.
- über Ihre erste Liebe.
- über Ihr Heimatland.
- über Deutschland.
- über Ihre Schulzeit.
- über Ihre Familie.

Kopiervorlage L14/B5

Meine Lehrerin mag mich nicht.	im Unterricht weniger stören
Ich darf nie allein ausgehen.	mit deinen Eltern sprechen
Ich bekomme zu wenig Taschengeld.	einen Job suchen
Immer soll ich lernen. Ich will lieber Skateboard fahren.	nach den Hausaufgaben noch Skateboard fahren
Ich soll auf meinen kleinen Bruder aufpassen. Ich möchte aber meine Freunde treffen.	deinen kleinen Bruder mitnehmen
Ich habe keine Freunde.	dich in einem Sportverein anmelden

Kopiervorlage L14/C1

Ach, was für ein süßes Kindchen!	Herrje, was soll ich mit dem kleinen Fläschchen?
Oh Gott, was ist denn das für ein Jäckchen?	Könnte ich ein Tässchen Tee haben?
Wo hast du denn das süße Kettchen her?	Das finden Sie alles in diesem Heftchen hier.
Nein, haben Sie aber ein süßes Hündchen!	Wissen Sie, ich suche so ein ganz kleines Tischchen.

Kopiervorlage „Zwischenspiel zu Lektion 14"

1 Lesen Sie die Sätze und die Situationen unten. Welches Abschiedswort (a–h) passt am besten. Ergänzen Sie.

a Die Abschiedswörter Tschüs! und Tschau! werden in Deutschland, Österreich und der Schweiz besonders dann benutzt, wenn die Sprecher „Du" zueinander sagen.

b Wenn es unsicher und auch egal ist, ob oder wann man eine Person wiedersieht, sagt man Wir sehen uns!

c Lebwohl! und Adieu! sind alte bzw. altmodische Abschiedswörter. Wenn man sie benutzt, bedeutet das, dass man sich in Zukunft wahrscheinlich nicht mehr wiedersieht.

d Wenn man weiß, dass man sich bald wiedersieht, sagt man Bis dann! oder Bis bald!

e Freunde und gute Bekannte in Süddeutschland und Österreich sagen auch Servus! Mit diesem Wort kann man sich auch grüßen.

f Wenn man seinen Gesprächspartner siezt, verabschiedet man sich in Deutschland und Österreich meistens mit Auf Wiedersehen! (oder Auf Wiederschaun!), in der Schweiz mit Auf Wiederluege! oder Ad eu! (Adiö, Ade, Adie).

g Leute aus Köln und Umgebung verabschieden sich oft mit Tschö!

h Wenn sich Freunde und gute Bekannte in der Schweiz verabschieden, hört man in manchen Regionen Salü!

Ihr Freund zieht sehr weit weg. Sie wissen nicht, ob Sie ihn irgendwann wiedersehen. **a/c**	Sie machen gerade in der Schweiz Urlaub und haben in einer Bäckerei etwas gekauft.
Zwei ältere Damen treffen sich seit 25 Jahren jeden Donnerstag in einem Wiener Kaffeehaus.	Sie haben in Köln Karneval gefeiert. Ihre Kölner Freunde verabschieden sich von Ihnen am Bahnhof.
Sie haben auf einer Party jemanden kennengelernt. Sie haben sich nett unterhalten, möchten diese Person aber nicht unbedingt wiedersehen.	Sie telefonieren mit Ihrer Schwester und verabreden sich mit ihr für den gleichen Abend zu einem Kinobesuch.

2 Arbeiten Sie in der Kleingruppe. Wählen Sie 2 Liedtexte aus und antworten Sie.

a Wer „spricht" da?

b Wo spielt das Gespräch?

c In welcher Situation ist der „Sprecher"? Warum verabschiedet er sich und für wie lange?

d Was antwortet der Angesprochene?

e Wie geht es weiter?

Wiederholung zu Lektion 8 und Lektion 9
Partnerspiel

A

Sie sitzen sich zu zweit gegenüber. Eine/r erhält Kopie A, die/der andere B. Lesen Sie abwechselnd die Fragen vor. Ihre Partnerin / Ihr Partner antwortet. Wenn die Antwort korrekt ist, haken Sie die Frage in dem dafür vorgesehenen Feld (links vor der Frage) ab. Bei einer falschen Antwort korrigieren Sie Ihre Partnerin / Ihren Partner, haken Sie die Frage nicht ab, sondern stellen Sie sie am Schluss noch einmal.

☐ 1. Sagen Sie es mit „weil": Klaus sitzt im Garten und liest. Er hat diese Woche frei.
(*Klaus sitzt im Garten und liest, weil er diese Woche frei hat.*)

☐ 2. Was passt: Meine Frau will immer ans Meer. Ich würde/wäre/hätte gern mal in die Berge fahren.
(*würde*)

☐ 3. Sagen Sie es als Wunsch: Die Kinder essen Eis.
(*Die Kinder würden gern ein Eis essen.*)

☐ 4. Sagen Sie es mit „trotzdem": Kevin hat schlechte Noten in der Schule. Er macht nie Hausaufgaben.
(*Kevin hat schlechte Noten in der Schule. Trotzdem macht er nie Hausaufgaben.*)

☐ 5. Ihr Nachbar fragt Sie: „Ich würde gern am Samstagabend eine Party machen. Kommen Sie?" Was antworten Sie?
(*freie Lösung*)

☐ 6. Was passt: Morgen kaufe ich mir ein dicke/dickes/dicken Wörterbuch.
(*dickes*)

☐ 7. Ergänzen Sie die richtigen Endungen: Morgen Abend gehe ich in ein....... gut....... Restaurant.
(*ein gutes*)

☐ 8. Aus welchem Material können Schuhe sein?
(*Schuhe können aus Leder, Stoff, Holz und Plastik sein.*)

☐ 9. Vergleichen Sie ein Fahrrad mit einem Auto.
(*freie Lösung*)

☐ 10. Was ist richtig? Ich bin genauso alt wie/als du.
(*wie*)

☐ 11. Ergänzen Sie: Eine Reise nach München wäre schön. Eine Reise nach Rom wäre schöner. Eine Reise nach New York wäre ....
(*am schönsten*)

☐ 12. Erklären Sie: Was ist Teleshopping?
(*Lösungsvorschlag: Im Fernsehen gibt es Verkaufssendungen. Man kann die Sachen im Fernsehen bestellen.*)

☐ 13. Ergänzen Sie: billig, billiger, am billigsten; hoch ...
(*höher, am höchsten*)

☐ 14. Erzählen Sie: Wofür geben Sie Ihr Geld am liebsten aus?
(*freie Lösung*)

Wiederholung zu Lektion 8 und Lektion 9
Partnerspiel

B

> Sie sitzen sich zu zweit gegenüber. Eine/r erhält Kopie A, die/der andere B. Lesen Sie abwechselnd die Fragen vor. Ihre Partnerin / Ihr Partner antwortet. Wenn die Antwort korrekt ist, haken Sie die Frage in dem dafür vorgesehenen Feld (links vor der Frage) ab. Bei einer falschen Antwort korrigieren Sie Ihre Partnerin / Ihren Partner, haken Sie die Frage nicht ab, sondern stellen Sie sie am Schluss noch einmal.

☐ 1. Sagen Sie es mit „trotzdem": Es regnet den ganzen Tag. Ich fahre mit dem Rad in die Stadt.
   (Es regnet den ganzen Tag. Trotzdem fahre ich mit dem Rad in die Stadt.)

☐ 2. Was passt: Sabine ist sehr nervös. Sie würde/wäre/hätte gern mehr Ruhe.
   (hätte)

☐ 3. Sagen Sie es als Wunsch: Ich liege lieber in der Sonne.
   (Ich würde lieber in der Sonne liegen.)

☐ 4. Sagen Sie es mit „weil": Petra macht viel Sport. Sie will fit sein.
   (Petra macht viel Sport, weil sie fit sein will.)

☐ 5. Eine Freundin sagt zu Ihnen: „Ich würde morgen gern mal wieder essen gehen."
   Was antworten Sie?
   (freie Lösung)

☐ 6. Was passt: Nein, ich habe keinen schnelle/schnelles/schnellen Computer.
   (schnellen)

☐ 7. Ergänzen Sie die Endungen: Hast du kein........ groß........ Gläser?
   (keine großen)

☐ 8. Aus welchem Material können Uhren sein?
   (Uhren können aus Plastik, Holz, Glas und Metall sein.)

☐ 9. Vergleichen Sie einen Computer mit einem Laptop.
   (freie Lösung)

☐ 10. Was ist richtig? Cola ist süßer wie/als Limonade.
   (als)

☐ 11. Ergänzen Sie: Eis esse ich gern. Pizza esse ich lieber. Salat esse ich ....
   (am liebsten)

☐ 12. Erklären Sie: Was ist ein Fachgeschäft?
   (Lösungsvorschlag: In einem Fachgeschäft kann man nur bestimmte Sachen kaufen, z.B. in einem Lampengeschäft nur Lampen. Man bekommt Garantie auf die gekauften Sachen.)

☐ 13. Ergänzen Sie: billig, billiger, am billigsten; teuer ...
   (teurer, am teuersten)

☐ 14. Erzählen Sie: Wofür geben Sie am meisten Geld aus?
   (freie Lösung)

Wiederholung zu Lektion 10 und Lektion 11
Quiz

Hinweis:
1. Kopieren Sie die Kopiervorlage mehrmals auf festen Karton, schneiden Sie die Kärtchen aus und verteilen Sie die Kartensätze an Kleingruppen von vier TN. Jeweils zwei TN spielen als Team zusammen.
2. Die Teams ziehen abwechselnd eine Karte: Team A beginnt und liest die Frage laut vor. Team B versucht, die Aufgabe zu lösen. Ist die Antwort richtig, erhält Team B die Karte. Ist dies nicht der Fall, wird die Lösung für alle vorgelesen und dann die Karte wieder <u>unter</u> den Stapel gelegt. Sie kann also später noch einmal gezogen werden und wer gut aufgepasst hat, kann punkten. Dann ist Team B an der Reihe.
   Hinweis: Die richtige Antwort ist jeweils hervorgehoben, sodass die Richtigkeit vom gegnerischen Team leicht überprüft werden kann.
3. Das Spiel ist zu Ende, wenn alle Karten gezogen wurden. Das Team, das am Schluss die meisten Karten hat, d.h. die meisten Aufgaben richtig lösen konnte, hat gewonnen.

POST

Wenn man einen Brief verschicken will, braucht man ...

a eine Zollerklärung.
b *eine Briefmarke.*
c eine Verpackung.

POST

Wenn man sicher sein möchte, dass der Brief ankommt, schickt man ihn als ...

a Paket.
b E-Mail.
c *Einschreiben.*

POST

Wenn ein Brief schnell ankommen soll, verschickt man ihn als ...

a Einschreiben.
b *Eilsendung.*
c Päckchen.

POST

Wenn man Briefmarken braucht, geht man ...

a zum Kiosk.
b zur Bank.
c *zur Post.*

POST

Wenn man bei der Post ein Paket abholen möchte, braucht man ...

a einen Ausweis.
b einen Abholschein.
c *einen Abholschein und einen Ausweis.*

POST

Wenn man wissen will, wie schwer ein Paket ist, muss man es ...

a messen.
b heben.
c *wiegen.*

HANDY

Wenn ich Freunden <u>kurz</u> etwas mitteilen möchte, schicke ich ihnen ...

a einen Anruf.
b *eine SMS.*
c ein Einschreiben.

INTERNET

Wenn man sich über ein bestimmtes Thema informieren möchte, kann man ...

a eine E-Mail schreiben.
b *im Internet surfen.*
c eine Anzeige aufgeben.

WEGBESCHREIBUNG

Wenn Sie zum Theater wollen, müssen Sie noch ... die Brücke dort fahren.

a an
b gegen
c *über*

Wiederholung zu Lektion 10 und Lektion 11
Quiz

WEGBESCHREIBUNG

Wenn Sie zum Tennisclub wollen, müssen Sie noch etwa einen Kilometer das Flussufer ... fahren.

a geradeaus
b vorbei
c *entlang*

WETTER

Wenn im Sommer die Sonne länger ..., ist es auch in Deutschland sehr heiß.

a *scheint*
b sonnig
c Sonnenschein

WETTER

Wenn im Winter viel ... liegt, gibt es auf den Straßen meistens Stau.

a Sonne
b *Schnee*
c Regen

WETTER

Wenn es sehr starken Wind gibt, sagt man auch: „Es ist ..."

a *stürmisch.*
b eisig.
c neblig.

WETTER

Bei schlechtem Wetter ist der Himmel voller ...

a Sonne.
b Sturm.
c *Wolken.*

WETTER

Morgens gibt es besonders im Herbst oft ...

a Schnee.
b Eis.
c *Nebel.*

AUTO

Wenn man kein Benzin mehr hat, muss man ...

a *zur Tankstelle.*
b in die Werkstatt.
c zum Sicherheits-Check.

AUTO

Man kann nicht fahren, wenn das Auto keinen ... hat.

a Klingel
b *Motor*
c Panne

VERKEHRSSICHERHEIT

Wenn Ihr Auto schlechte Reifen hat, verlängert sich ...

a die Bremsen.
b *der Bremsweg.*
c die Reise.

VERKEHRSSICHERHEIT

Wenn man nachts ohne ... fährt, wird man von den anderen nicht gesehen.

a Bremsen
b *Licht*
c Führerschein

VERKEHRSSICHERHEIT

Die Klingel muss gut ... sein.

a erkennbar
b *erreichbar*
c montierbar

VERKEHRSSICHERHEIT

Auf Autobahnen darf man nicht ...

a fahren.
b parken.
c *überholen.*

KOPIERVORLAGEN

Wiederholung zu Lektion 12 und Lektion 13
Partnerspiel

Spielanleitung:

1. Spielen Sie mit Ihrer Partnerin / Ihrem Partner. Sie brauchen jede/r eine Spielfigur und eine Münze. Entscheiden Sie, wer Spieler A und wer Spieler B ist. Wer darf anfangen?

2. Wer anfängt, wirft jetzt die Münze. Wenn die Münze mit der Zahl nach oben zeigt, dürfen Sie ein Feld vorgehen. Wenn die Münze mit dem Bild nach oben zeigt, dürfen Sie zwei Felder vorgehen.

3. Lösen Sie die Aufgabe auf dem Feld. Wenn die Lösung richtig ist, bleiben Sie auf dem Feld stehen. Jetzt ist die Mitspielerin / der Mitspieler dran. Wenn die Lösung falsch ist, müssen Sie ein Feld zurückgehen und warten, bis Sie wieder dran sind. Falls Sie beim nächsten Mal wieder auf dieses Feld kommen, können Sie die Aufgabe noch einmal lösen. Ihre Mitspielerin /Ihr Mitspieler darf dann auch helfen.

4. Jetzt ist die Mitspielerin / der Mitspieler dran und wirft die Münze. Weiter wie zuvor.

5. Wer zuerst im Ziel ist, hat gewonnen.

Wiederholung zu Lektion 12 und Lektion 13
Partnerspiel

A	ZIEL	B	ZIEL
A10 Könnten Sie mir sagen, ………… es hier in der Nähe einen Geldautomaten gibt?		**B10** Wissen Sie, ………… am Wochenende auch ein Bus fährt?	
A9 Hotel in Strandnähe bietet preiswert…… Zimmer übers Wochenende. Herrlich…… Blick aufs Meer.		**B9** Klein…… Sporthotel mit zahlreich…… Sportangeboten hat noch Zimmer frei.	
A8 Kulturfreak sucht kulturinteressiert…… Mitreisende.		**B8** Genießerin sucht fröhlich…… Urlaubsbegleitung mit Spaß am Faulenzen.	
A7 Murat geht morgen zum Friseur. Er will sich seine Haare ………………… .		**B7** Samirs Auto ist kaputt. Er muss es ………………… .	
A6 ………………… Sie mir bitte sagen, wie ich zum Bahnhof komme?		**B6** ………………… Sie, wie viel eine einfache Fahrt von München nach Hamburg kostet?	
A5 In dem Hotel gibt es nur Zimmer ………………… Fernseher. Aber das ist kein Problem.		**B5** Würdest du ein Zimmer ………………… Bad oder Dusche nehmen? Ich finde das unpraktisch.	
A4 Abenteurer sucht abenteuerlustig…… Reisebegleitung für gefährlich…… Dschungeltour.		**B4** Sportlich…… Typ sucht unkompliziert…… Leute für gemeinsam…… Aktivurlaub.	
A3 ………………… Sie sich bitte einen Termin geben. Ohne Termin können wir Sie nicht beraten.		**B3** Sie können sich die Kontoauszüge zuschicken ………………… , wenn Sie sie nicht selbst abholen möchten.	
A2 Diesen Sommer fahren wir …… …… Süden. Wir wollen Urlaub …… Meer machen.		**B2** Lass uns am Wochenende …… …… Berge fahren. Wir könnten …… …… Bergen wandern.	
A1 Wir waren am Sonntag …… Schwarzwald. Und ihr?		**B1** Ich würde gern mal Urlaub …… …… einsamen Insel machen.	
A	↑ START ↑	B	↑ START ↑

Test zu Lektion 8

Name: ....

1 **Wo sind Gegensätze? Ordnen Sie zu und schreiben Sie Sätze mit *trotzdem*.**

1 Die Sonne scheint. a Ich esse jeden Abend Schokolade.
2 Er liegt im Bett.   b Er fährt mit dem Bus zur Arbeit.
3 Ich bin zu dick.   c Ich nehme den Regenschirm mit.
4 Ich bin erkältet.   d Ich gehe ohne Mantel zum Supermarkt.
5 Er hat ein Auto.   e Er schläft nicht.

1	2	3	4	5
c				

Beispiel:

1 *Die Sonne scheint. Trotzdem nehme ich den Regenschirm mit.*
2 ....
3 ....
4 ....
5 ....

Punkte ..... / 8

2 **Lesen Sie und kreuzen Sie an: Richtig oder falsch?**

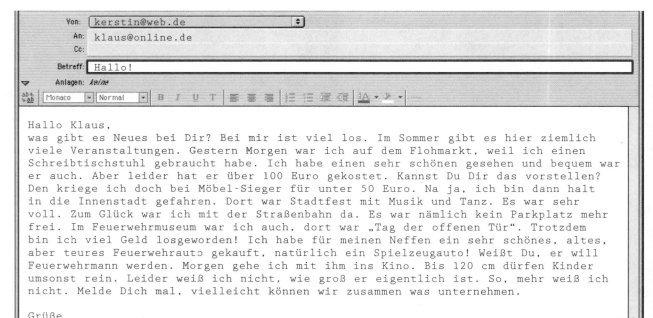

Von: kerstin@web.de
An: klaus@online.de
Cc:
Betreff: Hallo!
Anlagen: keine

Hallo Klaus,
was gibt es Neues bei Dir? Bei mir ist viel los. Im Sommer gibt es hier ziemlich viele Veranstaltungen. Gestern Morgen war ich auf dem Flohmarkt, weil ich einen Schreibtischstuhl gebraucht habe. Ich habe einen sehr schönen gesehen und bequem war er auch. Aber leider hat er über 100 Euro gekostet. Kannst Du Dir das vorstellen? Den kriege ich doch bei Möbel-Sieger für unter 50 Euro. Na ja, ich bin dann halt in die Innenstadt gefahren. Dort war Stadtfest mit Musik und Tanz. Es war sehr voll. Zum Glück war ich mit der Straßenbahn da. Es war nämlich kein Parkplatz mehr frei. Im Feuerwehrmuseum war ich auch, dort war „Tag der offenen Tür". Trotzdem bin ich viel Geld losgeworden! Ich habe für meinen Neffen ein sehr schönes, altes, aber teures Feuerwehrauto gekauft, natürlich ein Spielzeugauto! Weißt Du, er will Feuerwehrmann werden. Morgen gehe ich mit ihm ins Kino. Bis 120 cm dürfen Kinder umsonst rein. Leider weiß ich nicht, wie groß er eigentlich ist. So, mehr weiß ich nicht. Melde Dich mal, vielleicht können wir zusammen was unternehmen.

Grüße
Kerstin

Test zu Lektion 8

		richtig	falsch
a	Kerstin hat auf dem Flohmarkt einen Schreibtischstuhl gekauft.	☐	☐
b	Kerstin ist später noch zu Möbel-Sieger gefahren.	☐	☐
c	In der Innenstadt war Stadtfest.	☐	☐
d	Alle Parkplätze waren besetzt.	☐	☐
e	Kerstin hat im Feuerwehrmuseum keinen Eintritt bezahlt.	☐	☐
f	Kerstins Neffe ist 1,20 m groß.	☐	☐

Punkte ..... / 6

3 Ordnen Sie das Gespräch.

☐ Okay. Holst du mich ab?
☐ Tut mir leid, aber mein Auto ist kaputt.
☐ Sagen wir um 19 Uhr?
☐ Ja, gern. Wann denn?
☐ Und Montagabend? Kannst du da?

[1] Ich möchte mal wieder essen gehen. Hast du Lust?
☐ Wie wäre es am Sonntagabend?
☐ Sonntagabend? Nein, da gehe ich mit Hans ins Kino.
☐ Das macht nichts, dann hole ich dich ab. Bis Montag!
☐ Ja, das geht. Um wie viel Uhr denn?

Punkte ..... / 9

4 Schreiben Sie Sätze mit *wäre, hätte, würde*.

Beispiel: Sie muss arbeiten. – fernsehen   *Sie würde lieber fernsehen.*

a Sie muss zur Schule gehen. – Ferien haben
....

b Sie muss eine Diät machen. – Süßigkeiten essen
....

c Wir müssen früh aufstehen. – lange schlafen
....

d Sie hat ein Fahrrad. – ein Auto haben
....

e Er ist bei seiner Mutter. – bei seiner Freundin sein
....

f Die Kinder machen Hausaufgaben. – Fußball spielen
....

g Sie ist Köchin von Beruf. – Ärztin sein
....

Punkte ..... / 7

Insgesamt: .... / 30

Bewertungsschlüssel	
30 – 27 Punkte	sehr gut
26 – 23 Punkte	gut
22 – 19 Punkte	befriedigend
18 – 15 Punkte	ausreichend
14 – 0 Punkte	nicht bestanden

Test zu Lektion 9

Name: ....

1 **Ergänzen Sie.**

Beispiel: Schau mal, so ein schön*es* Besteck. Das gefällt mir.

a Entschuldigen Sie, wir suchen ein günstig........ Sofa. Können Sie uns da helfen?

b Das T-Shirt passt aber nicht zu deiner hell........ Hose!

c Ich brauche ein Geschenk für eine gut........ Freundin. Hast du vielleicht eine Idee?

d Schau mal, da ist ein groß........ Schrank. Wollten wir nicht genau so einen?

e Entschuldigung, ich suche warm........ Winterschuhe mit einer dick........ Sohle. Haben Sie so was?

Punkte ..... / 6

2 **Was haben Sie heute an? Schreiben Sie.**

Beispiel: Ich trage heute schwarze Schuhe. ...

....
....
....
....

Punkte ..... / 6

3 **Machen Sie aus den beiden Sätzen einen Satz.**

Beispiel: Für Kleidung gebe ich nur wenig Geld aus. Auch für technische Geräte gebe ich wenig Geld aus.

Für Kleidung gebe ich genauso wenig Geld aus wie für technische Geräte.

a Für Versicherungen muss ich viel Geld bezahlen. Für die Miete muss ich mehr Geld bezahlen.
....

b Ich esse gern Nudelgerichte. Ich esse auch gern Reisgerichte.
....

c Mein Küchenschrank gefällt mir gut. Aber dein Küchenschrank gefällt mir besser.
....

d Ich finde meine Nachbarin sympathisch. Ich finde meinen Nachbarn auch sympathisch.
....

e Ich schreibe gern SMS. Aber lieber schreibe ich E-Mails.
....

Punkte ..... / 5

Test zu Lektion 9

4 Vergleichen Sie die Wohnungen.

Tonis Wohnung	Giselas Wohnung	Ahmeds Wohnung
4 Zimmer	3 Zimmer	1 Zimmer
70 qm	70 qm	35 qm
1. Etage	Erdgeschoss	3. Etage
Miete: 380 €	Miete: 375 €	Miete: 295 €
Nebenkosten: 100 €	Nebenkosten: 70 €	Nebenkosten: 80 €
Haus von 1970	Haus von 1950	Haus von 2001
		Fahrstuhl

Beispiel: Ahmeds Wohnung ist kleiner als Tonis Wohnung.

a Giselas Wohnung ....

b ....

c ....

d ....

e ....

f ....

g ....

h ....

Punkte ..... / 8

5 Welche Anzeige passt? Ordnen Sie zu.

A	B	C	D	E
Verkaufe Küchenschränke, neuwertig, gegen wenig Geld auch Transport. Tel. 02764/2830 ab 18 Uhr	Wohnungsauflösung. Alles ist zu haben. Kommen Sie gucken ab Montag, Schillstr. 27	Kleiner Kühlschrank abzugeben, fast neu. Preis 120 €. Tel.: 0160 25 74 99	Suche Esstisch für sechs Personen, gern mit Stühlen oder Bank. Hans Koch, Tel.: 030/99 99 99	Der Kühlschrank für Ihre Party oder anderes, riesengroß, 180 €. Tel.: 0 43 21/98 97 76

a Sabine zieht in ihre erste eigene Wohnung. Ein paar Küchenmöbel für ihre kleine Küche hat sie schon, aber ein Kühlschrank fehlt. ....

b Herr Maier sucht einen Küchenschrank. Er hat kein Auto und möchte auch keinen Freund fragen. ....

c Familie Schulz hat drei Kinder. Jetzt zieht auch noch die Oma ein. Ein neuer Kühlschrank muss her. ....

d Familie Kraus möchte das Esszimmer neu einrichten. ....

e Familie Kraus möchte den alten Esstisch mit Stühlen verkaufen. ....

Punkte ..... / 5

Insgesamt: .... / 30

Bewertungsschlüssel	
30 – 27 Punkte	sehr gut
26 – 23 Punkte	gut
22 – 19 Punkte	befriedigend
18 – 15 Punkte	ausreichend
14 – 0 Punkte	nicht bestanden

Test zu Lektion 10

Name: ....

1 **Ergänzen Sie:** *Was für ein/eine/einen/–.*

Beispiel: ● Ich hätte gern Briefmarken.
 ■ *Was für* .... Briefmarken möchten Sie denn?

a ● .... Deutschkurse gibt es bei Ihnen?

b ● Entschuldigen Sie, wo haben Sie das Besteck?
 ■ .... Besteck suchen Sie denn?

c ● .... Jacke möchtest du dir kaufen?
 ■ Keine Ahnung, ich kann mich nicht entscheiden. Vielleicht eine Lederjacke.

d ● Sag mal, ... Salat hast du denn da gekauft? Der ist ja schon ganz braun.

e ● Ich möchte ein Päckchen verschicken. .... Formular muss ich da ausfüllen?

Punkte ..... / 5

2 **In der Brotfabrik: Was wird hier gemacht? Schreiben Sie.**

a Teig machen
b Teig in den Ofen schieben (geschoben)
c Brote 90 Minuten backen (gebacken)
d Brote herausholen (herausgeholt)
e verpacken
f mit dem Auto transportieren
g an den Supermarkt liefern

a *Der Teig wird gemacht.*
b ....
c ....
d ....
e ....
f ....
g ....

Punkte ..... / 6

Test zu Lektion 10

3 **Ergänzen Sie.**

Meine Damen und Herren, kaufen Sie das neu......... Handy von BABBEL. Nur heute so billig! Und gratis zu dem neu......... Handy gibt es eine rot......... Handytasche.
Und noch was von BABBEL! Den müssen Sie einfach haben, den bunt......... DVD-Player mit fünf aktuell......... DVDs gratis. Heute ist ein gut......... Tag für Ihren Kauf. Werden Sie ein glücklich......... Mensch, der einfach alles hat. BABBEL – Mehr brauchen Sie nicht im Leben!

Punkte ..... / 7

4 **Notieren Sie vier andere Wörter zur Wortfamilie.**

Punkte ..... / 4

5 **Wie heißt das Gegenteil? Schreiben Sie.**

Beispiel: gut – *schlecht*

a angenehm – ....
b dünn – ....
c möglich – ....
d wenig – ....

Punkte ..... / 2

6 **Schreiben Sie einen Entschuldigungsbrief an Ihre Freundin / Ihren Freund.**

Sie konnten zu einem Treffen nicht kommen und konnten Ihre Freundin / Ihren Freund auch nicht anrufen. Schreiben Sie etwas zu den folgenden Punkten:

- Entschuldigen Sie sich.
- Warum konnten Sie nicht kommen?
- Schlagen Sie ein neues Treffen vor.

Vergessen Sie nicht Anrede und Gruß!

Punkte ..... / 6

Insgesamt: .... / 30

Bewertungsschlüssel	
30 – 27 Punkte	sehr gut
26 – 23 Punkte	gut
22 – 19 Punkte	befriedigend
18 – 15 Punkte	ausreichend
14 – 0 Punkte	nicht bestanden

Test zu Lektion 11

Name: ....

1 Was fehlt? Ergänzen Sie.

Beispiel:
Zum Bahnhof? Da müssen Sie *durch das* Zentrum fahren.

a Die nächste Tankstelle? Da fahren Sie .... Fuldabrücke und dann die erste Straße rechts.

c Zur Schellenbergerstraße? Da fahren Sie .... Schillerplatz .... und dann die nächste rechts.

b Die Josephskirche? Die ist gleich .... Tankstelle.

d Zum Theater? Fahren Sie .... nächsten Kreuzung, dann an der Ampel links.

Punkte ..... / 4

2 Was passt? Ergänzen Sie.

Beispiel: das Eis — *eisig*

a der Wind — ....
b der Sturm — ....
c .... — regnerisch
d die Wolke — ....
e .... — gewittrig
f .... — neblig

Punkte ..... / 3

3 Ergänzen Sie.

Beispiel: Herr Roth geht am Morgen *zum Supermarkt.*

a Später hat er einen Termin ....

c Den Abend verbringt er .... seiner Freundin.

TEST ZU LEKTION 11   130

Test zu Lektion 11

 **b** Er geht auch ....

 d Spät in der Nacht fährt er .... seiner Freundin weg und nach Hause.

Punkte ..... / 4

4 Ergänzen Sie die Sätze frei.

Beispiel: Ich möchte ein neues Fahrrad kaufen. *Ich gehe* deshalb *in ein Fahrradgeschäft und informiere mich.*

a Heute haben die Ferien begonnen. Deshalb ....
b Ich habe kein eigenes Auto. .... deshalb ....
c Gestern hat es einen starken Sturm gegeben. Deshalb ....
d Mein Reifen hat keine Luft mehr. Deshalb ....
e Meine Freundin wohnt sehr weit weg. .... deshalb ....

Punkte ..... / 5

5 Ergänzen Sie: *deshalb, weil, denn*.

Beispiel: Susanne und Kurt möchten sich ein neues Auto kaufen. *Deshalb* lesen sie die Anzeigen im Internet und in der Zeitung.

a Susanne ärgert sich über Kurt, ... er ohne Handy joggen geht.
b Maria und Susanne fahren ins Krankenhaus, ... sie haben Angst, dass das Baby kommt.
c Aber dann geht es Susanne besser. .... fahren sie wieder zurück.
d Sie müssen an einer Tankstelle anhalten, ... sie kein Benzin mehr haben.
e Sie haben kein Geld. Aber sie haben Glück, ... Kurt gerade vom Joggen kommt.
f Kurt ist auch nicht zufrieden, ... Susanne passt nicht gut genug auf das Baby auf.

Punkte ..... / 6

6 **Schreiben Sie jemandem aus dem Kurs eine E-Mail und beschreiben Sie ihr/ihm den Weg vom Kursort zu Ihnen nach Hause.**

Liebe/r ....,

....

....

....

Ich freue mich schon auf Deinen Besuch!

Punkte ..... / 8

Insgesamt: .... / 30

Bewertungsschlüssel	
30 – 27 Punkte	sehr gut
26 – 23 Punkte	gut
22 – 19 Punkte	befriedigend
18 – 15 Punkte	ausreichend
14 – 0 Punkte	nicht bestanden

Test zu Lektion 12

Name: ....

1 **Was ist richtig? Kreuzen Sie an.**

Beispiel: Morgen fahre ich mit Freunden ☐ am Meer. ☒ ans Meer.

a Am Wochenende war ich ☐ am Meer. ☐ ans Meer.
b Familie Meyer macht Urlaub ☐ im Schwarzwald. ☐ in den Schwarzwald.
c Bettina wohnt seit einem Jahr ☐ auf dem Land. ☐ aufs Land.
d Nächste Woche fahren wir ☐ im Gebirge. ☐ ins Gebirge.
e Ich verbringe meinen Urlaub ☐ an der Küste. ☐ an die Küste.

Punkte ..... / 5

2 **Vanessa wohnt in Köln. Wohin fährt sie in den Ferien? Ergänzen Sie.**

Vanessa hat zwei Wochen Urlaub. Deshalb möchte sie endlich einmal ihre Freunde in ganz Deutschland besuchen. Sie erzählt:

a Zuerst möchte ich *mit dem* Auto *nach* Düsseldorf fahren, weil dort meine beste Freundin lebt.

b .... Düsseldorf aus fahren wir zusammen weiter zu Freunden. Sie wohnen .... Münster.

c Dort bleiben wir ein paar Tage. Ab Münster fahre ich .... Zug weiter .... Hannover.

d .... Hannover möchte ich die Picasso-Ausstellung sehen und dann mit Angelika, einer alten Schulfreundin, ... Maschsee spazieren gehen.

e Am nächsten Tag steige ich dann .... Bus und fahre .... Hamburg.

f Dort besuche ich Sandra. Sie möchte mir die Speicherstadt zeigen. Am Abend gehen wir vielleicht .... Elbe spazieren. Die Elbe ist ein großer Fluss.

Punkte ..... / 9

Test zu Lektion 12

3 Ergänzen Sie.

Urlaub in den Bayerischen Alpen

Hell*e* Zimmer mit schön.......... Blick zu günstig.......... Preisen zu vermieten. Kommen Sie zu uns und genießen Sie bayerische Gastlichkeit, gut.......... Bier und traditionell.......... Essen. Wir spielen für Sie traditionell.......... Musik – auf Wunsch auch live – und organisieren romantisch.......... Ausflüge in die Bergwelt Bayerns. Familien sind uns genauso willkommen wie alleinstehende Personen jeden Alters. Wer einmal bei uns war, kommt immer wieder!

Punkte ..... / 6

4 Schreiben Sie einen Brief.

Erzählen Sie von Ihrem Urlaub.

- Wohin sind Sie gereist?
- Wie lange hat die Reise gedauert?
- Mit welchem Verkehrsmittel sind Sie gereist?
- Wo haben Sie übernachtet?
- Was haben Sie im Urlaub gemacht?

Liebe/r ...,

....
....
....
....
....
....
....
....

Viele Grüße
Dein/e

Punkte ..... / 10

Insgesamt: .... / 30

Bewertungsschlüssel
30 – 27 Punkte	sehr gut
26 – 23 Punkte	gut
22 – 19 Punkte	befriedigend
18 – 15 Punkte	ausreichend
14 – 0 Punkte	nicht bestanden

Test zu Lektion 13

Name: ....

1 Ergänzen Sie.

> ~~Banken~~ • abheben • einzahlen • überweisen • bar • Öffnungszeiten • EC-Karte • Kontoauszug • Kreditkarte • Geheimzahl • Geldautomaten • Sparkonto • Zinsen

Beispiel: In Deutschland haben die *Banken* .... meistens von 9 bis 16 Uhr geöffnet.

a Wenn Sie Bargeld auf ihr Konto .... wollen, müssen Sie während der

.... kommen.

b Wenn Sie aber nur Bargeld .... wollen, können Sie das auch am

.... tun.

c Dazu brauchen Sie eine .... oder eine ....

Außerdem müssen Sie die .... kennen.

d Wenn Sie Ihre Miete nicht .... bezahlen, sondern von Ihrem Konto auf ein

anderes Konto .... wollen, dann brauchen Sie ein Girokonto.

e Wollen Sie jeden Monat ein bisschen Geld sparen? Dann können Sie ein ....

eröffnen. So bekommen Sie für Ihr Geld sogar ein paar Prozent ....

f Wenn Sie wissen wollen, wie viel Geld auf Ihrem Konto ist, können Sie sich einen

.... holen oder schicken lassen.

Punkte ..... / 12

2 Schreiben Sie.

Beispiel: Wie hebt man Geld ab? → Können Sie mir sagen, *wie man Geld abhebt?*

a Kann ich in diesem Geschäft mit Kreditkarte bezahlen?

→ Ich würde gern wissen, ...?

b Muss ich meine neue EC-Karte selbst abholen?

→ Können Sie mir sagen, ...?

c Wie hoch sind die jährlichen Gebühren für eine Kreditkarte?

→ Weißt du, ...?

d Akzeptieren die Tankstellen in Deutschland auch EC-Karten?

→ Wissen Sie, ...?

e Wie kann man im Ausland Geld abheben?

→ Kannst du mir sagen, ...?

Test zu Lektion 13

f Kann man vom Automaten auch ohne Geheimzahl Geld holen?
→ Ich würde gern wissen, ...?

g Wie viel Prozent Zinsen bekommt man bei Ihnen?
→ Können Sie mir sagen, ...?

Punkte ..... / 7

3 Was machen die Personen selbst? Was lassen sie andere tun? Schreiben Sie.

Beispiel:
Jan *kocht sein Essen selbst.*   Jan *lässt das Essen kochen.*

a Herr Roth ....   **d** Frau Heinlein ....

b Frau Rieder ....   **e** Tina ....

c Herr Kramer ....   **f** Christine ....

Punkte ..... / 6

4 Ergänzen Sie das Formular mit den fünf fehlenden Informationen.

Karin Möller hat für 25,99 Euro beim Versandhaus Meckermann eingekauft. Sie will die Rechnung bezahlen und füllt einen Überweisungsträger aus.

Punkte ..... / 5

Insgesamt: .... / 30

Bewertungsschlüssel	
30 – 27 Punkte	sehr gut
26 – 23 Punkte	gut
22 – 19 Punkte	befriedigend
18 – 15 Punkte	ausreichend
14 – 0 Punkte	nicht bestanden

Test zu Lektion 14

Name: ....

1 **Pauls Kindheit: Erzählen Sie.**

> ~~Opa oft vorlesen~~ • viel draußen sein • nicht gern Fußball spielen • dann auf das Gymnasium gehen • wenig Zeit haben • viel lernen müssen • später einen Computer bekommen • sich tagelang nur mit dem Computer beschäftigen • manchmal mit Freunden Fahrrad fahren

a *Pauls Opa hat ihm oft vorgelesen.*

b *Er* ....

c ....

d ....

e ....

f ....

g ....

h ....

i ....

Punkte ..... / 8

2 **Wie sagt man, wenn etwas ganz klein ist? Schreiben Sie.**

Beispiel: der Tisch — *das Tischchen*

a der Stuhl — ....

b die Flasche — ....

c der Bruder — ....

d der Teller — ....

Punkte ..... / 4

3 **Geben Sie Ratschläge.**

Beispiel: Ich kann mir neue deutsche Wörter nicht merken. — *Du solltest dir Kärtchen schreiben.*

a Ich verstehe die Grammatik nicht. — ....

b Ich habe oft Kopfschmerzen. — ....

c Ich rauche zu viel. — ....

d Ich habe oft Streit mit meinem Sohn. — ....

e Meine Frau versteht mich nicht. — ....

f Ohne Kaffee werde ich morgens nicht wach. — ....

Punkte ..... / 6

Test zu Lektion 14

4 Bilden Sie Wörter und schreiben Sie.

Beispiel: der Apfel — der Kuchen = der Apfelkuchen

a .... = ...

b .... = ...

c .... = ...

d .... = ...

e .... = ...

f .... = ...

Punkte ..... / 6

5 Ergänzen Sie.

a Ich räume dauernd auf, trotzdem ....

b Es ist sehr schön, dass ....

c Ich fahre nicht in Urlaub, weil ....

d Meine Eltern streiten sich oft, aber ....

e Ich gebe nicht viel Geld aus, denn ....

f Ich komme zu dir, wenn ....

Punkte ..... / 6

Insgesamt: .... / 30

Bewertungsschlüssel
30 – 27 Punkte — sehr gut
26 – 23 Punkte — gut
22 – 19 Punkte — befriedigend
18 – 15 Punkte — ausreichend
14 – 0 Punkte — nicht bestanden

Hörtexte Kursbuch

Lektion 8   Am Wochenende
Folge 8: *Wolfgang Amadeus oder: Wichtigere Dinge*

Kurt:	Also, ich bin soweit. Wenn du willst, können wir los.
Susanne:	Das Wetter ist ja nicht besonders schön. Trotzdem wollen wir mal für zwei Tage raus hier.
Maria:	Ich verstehe euch. Ein Wochenende nur für euch beide, das geht ja bald nicht mehr.
Susanne/Kurt:	Ja, das stimmt.
Susanne:	Ach ja, Maria, das hätte ich jetzt beinahe vergessen: Larissa hat sich mit ihrer Freundin Hanna verabredet. Sie schläft dort und kommt erst morgen Abend wieder.
Maria:	Aha, in Ordnung. Und was ist mit Simon?
Kurt:	Simon bleibt hier, der muss lernen.
Simon:	Das ist total ungerecht! Alle fahren weg, und ich? Warum darf ich nicht mal für'n paar Stunden zum Skaten? Wo ist das Problem, eh?
Kurt:	Denk an deine Fünf in Mathe!
Simon:	Lernen, lernen, lernen! Mann!
Kurt:	Tja, ohne Fleiß kein Preis.
Simon:	Ich hab' aber keine Lust, Mann!
Kurt:	Peng! ... Und was hast du vor, Maria?
Maria:	Ach, ich hätte gern mal ein bisschen Ruhe. Ich würde gern ausschlafen.
Susanne:	Ach was, Ruhe! Schlafen! Du bist jung! Du brauchst Freunde in deinem Alter. Mit denen du etwas unternehmen kannst, verstehst du?
Kurt:	Ja genau! Das ist 'ne gute Idee. Du musst endlich jemand kennenlernen, Maria!
Maria:	Hm ... jaja, mal sehen ...
Kurt:	Tja, ich glaube, wir gehen dann mal. Tschüs, Maria!
Maria:	Tschüs! Viel Spaß! Und ein schönes Wochenende!
Susanne/Kurt:	Danke, dir auch!
Maria:	Hier, das kannst du ganz einfach ausrechnen.
Simon:	Einfach? Wie denn?
Maria:	Mit der Cosinusregel.
Simon:	Mit der was ...?
Maria:	Pscht! ... Sei mal still! ... Da! Hörst du? ... Da ist es wieder!
Simon:	Was denn?
Maria:	Seit ein paar Tagen spielt jemand Klavier – in dem Haus da drüben.
Simon:	Ach so – das!
Maria:	Weißt du, wer das ist?
Simon:	Nöö, das interessiert mich auch nicht. ... Ich könnte rübergehen, aber – ich muss ja leider lernen.
Maria:	Hmm, also gut, machen wir eine Pause.
Maria:	Das Stück kenne ich. Hm, ich glaube ... ich glaube, ... da ist es drauf ... Ha! Ich habe es gewusst! Das ist es! Sonate in B-Dur für Klavier von Wolfgang Amadeus Mozart! Hach ...
Maria:	Ach, Simon! Da bist du ja wieder! Hast du etwas rausbekommen?
Simon:	Also: Er wohnt im dritten Stock links, er ist vor 'ner Woche eingezogen, er ist Student, er ist 22, er ist schlank, er hat blonde Haare, er sieht gut aus, heißt Sebastian Klein und übt täglich von 14 bis 15 Uhr. Sonst noch was?
Maria:	Wow! Woher weißt du das denn alles?
Simon:	Ganz einfach: Ich hab' geklingelt und ihn gefragt.
Maria:	Aha!
Simon:	Du, sag mal, stört's dich, wenn wir mit Mathe später weitermachen? ... Hallo! Maria?!
Maria:	Wie? Äh ... nein, nein, das stört mich gar nicht.
Sebastian:	Hallo! Was ist denn das für 'ne CD?
Maria:	Moment! – Was hast du gesagt?
Sebastian:	Hallo!
Maria:	Hallo!
Sebastian:	Deine CD ist super! Kannst du mir die mal leihen?
Maria:	Hm, ... von mir aus.
Sebastian:	Dann schlage ich vor, dass ich mal eben zu dir rüberkomme, einverstanden?
Maria:	Einverstanden.
Freund:	Hi, Simmie! Ich dachte, du musst das ganze Wochenende Mathe lernen?!
Simon:	Ach, weißt du: Es gibt viel wichtigere Dinge im Leben!

Schritt A   A2
vgl. Kursbuch Seite 10

Schritt C   C2/C3
Gespräch 1:

Martin:	Hallo?
Betti:	Hallo, Martin. Betti hier. Du, heute Abend gibt es Tango im Parkcafé. Hast du Lust? Wir könnten doch mal wieder tanzen gehen.
Martin:	Ah, so ein Pech. Heute geht es nicht. Ich hab' am Montag eine Prüfung. Ich muss lernen.
Betti:	Am Samstagabend?
Martin:	Weißt du, die Prüfung ist wirklich wichtig.
Betti:	Na ja, da kann man nichts machen.
Martin:	Wir könnten nächsten Samstag was zusammen machen.
Betti:	Mal sehen. Tja, dann viel Spaß beim Lernen! Ich drück dir die Daumen.

Gespräch 2:

Stefan:	Stefan Graf.
Betti:	Hi, Stefan. Was machst du heute Abend? Wir könnten mal wieder etwas zusammen unternehmen. Im Parkcafé ist heute Abend Tanz.
Stefan:	Schade, das geht nicht. Ich hab' heute Abend schon was vor. Ich gehe ins Deutsche Theater und schaue mir *Cats* an.
Betti:	*Cats*? Ist das nicht ein Musical?

TRANSKRIPTIONEN   138

Hörtexte Kursbuch

Stefan: Ja, genau. Du könntest mitgehen, es gibt noch Karten.
Betti: Ach, ich mag Musicals eigentlich nicht so gern.
Stefan: Ach so, schade!
Betti: Ja, also dann bis bald mal. Und: Viel Spaß im Theater!

Gespräch 3:
Betti: Hallo, Luis. Heute ist Tanz im Parkcafé. Du könntest mal wieder deine Tango-Schuhe anziehen.
Luis: Warum nicht?
Betti: Super, dann ... sehen wir uns so in einer Stunde?
Luis: Einverstanden. Du, könntest du mich abholen, geht das?
Betti: Na klar, also bis später!

Schritt E   E2/E3

1 Liebe Hörerinnen und Hörer, und hier unsere Veranstaltungstipps: Das Deutsche Historische Museum ist nach der Totalrenovierung wieder geöffnet. Am morgigen Sonntag ist Tag der offenen Tür. Das bedeutet, das Haus ist morgen ganztägig von zehn bis achtzehn Uhr geöffnet und der Eintritt ist frei. Es werden viele Besucher erwartet. Deshalb unser Tipp: Die beste Zeit für einen Besuch ist über die Mittagszeit.

2 Jetzt ein Tipp fürs lebenslange Lernen: In den Volkshochschulen beginnt das Sommersemester. Von „Asiatischer Blumenkunst" bis hin zum „Kuchenbacken wie bei Oma" können Sie dort auch diesen Sommer alles lernen. Das Interesse ist groß, deshalb sollten Sie sich schnell anmelden. Das können Sie montags bis donnerstags von acht bis achtzehn Uhr bei allen Zweigstellen. Aber Achtung: Eine persönliche Anmeldung ist erforderlich.

3 Wer hat am 23. Juli noch nichts vor? Für den haben wir ein besonderes Geschenk: zwei Karten für das Open-Air-Konzert am Brandenburger Tor. Beginn ist um 18 Uhr. Das Konzert ist schon seit Wochen ausverkauft. Es spielen unter anderem die „Heimwerker", „Peter Baekker und Band" und viele andere. Na, haben Sie Lust bekommen? Dann gleich ans Telefon. Der 36. Anrufer bekommt die beiden Karten.

4 Und noch ein Tipp für Kultur zum Nulltarif: Am nächsten Samstag beginnt in Berlin wieder der „Karneval der Kulturen". Dieses Straßenfest ist inzwischen weit über die Grenzen von Berlin hinaus bekannt. Vier Tage lang gibt es am Pariser Platz täglich ab elf Uhr Partys, Bands und Künstler aus aller Welt zu bewundern. Doch bitte fahren Sie mit öffentlichen Verkehrsmitteln dorthin. Das Parken könnte sonst teuer werden – besonders werktags.

5 Eine Information für unsere Filmfreunde! Die Sommerpause vom „Kino im Ziegenstall" ist zu Ende. Das Programm liegt ab sofort im Kino und in verschiedenen Geschäften der Region aus. Neu im Programm: Donnerstags, freitags und sonntags um vierzehn Uhr gibt es Kinderkino. Für diese Vorstellungen zahlen Kinder nur den halben Preis.

Zwischenspiel 8: *Das Märchen vom Hans im Glück*
Eines Morgens geht Hans zu seinem Meister und sagt: „Ich habe sieben Jahre gearbeitet. Nun möchte ich aber mal wieder nach Hause zu meiner Mutter." Der Meister antwortet: „Du warst sehr fleißig und sollst einen guten Lohn haben", und gibt ihm ein Stück Gold, so groß wie der Kopf eines Menschen. Hans freut sich sehr. Er nimmt das Gold, verabschiedet sich von seinem Meister und geht los in Richtung Heimat.

Aber das Gold ist schwer, sehr schwer. Da sieht Hans einen Reiter auf der Straße. „Oh!", sagt er, „das ist toll! Reiten würde ich auch gerne." „Kein Problem!", antwortet der Reiter. „Wie wäre es mit einem Tausch? Ich gebe dir mein Pferd und du gibst mir dafür dein Gold." „Ja, prima!", freut sich Hans. „Mensch, hab' ich aber ein Glück!"

Nun möchte Hans schnell nach Hause. Doch leider kann er nicht reiten und fällt vom Pferd. Da sieht er einen Bauern mit einer Kuh. „So eine Kuh", sagt er, „ist viel besser als ein Pferd. Da fällt man nicht runter und man hat immer Milch, Sahne, Butter und Käse." „Richtig", sagt der Bauer. „Ich hab' ne gute Idee. Wir könnten tauschen. Du gibst mir das Pferd und ich geb' dir die Kuh." „Oh", sagt Hans, „das ist aber nett!"

Am Mittag ist es heiß und Hans bekommt Durst. „Zum Glück habe ich die Kuh", denkt er und freut sich schon auf die leckere Milch. Aber die Kuh will keine Milch geben. Ein Metzger mit einem Schwein sieht Hans und sagt: „Vergiss es! Die Kuh ist zu alt. Von der bekommst du keine Milch mehr." „Oh je!", sagt Hans traurig. „Was soll ich denn jetzt tun?" „Ganz einfach", schlägt der Metzger vor: „Wenn du mir deine Kuh gibst, geb' ich dir mein Schwein." „Wunderbar!", sagt Hans. „Hm, ich rieche schon die Würste und den leckeren Braten!"

Etwas später trifft Hans einen Mann mit einer Gans. Hans erzählt von seinem Glück: Wie er das Pferd für das Gold, die Kuh für das Pferd und das Schwein für die Kuh bekommen hat. Da sagt der Mann mit der Gans: „Das Schwein gehört nicht dem Metzger. Hast du das nicht gewusst?" Hans schüttelt den Kopf. „Es gehört dem Polizisten. Der sucht es schon. Oh, oh, wenn er es bei dir findet!" Hans macht große Augen. „Keine Angst", sagt der Mann. „Gib mir einfach das Schwein. Ich gebe dir diese schöne Gans dafür." „Hach, das ist aber nett!", sagt Hans. „Vielen, vielen Dank!"

Gegen Abend trifft Hans einen Messerschleifer. Dem gefällt die Gans. „Woher hast du das schöne Tier?" fragt er. „Ach, man muss Glück haben", antwortet Hans und erzählt seine Geschichte. „Glück brauche ich nicht", sagt der Mann. „Ich schleife Messer und verdiene gutes Geld. Ich kann mir jeden Tag 'ne Gans kaufen." „Jeden Tag?", fragt Hans. „Jeden Tag!", antwortet der Mann und zeigt Hans einen Stein. „Das kannst du auch. Gib mir deine Gans und ich geb' dir den Stein dafür."

Hans geht weiter. „Ist das nicht wunderbar?", freut er sich. „Jetzt bin ich Messerschleifer, bekomme viel Geld und kann jeden Tag eine Gans haben!" Doch der Stein ist schwer und bald tut ihm der Rücken weh. „Ich muss eine Pause machen", denkt er. An einem See stellt er den Stein auf den Boden. Aber er passt nicht richtig auf, es macht „plumps" und der Stein fällt ins Wasser und ist weg. „Na, prima!", ruft Hans.

Hörtexte Kursbuch

„Jetzt muss ich ihn nicht mehr tragen! Bin ich nicht ein richtiges Sonntagskind? Was ich auch mache, immer wird alles gut!"
Und er geht weiter, nach Hause zu seiner Mutter.

Lektion 9   Warenwelt
Folge 9: *Lampen-Müller*

Maria: Hier steht er doch ganz gut, oder?
Kurt: Stimmt. Aber dunkel ist es hier. Du brauchst unbedingt eine Schreibtischlampe.
Maria: Mhm. Aber wo bekomme ich eine? Kennst du ein gutes Geschäft?
Kurt: Na sicher! Lampen-Müller – die haben die größte Auswahl.
Maria: Lampen-Müller? Wo ist denn das?
Susanne: Ja, hallo?
(am Telefon)
Kurt: Das ist im Zentrum. Wenn du willst, gehen wir am Samstag zusammen hin. Früher kann ich leider nicht.
Susanne: Hier, Maria, es ist für dich – Sebastian!
Maria: Hallo?! Du, kann ich dich zurückrufen? Ich muss eine Schreibtischlampe kaufen und Kurt gibt mir gerade ein paar Tipps … äh … was? – Sebastian sagt, dass morgen ein großer Flohmarkt ist.
Kurt: Flohmarkt? Na und?
Maria: Aha … aha … ach so!? Na schön, ich rufe dich gleich an, okay?
Kurt: Was sagt er denn?
Maria: Sebastian meint, dass man auf dem Flohmarkt sehr schöne und billige Lampen kaufen kann.
Kurt: Auf'm Flohmarkt? Maria, guck mal: Bei 'ner neuen Lampe hast du Garantie. Bei 'ner gebrauchten weißt du ja nicht mal, ob sie überhaupt noch funktioniert. Ich sag' dir: Wenn du Qualität willst, dann geh' zu Lampen-Müller!
Sebastian: Die ist ganz schön, oder?
Maria: Hm … ich weiß nicht. Ich finde die hier schöner.
Sebastian: Hey, die da! Die gefällt mir sehr gut!
Maria: Hmm, ja, stimmt. Die finde ich auch am schönsten, aber leider ist sie aus Plastik.
Verkäufer: Kann ich Ihnen helfen?
Maria: Ja. Haben Sie solche Lampen auch aus Metall?
Verkäufer: Hm, Metall? Mal sehen …
Verkäufer: Was ist mit der hier?
Maria: Nein, nein, die gefällt mir nicht.
Verkäufer: Aber die ist aus Metall.
Maria: Ja, schon – aber die Form finde ich nicht schön. Haben Sie denn keine runde Lampe?
Verkäufer: Hm, tut mir leid, das sind alle, die ich habe.
Sebastian: He, Maria! Komm doch mal!
Sebastian: Guck mal, hier: Solche Lampions hatten wir früher, als ich noch ein Kind war!
Maria: Oh! Wow! Die sind aber schön! Hey! Guck mal – da! Die Babysachen! Jedes Stück nur ein Euro! Das ist ja echt total billig!

Sebastian: Aber … äh … was willst du denn damit?
Maria: Na, für das Baby!
Sebastian: Was …?
Maria: Für Susannes Baby!
Sebastian: Ach so! Sehr gute Idee!

Sebastian: Muuuuhhhh!
Maria: Toro, toro!
Sebastian: Muuuh!
Maria: Olé! Olé! Na los – komm!

Maria: Oh, ist der süß!
Larissa: Toll, super, der Lampion!
Kurt: Und die Schreibtischlampe? Gab's keine?
Maria: Doch, doch. Es gab schon ein paar Lampen. Aber leider keine, die mir gefallen hat.
Kurt: Tja, siehst du? Ich hab's ja gleich gesagt: Lampen kauft man bei Lampen-Müller!

Schritt A   A1

a Kurt: Du brauchst unbedingt eine Schreibtischlampe.
   Maria: Aber wo bekomme ich eine? Kennst du ein gutes Geschäft?

b Maria: Sebastian sagt, dass morgen ein großer Flohmarkt ist.
   Kurt: Flohmarkt? Na und?

c Kurt: Was sagt er denn?
   Maria: Sebastian meint, dass man auf dem Flohmarkt sehr schöne und billige Lampen kaufen kann.

d Maria: Aber die Form finde ich nicht so schön. Haben Sie denn keine runde Lampe?

Schritt A   A2
vgl. Kursbuch Seite 20

Schritt A   A3

1 ● Was suchst du denn?
   ■ Einen alten Sessel.
   ● Haben die hier denn überhaupt Möbel?

2 ▲ Schau dir das an, so ein tolles Silberbesteck! Messer, Gabeln, große und kleine Löffel, alles da! Entschuldigung, was möchten Sie denn dafür?
   ■ Für das Besteck? – 50 Euro.

3 ● Weißt du, ich suche so eine mechanische Kamera.
   ▼ Die bekommt man jetzt ganz billig. Die Leute wollen keine mechanischen Kameras mehr.
   ● Ja, das stimmt. Ich habe neulich eine gesehen …

4 ▲ Brauchst du nicht auch noch kleine Gläser?
   ● Stimmt, ich habe ja noch gar keine. Ui, schau mal, da drüben! Die haben welche …

5 ■ Das letzte Mal habe ich einen total eleganten Anzug gekauft. Super günstig und wie neu.
   ● Tja, was die Leute so alles verkaufen …

Hörtexte Kursbuch

6 ● Entschuldigung, haben Sie denn keine tiefen Teller?
■ Nein, tut mir leid, nur noch diese hier.

Schritt B   B1
vgl. Kursbuch Seite 21

Schritt B   B2

1 ● Entschuldigung, können Sie mir helfen? Wo finde ich Turnschuhe mit einer weichen Sohle?
■ Sehen Sie die Kasse dort drüben? Gleich daneben sind die Turnschuhe.

2 ▼ Verzeihung. Wo finden wir denn ein Topf-Set mit einem kleinen Milchtopf?
■ Da müssen Sie ein Stockwerk höher. Dort ist unsere Haushaltswarenabteilung.

3 ▲ Entschuldigen Sie. Ich suche für meine Enkelin eine Puppe mit langen Haaren.
■ Schauen Sie, gleich da vorne im Regal.
▲ Ah, danke!

4 ■ Entschuldung, haben Sie einen Moment Zeit?
◆ Ja.
■ Wir suchen einen Fernseher mit einem flachen Bildschirm.
◆ Fernseher sind ganz da hinten. Da finden Sie auch welche mit flachen Bildschirmen. Kommen Sie mit, ich zeige sie Ihnen.

Schritt C   C1
Sebastian: Die ist ganz schön, oder?
Maria: Hm, ich weiß nicht, ich finde die hier schöner.
Sebastian: Hey, die da! Die gefällt mir sehr gut!
Maria: Ja, stimmt, die finde ich auch am schönsten, aber leider ist sie aus Plastik.

Schritt C   C2

1 Sie möchten schnell ein paar Karotten reiben? Oder Sie möchten einen leckeren Gurkensalat machen? Dann habe ich das Richtige für Sie: unsere neue Gemüsereibe! Damit reiben Sie Ihre Karotten und Gurken noch kleiner, feiner und sicherer. Sie schneiden sich garantiert nie mehr! Warten Sie nicht länger! Schlagen Sie jetzt zu – nur heute für 3 Euro 99!

2 Jetzt ist Schluss mit Seife und Putzmitteln – jetzt gibt es endlich ein Wunderputztuch! Es ist besser und gesünder für Ihre Haut und reinigt noch gründlicher! Greifen Sie zu, denn jetzt ist es für Sie am interessantesten: Drei Tücher zum Preis von einem! Lassen Sie sich diese Chance nicht entgehen!

3 Sie kennen das Problem: Die Dose lässt sich einfach nicht öffnen. Ihre Hände tun Ihnen schon weh. Aber der Deckel geht und geht nicht auf. Doch mit diesem Deckelöffner funktioniert es bestimmt. Der Deckel öffnet sich leichter und schneller, als Sie sich vorstellen können. Greifen Sie jetzt gleich zu, jetzt ist die Auswahl noch am größten: Deckelöffner in allen Farben und Größen, und nur für ...

Schritt C   C3
vgl. Kursbuch Seite 22

Schritt D   D2
Interviewer: Äh, hallo? Hallo? Entschuldigen Sie?
Junge Migrantin: Ja?
Interviewer: Darf ich Sie kurz mal was fragen?
Junge Migrantin: Ja ... was denn?
Interviewer: Sie kaufen gerade ein?
Junge Migrantin: Naja, ich weiß noch nicht. Ich gucke nur mal so.
Interviewer: Wofür geben Sie Ihr Geld denn am liebsten aus?
Junge Migrantin: Wofür ich mein Geld am liebsten ausgebe? Für Sachen zum Anziehen?
Interviewer: Für Kleidung?
Junge Migrantin: Tja, wenn ich mal Geld habe ...
Interviewer: ... dann geben Sie es für Kleidung aus?
Junge Migrantin: H-hm, eigentlich schon.
Interviewer: Okay, das war's schon. Vielen Dank!
Junge Migrantin: Bitte!

Interviewer: Entschuldigen Sie, kurze Frage, was möchten Sie sich heute am liebsten kaufen?
Junger Mann: Einen neuen MP3-Player. Mein alter funktioniert nicht mehr richtig.
Interviewer: Sie möchten also am liebsten einen MP3-Player.
Junger Mann: Ja genau.
Interviewer: Vielen Dank!
Junger Mann: Nee, warten Sie. Vielleicht doch 'ne Digitalkamera, so 'ne kleine, wissen Sie?
Interviewer: Na, was jetzt? MP3-Player oder Kamera? Was ist wichtiger?
Junger Mann: Wichtiger? Ich weiß nicht. Für mich ist die Kamera genauso wichtig wie der MP3-Player.
Interviewer: Naja, kein Problem: Wenn Sie genügend Geld haben, können Sie beides kaufen.
Junger Mann: Genügend Geld? Das ist das Problem.

Interviewer: Entschuldigung, darf ich Sie was fragen?
Mann: Ja, bitte?
Interviewer: Wofür geben Sie am meisten aus?
Mann: Am meisten was? Äh, wie meinen Sie das?
Interviewer: Na ja, also, ich meine, wofür geben Sie am meisten Geld aus.
Mann: Am meisten Geld. Hm.
Interviewer: Na, für den Urlaub vielleicht? Oder fürs Hobby? Für die Kinder?
Mann: Nein-nein, ich denke, ja, am meisten zahl' ich für die Miete, fürs Auto, für Versicherungen, ach ja, und fürs Gas, das wird auch immer teurer!
Interviewer: Aha! Vielen Dank!
Mann: Bitte.

Hörtexte Kursbuch

Interviewer:	Hallo! Entschuldigung.
Mann:	Meinen Sie uns?
Interviewer:	Nur eine kurze Frage: Wofür geben Sie Ihr Geld am liebsten aus?
Frau:	Unser Geld?
Mann:	Das geben wir am liebsten gar nicht aus.
Interviewer:	Wie bitte?
Frau:	Na ja, für Lebensmittel halt. Aber sonst sparen wir.
Mann:	Früher sind wir in den Urlaub gefahren ...
Frau:	... oder haben uns öfter mal was zum Anziehen gekauft ...
Mann:	... aber jetzt wollen wir eine eigene Wohnung.
Interviewer:	Aaah, verstehe.
Frau:	Aber wissen Sie: Sparen allein hilft auch nicht. Wir müssen trotzdem noch 'nen großen Kredit aufnehmen.
Interviewer:	Verstehe! Also dann: Viel Glück bei der Wohnungssuche!
Mann & Frau:	Danke!

Schritt E   E3

Mann:	Ja, hallo. Mein Name ist Christian Müller. Ich hab' da grad so ein Schmuckset im Fernsehen gesehen. Und das möchte ich gern meiner Frau zum Hochzeitstag schenken.
Teleshop:	Guten Abend, Herr Müller. Also, ein Schmuckset. Welches denn? Wissen Sie noch die Artikelnummer oder den Namen oder wie es aussieht?
Mann	Hmmm. Julie oder Gina oder ..., keine Ahnung - das war so ein Frauenname.
Teleshop:	Wie hat das Set denn ausgesehen? Ein Ring mit Kette? Oder war das ein Ring, eine Kette, und Ohrringe?
Mann:	Ja, genau. Ring, Kette, Ohrringe. Silbern mit einem blauen Stein. Es kostet auf jeden Fall 99 Euro.
Teleshop:	Ah ja, das ist das Set Julie.
Mann:	Ist das noch vorrätig?
Teleshop:	Ja, im Moment haben wir noch 55 Stück. Wollen Sie das bestellen? Welche Farbe? Dann bräuchte ich Ihre Adresse.
Mann:	Blau! Auf jeden Fall blau! Genau so wie im Fernsehen. Blau steht meiner Frau einfach. Sie hat nämlich so schöne blaue Augen. Ja, und die Adresse - also Christian Müller. Müller, Schulstraße 52, 34131 Kassel.
Teleshop:	Prima. Also. Sie wollen das Set einmal. Oder?
Mann:	Ja, einmal. Ich hab nur eine Frau.
Teleshop:	Und wie wollen Sie bezahlen? Per Kreditkarte?
Mann:	MMM. Kreditkarte das mach' ich nicht so gern. Da habe ich so ...
Teleshop:	Sie können auch das Geld vorher überweisen oder erst bezahlen, wenn Sie den Artikel erhalten haben.
Mann:	Ach, das geht?
Teleshop:	Ja, klar. Sie bezahlen also per Nachnahme?
Mann:	Ja, dann bezahle ich per Nachnahme. Und wie lange dauert das denn, bis der Schmuck ankommt?
Teleshop:	Na ja. So ca. 5 Tage.
Mann:	Ops. 5 Tage? Das ist ja viel zu spät. Mist. Heute ist Mittwoch. Ich brauche es bis Freitag. Geht das nicht schneller?
Teleshop:	Wir haben auch einen Express Service. Da bekommen Sie die Ware innerhalb von 24 Stunden. Das kostet dann aber 10 Euro mehr.
Mann:	Wie? Ich muss auch noch Versandkosten zahlen? Ich denke, das Set kostet 99 Euro.
Teleshop:	Natürlich. Versand kommt dazu. Das sind normalerweise 5 Euro 95 und der 24-Stundenservice kostet noch mal 10 Euro extra. Aber dafür haben Sie es sicher am Freitag. Schnell und zuverlässig!
Mann:	Na ja o.k. Da war doch noch ein anderes Set – glaub' ich – nur mit Ohrringen und Kette. Ich glaube, das war etwas billiger. 79 Euro oder so. Nur Ohrringe und Kette. Ohne Ring.
Teleshop:	Sie meinen Christine? Ah ja, also dann wollen Sie lieber das Set Christine bestellen? Also dasselbe, aber ohne Ring. Also nehmen Sie dann das?
Mann:	Ja, ja. Das ist ja auch sehr schön. Und sie hat ja unseren Ehering.
Teleshop:	Also dann nehmen Sie das Set Christine für 79 Euro – und die Versandkosten bleiben bei 15 Euro 95. Alles andere, Adresse usw. habe ich ja schon von Ihnen. Na dann Herr Müller, dann haben wir ja alles. Dann wünsch' ich Ihnen einen schönen Hochzeitstag und das nächste Mal denken Sie etwas früher daran ...

Lektion 10   Post und Telefon
Folge 10: *Kuckuck!*

Maria:	Ähm, entschuldigen Sie ...
Verkäufer:	Ja?
Maria:	Ist diese Uhr in Ordnung? Ich meine – funktioniert sie?
Verkäufer:	Die alte Kuckucksuhr? Natürlich! Moment, ich zeig's Ihnen. Sehen Sie: So wird das gemacht ...
Maria:	Mhm.
Verkäufer:	... und jetzt den Zeiger auf die volle Stunde drehen ... so ... und ... Na?
Maria:	Lustig! Wie viel kostet die?
Susanne:	Hey! Die ist ja witzig! Wo hast du die denn her?
Maria:	Vom Flohmarkt, für zwanzig Euro.
Susanne:	Gar nicht teuer. Hängst du die in dein Zimmer?
Maria:	Nein, nein. Meine Schwester hat Geburtstag.
Susanne:	Ach so! Du willst sie nach Hause schicken?
Maria:	Genau!
Susanne:	Da musst du sie aber gut verpacken, sonst geht sie kaputt.
Maria:	Das stimmt. Hm ... Was für eine Verpackung soll ich denn nehmen?

Hörtexte Kursbuch

Susanne: Guck mal: Das passt perfekt!
Maria: Oh, super! Danke!
Susanne: Der Karton ist stabil und trotzdem leicht. Hm, damit könnte es sogar noch als Päckchen gehen.
Maria: Als Päckchen?
Susanne: Ja, bis zwei Kilo kannst du's als Päckchen schicken.
Maria: Aha! Ähm, sag mal: Welches Papier findest du schöner?
Susanne: Hmm, das gelbe gefällt mir besser.
Maria: Mhm, mir auch.
Susanne: Der Karton wiegt ... äh ... genau 260 Gramm ... und die Uhr? ... Bist du fertig?
Maria: Ja gleich ... So!
Susanne: Gib sie mir mal, ich lege sie dazu ... Das macht zusammen, also Karton und Uhr, 1740 Gramm. Na, siehst du! Ich hab's ja gesagt: Das geht locker als Päckchen!
Maria: Und was kostet das?
Susanne: Ein internationales Päckchen? Ungefähr 15 Euro.
Maria: Okay.
Susanne: Um sechs macht die Post zu. Schnell, pack die Uhr in den Karton! Wenn du dich ein bisschen beeilst, schaffst du's noch.
Beamtin: Hier, für Päckchen werden diese Formulare benutzt. Und hier müssen Sie den Absender reinschreiben.
Maria: Aha ... und den Empfänger?
Beamtin: Hier wird die Adresse reingeschrieben. Sehen Sie? Hier. Dort drüben an dem Tischchen ist ein Kugelschreiber. Dort können Sie das Formular ausfüllen.
Maria: Gut! Vielen Dank!
Beamtin: Tja, tut mir leid, das geht nicht mehr als Päckchen.
Maria: Was?! Warum denn nicht?
Beamtin: Es wiegt über zwei Kilo. Sehen Sie? 2050 Gramm!
Maria: Aber – das verstehe ich nicht. Zu Hause waren es nur 1740 Gramm! Und was mache ich jetzt?
Beamtin: Tja, Sie können es als Paket verschicken.
Maria: Na schön. Dann schicke ich es als Paket.
Beamtin: Dazu müssen Sie aber ein neues Formular ausfüllen.
Maria: Oh nein!
Beamtin: Außerdem ist ein Paket natürlich teurer.
Maria: Ach so. Und wie viel kostet das?
Beamtin: Moment ... Südamerika ... hm ... Zone vier. Das kostet 35 Euro.
Maria: Was?!
Susanne: 35 Euro?! Die spinnen doch!
Maria: Das ist ja fast doppelt so teuer wie die Uhr!
Susanne: 2050 Gramm, tatsächlich! Vorhin waren's noch 1740 Gramm.
Maria: Das verstehe ich nicht!
Maria: Oje, die Schere! Da war ich beim Einpacken ein bisschen zu schnell, was?
Susanne: Na ja, wenigstens wissen wir jetzt, wie schwer unsere Schere ist: Genau 310 Gramm!

Schritt A   A1
vgl. Kursbuch Seite 32

Schritt A   A2
1 vgl. Kursbuch Seite 32

2 ▼ Ich möchte ein Paket abholen.
   ▲ Haben Sie den Abholschein und Ihren Ausweis dabei?
   ▼ Was für einen Schein?
   ▲ Na, den Abholschein, diese rote Karte ...
   ▼ Ach ja, die habe ich. Warten Sie ...

3 ● Ich habe hier einen Brief nach Südafrika. Was kostet der denn?
   ▼ Geben Sie mal her – hm, 250 Gramm. Das macht acht Euro.
   ● Gut, dann brauche ich Briefmarken.
   ▼ Was für Briefmarken möchten Sie – Sondermarken oder normale Briefmarken?
   ● Normale bitte.

4 ● Ich habe hier ein sehr eiliges Paket nach Ägypten.
   ■ Das können Sie als Eilsendung verschicken. Aber Sie müssen auch einen Aufkleber mit einer Zollerklärung ausfüllen.
   ● Was für eine Erklärung?
   ■ Diese Zollerklärung hier. Da müssen Sie reinschreiben, was in dem Paket ist und was es wert ist.

Schritt B   B1
● Hier, für Päckchen werden diese Formulare benutzt. Und hier müssen Sie den Absender reinschreiben.
■ Aha ... und den Empfänger?
● Hier wird die Adresse reingeschrieben. Sehen Sie? Hier.

Schritt C   C1
vgl. Kursbuch Seite 34

Schritt C   C2
1 Sie suchen eine digitale Kamera? Der neue Katalog mit den aktuellen Modellen ist da!

2 Fotos machen und verschicken, per Internet seine Einkäufe erledigen! Mit dem neuen Handy von *listex* ist alles möglich.

3 Die verrückten Handytaschen von Diana – in Ihrem Fachgeschäft oder im Internet unter www.diana.de.

4 Die multifunktionale Kamera Olyion XC passt in jede Handtasche! Auch in Ihre!

5 Schluss mit Langeweile – kaufen Sie jetzt den digitalen DVD-Player Michiko 502.

6 ... Also: Besorgen Sie sich den neuen Computer von Spirit 05 – ohne ihn geht nichts mehr in der modernen Bürokommunikation.

Hörtexte Kursbuch

Schritt D   D1
((Klingeltöne))

Schritt E   E1
1 Hallo, Heinz. Elke hier. Du, ich komme heute Nachmittag um zwei Uhr am Bahnhof an. Du holst mich doch ab, oder? Ich freue mich schon sooo auf dich!

2 Hi, Heinz, hier ist Robert. Wir gehen doch morgen zum Bergsteigen. Wir treffen uns alle um neun Uhr am großen Parkplatz am Walchensee. Den kennst du ja. Von dort aus gehen wir auf den Jochberg. Vielleicht können wir ja dann nach der Tour noch ein bisschen im See baden! Also, tschüs, bis morgen.

3 Hallo, wo bist du denn schon wieder? Wir treffen uns heute um acht im Café am Filmmuseum. Vielleicht gehen wir später ja dann auch ins „Royal", da läuft der neue Spielberg. Bis dann, ciao!

Schritt E   E2
Hallo, Elke, Liebes! Es tut mir ja so schrecklich leid, dass ich dich nicht pünktlich vom Zug abgeholt habe! Ich habe deine Nachricht anscheinend nicht richtig angehört. Ich war um drei am Bahnhof, da warst du natürlich nicht mehr da. Bitte sei nicht böse! Ich bin zurzeit wohl etwas durcheinander von der ganzen Arbeit und so. Wo bist du denn jetzt? Bitte ruf mich an, bitte!!!

Schritt E   E3
1 Hallo, Frau Özgür. Hier ist Marlene Härm vom Elternbeirat der Arnoldus-Grundschule. Ich wollte Sie nur kurz daran erinnern, dass nächste Woche unser Elterntreffen stattfindet. Wir treffen uns am Dienstag, den 8.3., um 20 Uhr im Gasthof Schuster. Es wäre schön, wenn Sie kommen könnten. Bis dahin! Auf Wiederhören.

2 Guten Tag. Sie sind verbunden mit dem Generalkonsulat der Republik Indien. Wenn Sie Ihren Ausweis verlängern wollen, wählen Sie bitte die Durchwahl 194. Wenn Sie ein Visum beantragen wollen, wählen Sie bitte die 187. Für allgemeine Fragen wählen Sie bitte die Null. Vielen Dank.

3 Hallo, Tanja. Markus hier. Du siehst doch Max heute Abend. Ich erreiche ihn nicht. Könntest du ihm ausrichten, dass er gestern Abend seine Geldbörse und seine Monatskarte bei mir vergessen hat? Er soll mich bitte auf meinem Handy anrufen: 0176-345231. Ich wiederhol's nochmal: 0176-345231. Danke dir, tschüs!

4 Guten Tag, Frau Osiris. Hier Praxisteam Doktor Camerer, Doktor Kerner. Wir müssen leider den Termin für Ihre Untersuchung und die Grippeimpfung verschieben. Herr Doktor Camerer ist am 30. leider überraschend auf einem Kongress. Könnten wir die Untersuchung auf den 3.5. um 17 Uhr verlegen? Die Grippeimpfung könnten wir schon am 1.5. gleich um acht Uhr früh einschieben. Bitte bestätigen Sie diese Termine noch. Herzlichen Dank!

5 Guten Tag. Sie sind verbunden mit der Superblitz-Reinigung. Leider sind wir im Moment nicht erreichbar. Wir ziehen um! Unsere neue Adresse ab 1.10. ist die Frauenstraße 18. Wir freuen uns schon auf Ihren Besuch!

6 Hallo, Hubert. Hier Peter. Andreas hat sein Handy ausgeschaltet. Könntest du ihm bitte ausrichten, dass wir uns heute um 18 Uhr am Sportplatz zum Handballspielen treffen? Sag ihm, dass Isabel auch dabei ist – dann kommt er bestimmt!!!! Vielen Dank, tschüs!

Zwischenspiel 10: *Weg mit dem „un"!*

Nörgler A: Ich fühle mich so unverstanden, unglücklich und unzufrieden.
Berater: Oh, das tut mir leid!
Nörgler A: Und dabei so unselbstständig, unsicher und unentschieden!
Berater: Na, da wird es Zeit.

Berater: Sie fragen sich nun: Was kann man da tun? Sehen Sie: So wird das gemacht! Weg mit dem „un"!
Einfach weg mit dem „un"! Das geht viel leichter als gedacht.

Nörglerin B: Das Zimmer hier ist unbequem und unfreundlich und ungemütlich.
Berater: Oh, das tut mir leid!
Nörglerin B: Unsauber, unaufgeräumt, wirklich sehr unappetitlich!
Berater: Da wird es aber Zeit.

Berater: Weg mit dem „un"! Weg mit dem „un"! Es geht viel leichter als gedacht. Weg mit dem „un"!
Einfach weg mit dem „un"! Sehen Sie: So wird das gemacht!

Nörglerin C: Mein Schwiegersohn ist unvorsichtig, unhöflich und unerzogen.
Berater: Oh, das tut mir leid!
Nörglerin C: Unordentlich und unpünktlich, aus jeder Arbeit rausgeflogen!
Berater: Na, da wird es Zeit.

Berater: Weg mit dem „un"! Weg mit dem „un"! Es geht viel leichter als gedacht. Weg mit dem „un"! Einfach weg mit dem „un"! Sehen Sie: So wird das gemacht!

Nörgler D: Dieses Lied ist unnötig und unpassend und unmodern.
Berater: Oh, das tut mir leid!
Nörgler D: Und überhaupt uninteressant! Ich sing' es wirklich ungern!
Berater: Nun wird es aber Zeit.

Hörtexte Kursbuch

Lektion 11 Unterwegs
Folge 11: *Männer!*

Susanne: Kurt?
Kurt: Ja, was ist?
Susanne: Was machst du?
Kurt: Ich geh' noch schnell joggen.
Susanne: Hast du das Handy dabei?
Kurt: Susanne, du weißt doch, ich kann mit dem Ding nicht joggen!
Susanne: Wieso? Deine EC-Karte und den Hausschlüssel hast du doch auch immer dabei!
Kurt: Ja, aber das Handy ist mir zu schwer. Es ist einfach unangenehm beim Laufen.
Susanne: Und wenn was ist?
Kurt: Was soll denn sein? Es ist nicht dein erstes Kind, du bist noch nicht mal im achten Monat und außerdem bin ich in 'ner halben Stunde wieder da, okay?
Susanne: Okay, okay! Is' ja gut, is' ja in Ordnung!
Kurt: Also, tschüs!

Susanne: Oh … puhh … oh … oh!
Maria: Susanne! Was ist denn los?
Susanne: Mir ist plötzlich so komisch … so schlecht … ich hab' Schmerzen im Bauch … mein Gott, das Baby!
Maria: Was? Jetzt schon? Madre mia! Wo ist Kurt?
Susanne: Er ist gerade aus dem Haus gegangen – zum Joggen. Natürlich ohne Handy. Oh … mmh …!
Maria: Los, komm, ich fahre dich in die Klinik!

Maria: Wo ist denn dieses Krankenhaus?
Susanne: Auf der anderen Seite der Stadt. Wir müssen direkt durchs Zentrum fahren. Und auch noch mitten im Berufsverkehr!
Maria: Ach, das schaffen wir schon!
Susanne: An der nächsten Ampel musst du links fahren.
Maria: Okay. … Wie geht es dir?
Susanne: Mir ist ziemlich schwindlig. Aber sonst wird's langsam besser. Hey, ich wusste gar nicht, dass du den Führerschein hast!
Maria: Mhm …

Susanne: So, und jetzt geradeaus über die Brücke da.
Maria: Gut. Was war denn das?
Susanne: Was?
Maria: Hast du es nicht gehört? Da war so ein komisches Geräusch … Da!
Susanne: Ach so, das! Das ist der Wagen. Er ist zu alt. Deshalb müssen wir ihn ja dauernd in die Werkstatt bringen. Und bald ist wieder der TÜV fällig und so weiter und so weiter. Hach, ich bin schon lange für ein neues Auto, aber Kurt ist dagegen. Nie hört er auf mich!
Maria: Ähm … wie geht es denn deinem Bauch?
Susanne: Besser. Tut fast nicht mehr weh!

Maria: Du, Susanne, ist es noch weit bis zum Krankenhaus?
Susanne: Noch ein ziemliches Stück. Wieso?
Maria: Wir haben fast kein Benzin mehr.
Susanne: Was? Ach … ach du liebe Zeit! Hat er mal wieder nicht getankt! Typisch Kurt!
Maria: Wo ist denn die nächste Tankstelle?
Susanne: Die nächste Tankstelle? Bei uns zu Hause, gegenüber der Kirche. Komm, lass uns umkehren!
Maria: Ja, aber … dein Bauch?
Susanne: Guck mal, da vorne kannst du wenden.

Susanne: Ich sag's dir, Maria: Männer! Die ganze Zeit gehen sie einem auf die Nerven. Aber wehe, du brauchst sie mal! Dann sind sie garantiert nicht da.
Maria: Ähm, entschuldige, Susanne, soll ich Normalbenzin oder Super tanken?
Susanne: Benzin? Oh Gott, nein! Wir brauchen Diesel.
Maria: Ach so!

Verkäuferin: Sie hatten Diesel, stimmt's?
Maria: Ja, und diesen Schokoriegel.
Verkäuferin: Das macht 44 Euro und 23 Cent.
Maria: Moment … Oh nein!
Susanne: Was ist?
Maria: Ich habe mein Portemonnaie in der anderen Jacke! Du hast auch kein Geld dabei, oder?
Susanne: Wo denn? Im Morgenmantel?
Maria: Und was machen wir jetzt?
Susanne: So was Blödes! Alles nur wegen ihm!

Kurt: Ich bin grade aus dem Park gekommen und hab' gedacht: Den Wagen kennst du doch!
Susanne: Aha!
Kurt: Tja, und dann seh' ich dich im Morgenmantel hier rumstehen …
Susanne: So? Na und?
Kurt: Also, weißt du, Susanne, du solltest wirklich ein bisschen mehr an unser Baby denken!
Susanne: Ooh, diese Männer!!!
Maria: Ja!

Schritt A   A2

A   Arzt: Machen Sie mal den Mund auf und sagen „Aaa",
    Patient: Aaaa.
    Arzt: Hmh.
    Sprechstundenhilfe: Gute Besserung. Herr Schulte! Wiedersehen!

B   ((Kirchenglockengeläut, Schuhgetrappel, Leute kommen aus der Kirche, Stimmengemurmel, sich unterhaltende Leute))

C   ((*Geräusche in einem Friseursalon*))

D   ((*Geräusche im Supermarkt*))

E   ((*Geräusche von zuschlagenden Autotüren*))

F   ((*Geräusche Briefkasten*))
    Mann: Ach Gott. Wieder nur Rechnungen und Reklame!

Hörtexte Kursbuch

Schritt B   **B2**
Valerio: Ja, hallo?
Paul: Valerio? Hallo, hier ist Paul. Hör mal, wir haben heute im Kurs beschlossen, dass wir zusammen ein kleines Picknick machen. Alle aus dem Kurs kommen und bringen was zu essen mit. Kommst du auch?
Valerio: Oh ja, gern! Wann denn?
Paul: Morgen Abend. Wir treffen uns um 18 Uhr am Parkplatz am Staatstheater. Weißt du, wo das ist?
Valerio: Mmh ... nicht so ganz genau. Kannst du mir erklären, wie ich da am besten hinkomme? Ich wohne Ecke Friedrich-Engels-Straße, Fünffenster-Straße.
Paul: Ah ja, das kenne ich. Also, du gehst rechts – also Richtung Stadtmitte – immer die Fünffenster-Straße entlang bis zum Rathaus.
Valerio: Ah ja, das Rathaus kenne ich!
Paul: Und da biegst du links ab.
Valerio: Ah ja, in die ... wie heißt sie gleich ... die Königstraße, oder?
Paul: Ganz genau. Und dann gehst du die zweite Straße rechts.
Valerio: Mhm.
Paul: Und dann links in die – Frankfurter Straße heißt sie, glaube ich.
Valerio: Ah, okay.
Paul: Die nächste Straße dann wieder rechts, und dann bist du auch schon am Staatstheater. Und da, an dem großen Parkplatz, treffen wir uns.
Valerio: Prima, das finde ich bestimmt. Übrigens, wo ich dich gerade am Telefon habe ...

Schritt C   **C1**
a vgl. Kursbuch Seite 44
b Ständig ist er kaputt. Ich bin deshalb schon lange für einen neuen.
c Aber Kurt sagt, wir haben kein Geld für ein neues Auto. Deshalb müssen wir weiter mit diesem hier zurechtkommen.

Schritt D   **D4**
1 Moderator: Guten Abend, liebe Autofahrer, der Verkehr um 18 Uhr 30: In weiten Teilen Baden-Württembergs dichter Nebel mit Sichtweiten unter 50 Metern. Fahren Sie bitte ganz besonders vorsichtig. A81 Singen Richtung Stuttgart: zwischen Herrenberg und Gärtringen Unfall, die rechte Fahrspur ist blockiert und es sind derzeit schon drei Kilometer Stau. Das war's vom Verkehr. Wir wünschen gute und sichere Fahrt, wo immer Sie unterwegs sind.
2 Eine kurze Zwischenmeldung an alle, die auf der A4 Richtung Dresden unterwegs sind: In der Nähe der Ausfahrt Berbersdorf befinden sich Tiere auf der Fahrbahn. Bitte fahren Sie in diesem Bereich besonders vorsichtig.
3 ... und nun zum Verkehr. Staus und Behinderungen auf folgenden Strecken: auf der A5 in Richtung Bad Nauheim auf circa fünf Kilometern Länge wegen eines Unfalls. Achtung! Das Stauende liegt hinter einer Kurve. Und A3 Richtung Würzburg Baustelle zwischen Seligenstädter Dreieck und Aschaffenburg-West. Derzeit zwei Kilometer Stau.
4 Achtung, Autofahrer! Auf der A63 Mainz Richtung Kaiserslautern kommt Ihnen zwischen Kreuz Mainz Süd und Niederolm ein Falschfahrer entgegen. Bitte fahren Sie nicht nebeneinander und überholen Sie nicht. Wir melden, wenn die Gefahr vorüber ist.
5 Ja, liebe Hörerinnen und Hörer, das war's vom Verkehr. Und hier noch ein Hinweis vom Service S-Bahn Frankfurt: Wegen des starken Schneefalls haben derzeit alle S-Bahnen bis zu 20 Minuten Verspätung. Und damit kommen wir zu unserem heutigen Gast im Sonntagsfrühstück. Ich begrüße ganz herzlich die Schauspielerin Gitte Holbein ...

Lektion 12 Reisen
Folge 12: *Reisepläne*
Simon: Wir fahren an den Atlantik. Da gibt's tolle Wellen!
Larissa: Nein, wir fahren nach Ungarn!
Simon: In Ungarn kann man nicht surfen!
Larissa: Na und? Ich will reiten, nicht surfen.
Simon: Du, Papa?
Kurt: Mhm?
Simon: Wohin fahren wir eigentlich diesen Sommer? Doch nicht nach Ungarn, oder?
Larissa: Doch, bitte!
Kurt: Nein, nein, wir fahren nicht nach Ungarn, ...
Simon: Ha! Siehst du!
Kurt: ... wir bleiben zu Hause.
Simon/Larissa: Was?!
Susanne: Mit dem Baby geht das noch nicht. Das müsst ihr verstehen.
Simon: Mann, das ist aber ungerecht!
Larissa: Hey, wartet mal, ich hab 'ne Idee: Wir könnten ohne euch fahren!
Simon: Ja, genau! Das ist cool!
Susanne: Nein, das geht noch nicht!
Larissa: Wieso denn? In meiner Klasse dürfen die meisten alleine verreisen.
Susanne: Ich bin trotzdem dagegen.
Larissa: Und wenn Maria mit uns fährt?! Komm, wir fragen mal, ob sie Lust hat!
Maria: Natürlich habe ich Lust!
Simon/Larissa: Ja, super! Super!
Maria: Und wohin fahren wir?
Larissa: Zum Reiten!
Simon: Nein, zum Surfen!
Maria: Hey, hört auf zu streiten!

Hörtexte Kursbuch

Larissa:	Toll! Ponyreiten auf den ... „Äußeren Hebriden"! Weißt du, wo die sind?
Simon:	Nö, keine Ahnung. Boah! Guck mal, da gibt's tolle Wellen! Barbados. Kennst du Barbados?
Larissa:	Nö, keine Ahnung.
Larissa:	Was bedeutet „Pauschalreise"?
Susanne:	Das ist eine Reise mit Flug, Hotel und Essen.
Larissa:	Aha ... Dann ist das ja gar nicht so teuer: 980 Euro pro Person und Woche.
Susanne:	Nicht teuer?? Das ist wahnsinnig teuer!
Larissa:	Aber da sind ja auch die Reitstunden schon mit dabei!
Simon:	„Schöne Apartments mit großem Balkon. Jedes Zimmer mit freiem Blick aufs Meer. Ruhige Lage, nur drei Minuten zum Strand. Surf- und Tauchkurse für Anfänger und Fortgeschrittene!" Hey, das klingt gut!
Susanne:	Und was kostet so was?
Simon:	Moment, hier steht's. Hauptsaison: 1190 Euro.
Kurt:	1190? Pro Person und Woche?
Simon:	Mhm.
Kurt:	Hahaha, du spinnst wohl?
Simon:	He, was machst du, Papa? Wo gehst du denn hin?
Kurt:	Warte einen Moment! Ich komm' gleich wieder.
Susanne:	Wo warst du denn, Kurt?
Kurt:	Drei Personen mal zwei Wochen ...
Larissa:	Was is'n das?
Kurt:	... mal 1000 Euro, das macht 6000 ...
Simon:	Was is'n da drin, 'ne Taucherausrüstung?
Kurt:	6000 Euro! Ich hab' doch nicht im Lotto gewonnen!
Larissa:	Ein Zelt?
Simon:	Ein Zelt?!
Kurt:	Mhm, mein altes Zelt. Mal sehen, ob noch alles da ist.
Kurt:	Na, seht ihr: Es ist alles komplett.
Simon:	Aber jetzt wissen wir immer noch nicht, wohin wir fahren.
Maria:	Doch! Wir fahren nach Norddeutschland!
Alle anderen:	Was?!?
Maria:	Hier, guckt mal! Da gibt es alles: die Nordsee für Simon, Reiterhöfe für Larissa ...
Susanne:	Und für dich, Maria?
Maria:	Für mich gibt es das Schleswig Holstein-Musikfestival. Und wisst ihr, was dieses Jahr das Hauptthema ist? Wolfgang Amadeus Mozart!
Simon:	Da-da-da-daaa!
Kurt:	Das ist nicht Mozart! Das ist Beethoven, du Ignorant!

Schritt A   A1
vgl. Kursbuch Seite 54

Schritt A   A2

1 ((Geräusche im Dschungel))
2 ((stöhnender Mensch im Sandsturm in der Wüste))
  Mann: Puh ... ich habe solchen Durst!
3 ((Bergsteiger ächzen, Schritte, Klettern))
  Mann: Gib mir 'n bissel Seil nach ... uh!
4 ((Meeresrauschen, Tuten von Dampfer))
5 ((Pferdewiehern und Vogelzwitschern))
6 ((Geplansche im See))

Schritt B   B1
„Hotel Paradiso – Schöne Apartments mit großem Balkon. Jedes Zimmer mit freiem Blick aufs Meer. Ruhige Lage, nur 3 Minuten zum Strand. Surf- und Tauchkurse für Anfänger und Fortgeschrittene." – Hey, das klingt gut!

Schritt C   C1

Hanna:	Ich möchte dieses Jahr gern in Deutschland Urlaub machen und auch ein paar Freunde besuchen.
Frau:	Wo soll's denn hingehen?
Hanna:	Also, zuerst nach Leipzig.
Frau:	Mhm, das heißt, erste Etappe: Düsseldorf – Leipzig.
Hanna:	Ja, genau. Und da würd' ich gerne fliegen.
Frau:	Mhm.
Hanna:	Und dann will ich weiter nach Helgoland. Wie komme ich da am besten hin?
Frau:	Am besten erst mit dem Flugzeug nach Hamburg und von dort weiter mit dem Schiff.
Hanna:	Ach ja, prima. Und anschließend möchte ich noch Freunde in Bremerhaven besuchen. Da gibt es ja vermutlich auch eine Schiffsverbindung, oder?
Frau:	Ja, genau. Da gibt es eine direkte Verbindung Helgoland – Bremerhaven.
Hanna:	Ah, sehr schön! Von Bremerhaven aus zurück nach Düsseldorf fahre ich mit Freunden im Auto zurück.
Frau:	Gut, dann wollen wir mal sehen. Wann genau möchten Sie denn losfahren?

Schritt C   C2

Hanna:	... wie gesagt, nach Leipzig würde ich gern fliegen. Ich hab' nämlich Ihr Angebot in der Zeitung gelesen: einen Flug für nur 59 Euro von Düsseldorf nach Leipzig.
Frau:	Ja, wann wollen Sie denn fliegen?
Hanna:	Am 15. September.
Frau:	Oh, das tut mir leid. Das Angebot gilt leider nur bis Ende nächsten Monats. Aber im September haben wir ein anderes Angebot: mit der Lufthansa für 69 Euro nach Leipzig.
Hanna:	Hmmm, na gut, dann nehme ich das.
Frau:	Um wie viel Uhr möchten Sie denn fliegen?

Hörtexte Kursbuch

Hanna:	… ja, genau, prima. Und am 24. September möchte ich von Leipzig nach Helgoland. Sie sagen, mit dem Flugzeug nach Hamburg und dann weiter mit dem Schiff wäre es am besten?
Frau:	Ja, warten Sie … Sie können am 24. um 7 Uhr 30 abfliegen, sind dann um 8 Uhr 30 in Hamburg. Und das Schiff fährt dann um 13 Uhr ab.
Hanna:	Aber da hab' ich ja über vier Stunden Aufenthalt in Hamburg!
Frau:	Ja, das geht leider nicht anders. Von Leipzig nach Hamburg gibt es nicht so viele Verbindungen. Tut mir leid.
Hanna:	Ich weiß noch nicht ganz genau, an welchem Tag ich von Helgoland nach Bremerhaven fahren will.
Frau:	Hm, wann möchten Sie denn ungefähr?
Hanna:	So ab Mitte Oktober. Muss ich da jetzt schon reservieren?
Frau:	Nein, nein, das müssen Sie nicht. Die Schiffe fahren zwar von Oktober an teilweise nicht mehr täglich, aber ohne Auto bekommen Sie immer einen Platz.
Hanna:	Ja, wunderbar. Können wir dann die Buchung gleich jetzt schon …

Lektion 13 Auf der Bank
Folge 13: *Die Geheimzahl*

Maria:	Hm, hm, hm … „beiliegend erhalten Sie Ihre ‚Persönliche Identifikations-Nummer' PIN. Mit dieser Geheimzahl und Ihrer Bank-Card können Sie an vielen Bankautomaten einfach und bequem Geld abheben. Aus Gründen der Sicherheit sollten Sie sich Ihre Geheimzahl gut einprägen und dieses Schreiben anschließend vernichten …" Einprägen? … Hmm …
Larissa:	Ja!?
Maria:	Entschuldige, Larissa! Ich glaube, ich hab' da was nicht richtig verstanden. Kannst du mir kurz helfen?
Larissa:	Na klar! Was gibt's denn?
Maria:	„Einprägen". Das Wort kenne ich nicht. Kannst du mir sagen, was das heißt?
Larissa:	Einprägen? Hm, ja … das heißt soviel wie „sich merken" oder „auswendig lernen".
Maria:	Ach so! Alles klar!
Larissa:	War's das schon?
Maria:	Ja, vielen Dank!
Larissa:	Kein Problem! Gerne!
Maria:	Vier … acht … Santa María! … No! … Vier … zwei … acht … sieben … Cuatro … dos … ocho … siete … Cuatro … dos … ocho … siete … Cuatro … dos … ocho … siete …
Simon:	Sag mal, was machst du denn da, Maria?
Maria:	Ach nichts. Ich präge mir nur was ein.
Simon:	Aha! Lass dich nicht stören!
Maria:	Hm … Cuatro … ocho … dos … No! … No no no! Cuatro … dos … ocho … siete … Cuatro … dos … ocho … siete …
Maria:	Cuatro … dos … ocho … siete … Uuh! Cuatro … dos … ocho … siete … Aah! Cuatro … dos … ocho … siete … Hm, so!
Maria:	Was? „Die eingegebene Zahl ist falsch." Ooh, schon wieder! „Bitte geben Sie Ihren PIN-Code ein."
Älterer Herr:	Seien Sie bloß vorsichtig! Beim dritten Mal ist die Karte nämlich weg!
Maria:	Was? Wirklich?
Älterer Herr:	Ja, ja! Letzten Monat ist mir das selbst passiert! Sehr ärgerlich, so was!
Frau:	Hallo! Sie! Dauert das noch länger bei Ihnen?
Maria:	Einen Moment, bitte! Machen Sie mich jetzt nicht nervös!
Frau:	Entschuldigen Sie! Man wird ja wohl noch fragen dürfen, oder?
Maria:	Habe ich Sie richtig verstanden? Sie wissen die Zahl auch nicht?
Angestellter:	Richtig!
Maria:	Können Sie mal nachsehen, ob die Zahl in Ihrem Computer ist?
Angestellter:	Nein, tut mir leid.
Maria:	Aber warum denn nicht? Bitte erklären Sie mir das.
Angestellter:	Verstehen Sie doch, Frau … ähm … Torremolinos: Das ist zu Ihrer eigenen Sicherheit. Nur Sie selbst kennen Ihren PIN-Code.
Maria:	Nein! Ich kenne ihn eben nicht!
Simon:	Hi, Maria! Wo warst du denn?
Maria:	Bei der Bank.
Simon:	Hast du Geld geholt?
Maria:	Ich wollte Geld holen. Aber es hat nicht geklappt.
Simon:	Du, Maria, sag mal, was heißt das eigentlich: Kwattrodos Otschosirte?
Maria:	Cuatro … dos … ocho … siete! – Simon! Ich könnte dich küssen!
Simon:	Was?! So sagt man das auf Spanisch? Echt?
Maria:	Cuatro … dos … ocho … siete … Bestätigen. Es funktioniert! Es funktioniert! Simon, du bist der Größte!
Simon:	Na, das is' ja nun nichts Neues!

Schritt A **A 1**

1 Maria: Kannst du mir kurz helfen? „Einprägen"? Das Wort kenne ich nicht. Kannst du mir sagen, was das heißt?

2 Maria: Simon, weißt du, wo es einen Geldautomaten gibt?
Simon: Ja, gegenüber von der Bäckerei.

Hörtexte Kursbuch

3 älterer
Herr: Beim dritten Mal ist die Karte weg.
Maria: Wirklich? Wissen Sie, wie ich die Karte dann wiederbekomme?

Schritt B   B1
vgl. Kursbuch Seite 65

Schritt B   B3
1 Frau: Das ist schon sehr viel Geld. Das kann ich nicht auf einmal bezahlen. Weißt du, ob ich in Raten zahlen kann?
Mann: Keine Ahnung. Frag doch mal den Verkäufer. Aber pass auf! Da musst du ganz schön Zinsen zahlen.

2 Mann 1: Ich wollte fragen, ob Sie auch Kreditkarten akzeptieren.
Mann 2: Nein, tut mir leid, wir nehmen hier keine Karten, hier können Sie nur bar bezahlen.

3 Mann 1: Du, ich möchte etwas im Internet bestellen, ich habe aber keine Kreditkarte. Weißt du, ob ich das Geld überweisen kann?
Mann 2: Das ist sehr unterschiedlich. Wenn ja, dann fragen sie dich nach deiner Bankverbindung.

Schritt C   C1
vgl. Kursbuch Seite 66

Schritt D   D1
1 Bankangestellte: Guten Tag, was kann ich für Sie tun?
Deirdre: Ich möchte gern ein Konto eröffnen. Hier steht Girokonto und Sparkonto. Können Sie mir bitte erklären, was da der Unterschied ist?
Bankangestellte: Ja, gern. Beim Girokonto können Sie mit Ihrer EC-Karte Geld einzahlen, abheben und überweisen. Beim Sparkonto können Sie nur einzahlen und abheben, aber nicht überweisen. Sie sparen Ihr Geld, dafür bekommen Sie auch Zinsen.
Deirdre: Aha. Ahm, ich brauche das Konto für mein Gehalt und meine Miete und so.
Bankangestellte: Dann brauchen Sie ein Girokonto mit einer EC-Karte.
Deirdre: Bekomme ich regelmäßig Kontoauszüge zugeschickt?
Bankangestellte: Ja, wenn Sie möchten, können wir Ihnen die Kontoauszüge monatlich zuschicken. Dafür müssen Sie nichts bezahlen. Oder Sie gehen zum Kontoauszugsdrucker. Die stehen in der Regel bei den Geldautomaten. Ja, dann füllen wir doch mal das Formular aus …

2 Bankangestellte: Der Nächste bitte! Guten Tag. Sie wünschen?
Mann: Ja, also, ich habe hier eine EC-Karte. Die hat auch immer gut funktioniert. Nun wollen meine Frau und ich nach Amerika fahren. Ist meine EC-Karte da auch gültig?
Bankangestellte: Nein, die gilt nur in Deutschland und Europa. Ich würde Ihnen eine Kreditkarte empfehlen. Sie ist weltweit gültig.
Mann: Die EC-Karte kostet ja nichts. Wie ist das mit der Kreditkarte?
Bankangestellte: Bei der Kreditkarte zahlen Sie eine jährliche Gebühr.
Mann: Haben Sie da noch mehr Informationsmaterial dazu?
Bankangestellte: Ja, ich geben Ihnen am besten diese Prospekte mit. Da erfahren Sie noch mehr …

Zwischenspiel 13: *Sie wollen alle nur das eine!*
A Räuber: Halt!
Passant: Meinen Sie mich?
Räuber: Na los: Raus mit dem Geld!
Passant: Geld? Sie meinen: Bargeld?
Räuber: Mach keine dummen Späße, Mann!
Passant: Tut mir leid. Ich hab kein Bargeld dabei.
Räuber: Ha-ha-ha! Sehr witzig!
Passant: Nein, ehrlich! Hier, meine Geldbörse. Sehen Sie? Sie ist leer.
Räuber: Ähh … tja.
Passant: Soll ich Ihnen Geld überweisen?
Räuber: Das geht nicht. Ich hab' kein Konto!
Passant: Oh je! Ha, schade! Da kann man nichts machen. Also, tschüs dann! Und viel Erfolg noch!
Räuber: Tschüs!

B Gast: Aah!
Ober: Entschuldigen Sie bitte, wir machen gleich Feierabend, darf ich Ihnen die Rechnung geben?
Gast: Ja, selbstverständlich.
Ober: Also, das war eine Nudelsuppe, …
Gast: Eine Nudelsuppe.
Ober: … ein Rinderbraten mit Extra-Portion Salat, …
Gast: M-hm.
Ober: … ein Eisbecher Royal, …
Gast: Genau.
Ober: … zwei Gläser Rotwein, …
Gast: Ja.
Ober: … ein großes Wasser …
Gast: Richtig.
Ober: … und ein Kaffee …
Gast: Und ein Kaffee.
Ober: Das macht dann zusammen 38 Euro und 40 Cent, bitte.

Hörtexte Kursbuch

Gast: 38 Euro und 40 Cent. Hach! Wie schade, dass ich überhaupt kein Geld habe!
Ober: Wie bitte!?
Gast: Ich habe gesagt: ‚Schade, dass ich kein Geld habe!'
Ober: Aber, aber ... Sie lassen sich von mir ein ganzes Menü bringen und haben kein Geld dabei?
Gast: Keinen einzigen Cent.
Ober: Gut, dann werde ich jetzt die Polizei holen!
Gast: Na, wenn Sie meinen. Glauben Sie wirklich, dass die meine Rechnung bezahlen?

C Kind: Eine kleine Spende für die Kinderhilfe! Eine kleine Spende für die Kinderhilfe!
Dame: Kannst du mir sagen, ob's schon zwei Uhr ist?
Kind: Eine kleine Spende, für die Kinder!
Dame: Hier, hier hast du einen Euro!
Kind: Danke! Ich glaube, es ist kurz vor zwei.
Dame: Du glaubst? Weißt du's nicht genauer? Also schön, hier hast du noch mal 50 Cent. Nun?
Kind: Es ist jetzt ... genau 13 Uhr 56.
Dame: Hach! Da oben ist ja eine Uhr! Na, also sowas!
Kind: Eine kleine Spende für die Kinderhilfe! Eine kleine Spende für die Kinderhilfe!

D Autofahrer: 20 Cent pro angefangene 12 Minuten? Das macht dann für eine Stunde ... 60 geteilt durch 12 ... das ist 5 ... mal 20 ... ist 100 ... also ein Euro.
Hach! Mann! Hallo!? Sie!? Entschuldigung!?
Passant: Ja?
Autofahrer: Könnten Sie vielleicht diesen Fünf-Euro-Schein wechseln? Ich brauche dringend Münzen für Automaten.
Passant: Mal sehen, zwei, vier, hmm, ah ja, da ist noch einer, fünf Euro. Bitteschön!
Autofahrer: Vielen Dank! Das ist sehr nett!
Passant: Kein Problem! Tschüs!
Autofahrer: Tschüs! Hach! Was is'n jetzt wieder? Warum nimmt er die denn nicht?
Ach Mann!!! Hey! Moment mal! Was machen Sie denn da? Hey! Moment! Warten Sie!
Politesse: Das ist also Ihr Wagen, ja?
Autofahrer: Ja, aber ...
Politesse: Sie parken ohne Parkschein.
Autofahrer: Ja, ich weiß. Ich wollte doch gerade ...
Politesse: Ja ja, das sagen alle. Hier, bitte!
Autofahrer: 20 Euro? Aber, aber, hören Sie mal, ich ...
Politesse: Schönen Tag noch!
Autofahrer: Das ist unglaublich! So eine Unverschämtheit! Ich werde mich beschweren! Das lasse ich mir nicht gefallen!

E Passant: Halt! Geben Sie das her!
Passantin: Nein, das ist meine.
Passant: Ihre? Meine ist das!
Passantin: Was?
Passant: Ich hab' sie eben verloren.
Passantin: Ich habe sie gerade im Moment verloren!
Passant: Nein, ich!
Passantin: Na schön! Dann wissen Sie sicher auch, wie viel drin ist, oder?
Passant: Natürlich! Ääh, ungefähr 20 oder so?
Passantin: Nur 20? Dann ist es meine. In meiner ist viel mehr drin.
Passant: Also bitte, machen Sie sie auf! Dann sehen wir's ja!
Passantin: Hier, bitteschön, nehmen Sie sie!
Passant: Nein, nein, behalten Sie sie nur!
Passantin: Aber es ist doch Ihre.
Passant: Nein, es ist sicher Ihre, sie ist ja braun, braun gefällt mir nicht.
Passantin: Mir auch nicht.

Lektion 14 Lebensstationen
Folge 14: *Belinda*

Larissa: Na, Maria, hast du auch schon 'nen Namen?
Maria: Einen Namen? Ich?
Larissa: Für das Baby!
Maria: Ach so! Ähm, nein, keine Ahnung.
Larissa: Wie findest du „Belinda"?
Maria: Äh ... ich ...
Simon: Belinda! ... Hahaha!
Larissa: Du bist doof!
Maria: Äh, entschuldigt, ... ich muss noch kurz telefonieren ...
Larissa: Dann gehen wir schon mal runter. ... Los, komm!
Simon: Belinda! Haha ... Belinda!
Maria: Hallo, Sebastian! ... Schön, dass du zu Hause bist! ... Ähm, sag mal, hast du heute Nachmittag schon was vor? ... Aah, sehr gut! Ich brauche nämlich deine Hilfe. ... Nein, nicht ins Kino. ... Ich brauche deine Hilfe ... Ja, ich komme rüber und erklär' es dir, okay? ... Bis gleich! Tschüs!
Simon: He, Maria!
Larissa: Du gehst ja in die falsche Richtung!
Simon: Wir müssen doch zur U-Bahn!
Maria: Nein. Hört mal, ihr müsst ohne mich fahren.
Larissa: Wieso? Kommst du denn nicht mit?
Maria: Ich komme ein bisschen später, weil ich noch was erledigen muss.
Simon: Ach so?
Larissa: Na gut, dann also bis nachher!
Maria: Bis nachher!

Larissa: Oh, bist du süß!
Simon: Sie ist so klein! Ich hab' nicht gewusst, dass Babys so klein sind!
Kurt: Tja, so klein warst du auch mal.
Susanne: Hey! Sei vorsichtig, Larissa!
Larissa: Hallo, Schwesterchen!
Susanne: Lass sie nicht fallen!
Larissa: Hallo, Belinda!
Simon: Hör auf! So heißt sie doch gar nicht!

TRANSKRIPTIONEN 150

Hörtexte Kursbuch

Larissa:	Doch! Du bist die kleine Belinda, stimmt's?
Simon:	Da! Jetzt hörst du's. Sie hasst den Namen.
Kurt:	Sagt mal, müsst Ihr denn eigentlich immer streiten? Könnt ihr nicht einmal Ruhe geben?
Susanne:	Larissa, komm, gib sie mir.
Kurt:	Ich finde, es sollte ein ganz einfacher Name sein. Zum Beispiel „Anna". Wie gefällt euch „Anna"?
Larissa:	Anna find' ich nicht so toll.
Susanne:	Oder „Verena"?
Simon:	Hn-hn! In meiner Klasse gibt's 'ne Verena. Die ist total blöd!
Kurt:	Na, das gibt's doch nicht! Es muss doch irgendeinen schönen Namen geben, der uns allen gefällt! – Ja, bitte?
Susanne:	Herein!
Maria:	Wie wäre es zum Beispiel mit „Erika"?
Alle:	Tante Erika! …
Tante Erika:	Hallo!
Tante Erika:	Guck mal, wer da gekommen ist! Ich bin deine Urgroßtante! Jaa! Oh, was ist sie für ein hübsches kleines Püppchen! Ach, Kinder – ich freu' mich so! Wie lieb, dass ihr an mich gedacht habt!
Susanne:	Toll, dass du an Tante Erika gedacht hast! Weißt du, ich … ich wollte eigentlich …
Maria:	Hey, Susanne! Kein Wort mehr! Du hattest nun wirklich etwas viel Wichtigeres zu tun! Die Kleine ist so süß! Herzlichen Glückwunsch!
Susanne:	Danke, Maria! Es ist schön, dass du bei uns bist!

Schritt A   A2/A3

Ansager:	Liebe Hörerinnen und Hörer, herzlich willkommen zu unserem heutigen Feature zum Thema „Lebensstation Kindheit". Schöne Erinnerungen, aufregende Erinnerungen, traurige Erinnerungen: Wer hat sie nicht?
1. Frau:	Ich bin mitten in Berlin aufgewachsen. Ich habe immer gerne mit den Nachbarskindern im Hof gespielt. Jeden Nachmittag nach der Schule haben wir uns dort getroffen. Einmal ist etwas Schlimmes passiert: Ich habe auf einer Baustelle gespielt und bin in ein großes Loch gefallen. Dabei habe ich mich schwer am Kopf verletzt. Ich konnte wochenlang nicht mehr mitspielen. Das habe ich bis heute nicht vergessen.
2. Frau:	Wir haben in den Ferien immer meine Oma besucht. Sie hatte einen Bauernhof und wir durften immer im Stall mithelfen. Frühmorgens bin ich aufgestanden, habe alte Klamotten und Gummistiefel angezogen und bin in den Kuhstall gegangen. Danach – zum Frühstück – habe ich frisches Bauernbrot mit Erdbeermarmelade und natürlich frische Kuhmilch bekommen. Leider ist meine Oma schon tot. Sie ist vor einem Jahr nach einer Operation gestorben. Sie hat viel Schlimmes erlebt: zwei Kriege, schwere Krankheiten und den Tod ihrer Brüder. Trotzdem war sie immer fröhlich und hatte viel Energie.
Mann:	Meine Eltern hatten einen kleinen Lebensmittelladen. Ich bin dort aufgewachsen zwischen Schokolade und Seife. Jeden Tag kamen dieselben Kunden. Meine Schwester und ich mussten nach der Schule immer mithelfen. Mein Vater sagte immer: „Wir mussten früher schließlich auch hart arbeiten." Meine Schwester hat bis zum Schluss im Laden gearbeitet. Heute gibt es ihn nicht mehr. Meine Eltern sind jetzt pensioniert. Ich sollte den Laden übernehmen, aber ich wollte nicht. Und meine Schwester wollte den Laden alleine auch nicht mehr weiterführen.
Ansager:	Kindheit in Deutschland. Was heißt das heute? Was hieß das früher? Ich begrüße unseren Studiogast Herrn Professor Norbert Hauck von der Universität Frankfurt. Herr Professor Hauck …

Schritt D   D4/D5

Moderator:	… dann kommen wir gleich zum Thema unserer heutigen Sendung: Streit in der Ehe! Wir haben Paare dazu befragt, wie das bei ihnen so ist mit dem Streiten. Hier im Studio darf ich ganz herzlich begrüßen: Karin und Justus Liebig …
Karin/Justus:	Guten Tag.
Moderator:	… seit 15 Jahren ein glückliches Paar. Also, Herr und Frau Liebig, wie ist das bei Ihnen mit dem Streiten? Streiten Sie oft?
Justus:	Hm, ehrlich gesagt, streiten wir schon öfter einmal.
Karin:	Ja, eigentlich ziemlich oft.
Justus:	Na ja, so oft nun auch wieder nicht!
Moderator:	Und worüber streiten Sie am häufigsten?
Karin:	Über den Haushalt! Ich räume dauernd auf. Trotzdem findet Justus mich unordentlich!
Justus:	Ha ha, du räumst dauernd auf? Das ist ja wirklich lustig …
Karin:	Na ja, du bist eben ein bisschen kleinlich.
Moderator:	Gut, so viel zum Thema „Haushalt". Worüber streiten Sie denn noch so?
Justus:	Hm, da muss ich mal überlegen … Karin, worüber streiten wir denn noch so?
Karin:	Hm … Über die Zeit, die wir miteinander verbringen. Du hast fast nie Zeit für mich. Deshalb bin ich öfters mal sauer.
Justus:	Ja, das stimmt. Dass ich so wenig Zeit habe, ist wirklich ein Problem. Ich arbeite sehr viel, ich mache sehr viel im Haushalt, nicht wahr, Karin?
Karin:	Na ja …
Justus:	… und verbringe natürlich auch möglichst viel Zeit mit den Kindern …
Moderator:	Sie haben Kinder?

Hörtexte Kursbuch

Karin: Ja, zwei Töchter: Mira und Julia. Sie sind drei und sechs Jahre alt.
Moderator: Streiten Sie sich denn auch über Erziehungsfragen?
Karin: Oh ja! Das ist auch so ein Problem, denn Justus ist einfach nicht streng genug. Alles, einfach alles lässt er den Kindern durchgehen …
Justus: Na ja, alles … Karin, übertreib' doch nicht immer so …
Karin: Stimmt schon, manchmal bist du auch etwas strenger, aber …
Moderator: Wenn man das so alles hört, hat man das Gefühl, dass Sie wirklich sehr, sehr viel streiten. Warum sind Sie trotzdem ein glückliches Paar?
Justus: Ja, wir streiten schon oft, aber für uns gehört das zu einer glücklichen Ehe. Sonst wäre es doch langweilig.
Karin: Ja, das stimmt.

Schritt E E1
… fängt … an.
… Spaß daran.
… in Schuss.
… nicht Schluss.

Zwischenspiel 14: *Sag beim Abschied leise „Servus"*
Muss i' denn, muss i' denn zum Städtele hinaus,
Städtele hinaus und du, mein Schatz, bleibst hier!
Wenn i' komm´, wenn i' komm´, wenn i' wieder, wieder komm´,
wieder, wieder komm´, kehr i' ein, mein Schatz, bei dir.
Muss i' denn, muss i' denn zum Städtele hinaus,
Städtele hinaus und du, mein Schatz, bleibst hier!
Wenn i' komm´, wenn i' komm´, wenn i' wieder, wieder komm´,
wieder, wieder komm´, kehr i' ein, mein Schatz, bei dir.

Winter, ade! Scheiden tut weh.
Aber dein Scheiden macht,
dass mir das Herze lacht.
Winter, ade! Scheiden tut weh.
Winter, ade! Scheiden tut weh.
Aber dein Scheiden macht,
dass mir das Herze lacht.
Winter, ade! Scheiden tut weh.

Hörtexte Arbeitsbuch

Lektion 8 Am Wochenende
Schritt B Übung 15
vgl. Arbeitsbuch Seite 91

Schritt B Übung 17
vgl. Arbeitsbuch Seite 91

Schritt C Übung 21 b
1 Frau: Hallo, wie geht's dir?
  Mann: Danke, gut. Wir haben uns lange nicht gesehen. Wir könnten mal wieder was zusammen unternehmen. Hast du Lust?
  Frau: Gute Idee.
  Mann: Wie wär's mit Kino?
  Frau: Mhm, warum nicht? Im Tivoli läuft gerade ein toller Film.
  Mann: Hast du morgen Abend Zeit?
  Frau: Ja, das geht bei mir.
  Mann: Also, dann bis morgen Abend.

2 Frau Huber: Guten Tag, Frau Müller.
  Frau Müller: Guten Tag, Frau Huber.
  Frau Huber: Am 7. August, also in zwei Wochen, feiert mein Mann seinen 40. Geburtstag. Wir würden Sie und Ihren Mann gern zu einem Glas Sekt einladen.
  Frau Müller: Das ist sehr nett, Frau Huber. Aber es tut mir sehr leid, das geht leider nicht. Da sind wir in Urlaub.
  Frau Huber: Schade, dass Sie nicht kommen können.
  Frau Müller: Ja, sehr schade, aber trotzdem vielen Dank für die Einladung.

Lektion 9 Warenwelt
Schritt B Übung 16
vgl. Arbeitsbuch Seite 101

Schritt B Übung 18
vgl. Arbeitsbuch Seite 101

Lektion 10 Post und Telefon
Schritt B Übung 12
vgl. Arbeitsbuch Seite 111

Schritt B Übung 13
vgl. Arbeitsbuch Seite 111

Schritt B Übung 14
vgl. Arbeitsbuch Seite 111

Schritt B Übung 15
vgl. Arbeitsbuch Seite 111

Schritt D Übung 25 a und b
Person 1:
Schrecklich! Egal wo, auf der Straße, im Zug, im Bus, dauernd klingelt irgendwo ein Handy. Immer und überall sprechen diese jungen Leute in ihre Handys. Das ist doch unhöflich und stört die anderen! Ich finde das wirklich unmöglich!

Person 2:
Ach, wissen Sie, ich finde das ganz praktisch mit den Handys. So kann ich meine Tochter immer erreichen, wenn sie abends irgendwo mit Freunden unterwegs ist. Das ist doch gut und ich muss mir keine Sorgen machen.

Person 3:
Natürlich finde ich das super. Das ist doch ganz normal heute. Jeder von uns hat ein Handy. Wir telefonieren ja nicht viel, weil das viel zu teuer ist. Aber ich verschicke viele SMS an meine Freunde.

Person 4:
Also, wenn Sie mich fragen: Früher ging es auch ohne diese Dinger. Wir haben eben von einem öffentlichen Telefon aus telefoniert oder zu Hause. Heute denken alle Jugendlichen, ohne Handy geht es überhaupt nicht mehr. Das kann ich überhaupt nicht verstehen. Irgendwann will man doch mal seine Ruhe haben.

Lektion 11 Unterwegs
Schritt C Übung 19
vgl. Arbeitsbuch Seite 123

Schritt C Übung 22
1 sechzehn
2 erwachsen
3 rechts
4 Fax
5 vormittags
6 mittwochs
7 werktags
8 dreißigste
9 Geburtstagskarte
10 Angst
11 wenigstens
12 Lieblingsbuch

Schritt D Übung 27
Sprecher: Die Verkehrsmeldungen für den Großraum Berlin: A10 Berlin Richtung Hamburg: zwischen Berlin Hellersdorf und Berlin Marzahn Gefahr durch Gegenstände auf der Fahrbahn.
Und im weiteren Verlauf der A10 zwischen Dreieck Oranienburg und Dreieck Havelland: Unfall, zwei Kilometer Stau. A11: Wegen Bauarbeiten ist die Ausfahrt Schönow in Richtung Berlin den ganzen Vormittag gesperrt. Es gibt keine Umleitungsempfehlung. A114 Richtung Berlin: zwischen Dreieck Pankow und dem Autobahnende Prenzlauer Chaussee zähfließender Verkehr

Hörtexte Arbeitsbuch

wegen einer Tagesbaustelle. Und noch die A115 Richtung Berlin: zwischen Autobahndreieck Drewitz und Potsdam hohes Verkehrsaufkommen. Fünf Kilometer Stau. Auch wenn Sie gerade im Stau stehen: Nehmen Sie's gelassen. Wir wünschen Ihnen eine gute Fahrt.

Schritt E   Übung 30
Michael: Am besten, du schaust dir morgen die Stadt an: das alte Rathaus, das Stadttheater, das Stadtmuseum, die Michaelikirche und natürlich auch den Stadtpark.
Antonio: Und wo finde ich das alles?
Michael: Das ist ganz einfach. Du startest am Bahnhof und gehst durch die Fußgängerzone. In der Fußgängerzone auf der linken Seite ist das Stadttheater. Dann gehst du geradeaus weiter und kommst nach 300 Metern auf den Marktplatz. Dort siehst du auch gleich die Michaelikirche. Sie steht in der Mitte vom Marktplatz.
Antonio: Ah ja, die Michaelikirche also.
Michael: Und hinter der Kirche ist auch gleich das Rathaus. Beim Rathaus gehst du in die Rathausgasse. Am Ende der Rathausgasse liegt das Stadtmuseum. Vom Stadtmuseum gehst du rechts und dann kommst du gleich in den Stadtpark.
Antonio: Okay, vom Stadtmuseum rechts, in den Stadtpark.
Michael: Da gibt es auch ein schönes Café, da kann man wirklich gemütlich sitzen. Wirklich schade, dass ich nicht mitkommen kann.

Lektion 12   Reisen
Schritt D   Übung 25
Besuchen Sie die Mecklenburgische Seenplatte und erleben Sie die Natur. Mieten Sie ein Boot und fahren Sie von See zu See. Sie können dabei seltene Vögel beobachten und sich entspannen. Natur und Ruhe – ohne Lärm und ohne stinkende Autos. Unsere Ferienwohnungen sind alle sehr modern und gemütlich eingerichtet. Sie können wählen zwischen Zwei- und Drei-Zimmer-Apartments mit Balkon oder Terrasse. Preis pro Person und Tag ab 15 Euro. Für weitere Informationen stehen wir Ihnen gern zur Verfügung. Schreiben Sie an …

Schritt D   Übung 26
Lehrerin: Jetzt möchte ich noch kurz mit Ihnen über unseren Schulausflug sprechen, Ihnen noch ein paar zusätzliche Hinweise zu dem Infoblatt geben. Wir machen den Ausflug zusammen mit der Klasse 3a. Da sind wir dann natürlich sehr viele Kinder. Könnten vielleicht einige Väter oder Mütter mitfahren? … Geben Sie dann bitte Ihrem Kind diesen Abschnitt hier mit und zwar bis spätestens Ende der Woche. Wir fahren also um acht Uhr zehn am Bahnhof los. Sorgen Sie bitte dafür, dass Ihr Kind wirklich ganz pünktlich um acht Uhr am Bahnhof ist. Von Schönau aus wandern wir dann auf die Burg Rotteck. Die Kinder sollen deshalb unbedingt gute Schuhe anziehen und natürlich auch Regenkleidung mitnehmen. Gegen Mittag sind wir dann auf dem Abenteuerspielplatz. Dort machen wir Picknick, wir wollen grillen. Geben Sie deshalb Ihrem Kind eine Wurst mit und auch etwas zum Trinken. Die Kinder haben dann noch Zeit, alles, was es auf dem Abenteuerspielplatz gibt, auszuprobieren. Die vier Euro für Bahnfahrt und Eintritt in die Burg sollen die Kinder bis spätestens nächsten Dienstag in die Schule mitbringen.

Schritt D   Übung 27
vgl. Arbeitsbuch Seite 136

Schritt E   Übung 31
a Und jetzt folgt der Reisewetterbericht für morgen, Dienstag, den 2. Juli.
Süddeutschland: überwiegend sonnig bei Tageshöchstwerten bis 29 Grad. Gegen Abend Gewitterneigung. Norddeutschland: von Westen her Bewölkungszunahme und gebietsweise Regen. Abkühlung auf 22 Grad.

b Und hier noch ein Reiseruf: Herr Anton Reimer aus Bremen, unterwegs in Westpolen mit einem weißen Opel Astra mit dem Kennzeichen HB-AR 789 soll sich bitte sofort telefonisch mit seiner Mutter in Verbindung setzen. Ich wiederhole: Herr Anton Reimer aus Bremen, bitte melden Sie sich bei Ihrer Mutter. … Und jetzt geht's weiter mit den Hits der 80er.

c Eine Verkehrsdurchsage: Achtung, Autofahrer auf der A96 München–Lindau. Bei Kilometer 35 an der Ausfahrt Germering läuft ein Hund auf der Fahrbahn. Bitte fahren Sie langsam und überholen Sie nicht.

Lektion 13   Auf der Bank
Schritt A   Übung 7
vgl. Arbeitsbuch Seite 141

Schritt D   Übung 26 a und b
Gespräch 1
Kunde: Guten Tag, ich möchte gern ein Konto eröffnen.
Angestellter: Ein Girokonto oder ein Sparkonto?
Kunde: Ich brauche ein Konto für mein Gehalt und dass ich die Miete überweisen kann.
Angestellter: Also ein Girokonto. Warten Sie, ich hole mal eben ein Anmeldeformular.

Gespräch 2
Kunde: Guten Tag, ich hätte eine Frage zu einem Sparkonto.
Angestellte: Ja bitte, was möchten Sie wissen?
Kunde: Was bekommt man da? – Ich meine … die Zinsen.
Angestellte: Momentan gibt es zwei Prozent auf das normale Sparbuch. Es gibt aber auch ein Sparbuch plus. Wenn Sie mehr als 2.000 Euro auf dem Sparbuch haben, bekommen Sie drei Prozent.

Hörtexte Arbeitsbuch

Gespräch 3
Kundin: Guten Tag. Was kostet bei Ihnen ein Girokonto?
Angestellter: Das ist für alle Kunden kostenlos, wenn jeden Monat mindestens 1.000 Euro auf das Konto kommen, z.B. durch Ihr Gehalt. Wenn Sie eine Kreditkarte möchten, kostet das 20 Euro im Jahr.
Kundin: Und wenn weniger auf das Konto kommt?
Angestellter: Dann bezahlen Sie für jede Überweisung einen Euro und die EC-Karte kostet zehn Euro im Jahr.

Gespräch 4
Kunde: Wenn ich bei Ihnen ein Konto eröffne, kann ich da auch am Geldautomaten Geld abheben?
Angestellte: Ja, natürlich. Sie brauchen nur eine EC-Karte mit Geheimnummer.
Kunde: Und was kostet das?
Angestellte: Das ist kostenlos, wenn Sie an unseren Geldautomaten Geld abheben. Wir haben in Deutschland über 2.000 Geldautomaten. Wenn Sie einen anderen Geldautomaten benutzen, kostet das 2 Euro 50.

Schritt D Übung 27

a Der Fuchs schreibt an die Gans:
„Ich liebe dich. Dein Hans."
Die Gans schreibt ihm ganz schlau zurück:
„Besuch mich auf dem Teich. Viel Glück!"

b Der Hahn schreibt an die Hühner:
„Ihr werdet immer schöner!"
Da gackern laut die Hühner:
„Der Kerl wird immer dümer!"

Fokus 8 *Medien im Alltag*
Übung 1 a und b
Gespräch 1
● Guten Tag, was kann ich für Sie tun?
■ Guten Tag, es ist so: Meine Frau kommt aus Ungarn. Sie möchte manchmal ungarisches Fernsehen schauen. Es gibt aber keine ungarischen Sender im deutschen Fernsehen. Können Sie mir helfen?
● Ja, natürlich. Haben Sie einen Kabelanschluss?
■ Äh, ja, ich glaube schon.
● Dann rufen Sie Ihre Kabelfirma an. Dort können Sie zusätzliche ausländische Sender abonnieren. Das kostet aber ein paar Euro im Monat.
■ Aha, und …
● Oder Sie kaufen bei mir eine Satellitenschüssel. Das ist gar nicht so teuer, und Sie können Programme aus der ganzen Welt sehen. Ohne Extrakosten. Ich zeige Ihnen mal ein paar Modelle …

Gespräch 2
● Wann kommen denn Nachrichten? Weißt du das?
▲ Ja, jetzt gleich im Ersten. Um acht. Aber du kannst doch auch die um Viertel vor zehn im Zweiten schauen. Meine Lieblingsserie fängt doch gleich an.
● Liebling, du immer mit deinen Serien …

Gespräch 3
● Gehst du mit mir ins Kino?
■ Was möchtest du denn sehen?
● Na, Erste Küsse. Der kommt heute Abend um 21 Uhr im Metropol.
■ Ach nee, heute hab ich keine Lust auf einen Liebesfilm. Der läuft doch sicher noch länger.
● Sicher. Ich schaue mal ins Kinoprogramm in der Zeitung.
■ Nee, warte. Ich bin grad im Internet. Hmmm, ja, Erste Küsse … hier … diese und nächste Woche noch, im Metropol, immer um 21 Uhr, dann können wir ja auch am …

Gespräch 4
● Kann ich Ihnen helfen?
■ Ja, ich suche eine Sportzeitschrift. Wissen Sie, ich komme aus Italien. Und ich interessiere mich für Fußball. Also ich möchte eine Zeitschrift mit Berichten über internationalen Fußball.
● Ja, da gibt es zum Beispiel den Kicker, der berichtet jede Woche über Fußball, auch über internationale Spiele.

Gespräch 5
■ Was machst du denn?
● Ich suche MDR Info. Da kommen jetzt gleich die Nachrichten aus der Region.
■ Na super! Das ist doch nicht interessant!
● Doch. Da kommen die Staumeldungen. Wir wollen doch nachher in die Stadt ins Kino. Wenn es einen Stau gibt, müssen wir früher losfahren

Hörtexte Arbeitsbuch

Fokus 9 Ein Kaufvertrag
Übung 1

- So, Herr Mazzullo. Das ist ja schön. Dann haben wir ja endlich die richtige Waschmaschine für Sie gefunden. Dann nehmen wir die Speedy 3000. Da brauche ich jetzt erst mal Ihre persönlichen Daten. Also, der Name war ....
- Riccardo Mazzullo. M-A-Z-Z-U-L-L-O
- Und die Adresse?
- Tellstraße 5, 90409 Nürnberg.
- Mhm, und wo sind Sie tagsüber erreichbar? Wo können wir Sie anrufen?
- Hmm. Das ist schwierig. Da geb' ich Ihnen lieber meine Handy Nummer. Das ist die 0171- 745698.
- Wollen Sie die Waschmaschine gleich mitnehmen oder sollen wir sie liefern?
- Nein, die kann ich heute nicht mitnehmen. Ich bin mit der U-Bahn da. Die müssen Sie mir liefern. Wie lange dauert das?
- Na ja, wir haben eine Lieferzeit von 1 bis 2 Wochen. Wir rufen Sie dann aber noch an und machen einen genauen Termin mit Ihnen aus. Sollen wir die Maschine dann auch montieren oder machen sie das selbst?
- Kostet das extra?
- Ja, wenn wir sie bringen und aufstellen kostet das 39 Euro. Wir können sie aber auch nur liefern. Dann macht das 20 Euro.
- Ach so, na dann mache ich das lieber selbst.
- Sollen wir Ihre alte Waschmaschine mitnehmen?
- Nein, das brauchen Sie nicht. Die schenke ich einem Freund.
- Schön! Und wollen Sie sofort zahlen? Oder zahlen Sie erst bei Lieferung?
- Geht das denn?
- Na ja, wir brauchen eine Anzahlung von 100 Euro. Den Rest können Sie dann bei Lieferung zahlen.
- Gut, dann zahle ich erst mal die 100 Euro und den Rest dann später mit Kreditkarte.
- Gut, also dann 399 Euro später. Wunderbar. So, ich glaube, da hätten wir nun alles. Jetzt müssen Sie nur noch hier unterschreiben und dann hoffe ich, dass Sie mit unserer Speedy 3000 zufrieden sind. Vielleicht kann ich Ihnen auch noch unsere Wäschetrockner zeigen?

Fokus 10 Ämter und Behörden
Gespräch 1

Polizistin:	Führerschein und Fahrzeugpapiere!
Frau Yilmaz:	Moment! Hier, bitteschön!
Polizistin:	Sie sind türkische Staatsangehörige und leben in Deutschland?
Frau Yilmaz:	Ja.
Polizistin:	Seit wann?
Frau Yilmaz:	Seit Februar.
Polizistin:	Seit über sechs Monaten? Dann ist er ungültig, Ihr Führerschein!
Frau Yilmaz:	Na hören Sie mal, wie reden Sie denn mit mir?
Polizistin:	Warum denn? Ich hab' nur gesagt, dass Ihr Führerschein ungültig ist.
Frau Yilmaz:	Das kann man auch höflich sagen! Warum ist er denn ungültig?
Polizistin:	Mit Ihrem ausländischen Führerschein dürfen Sie hier nur sechs Monate lang fahren. Danach brauchen Sie eine deutsche Fahrerlaubnis.
Frau Yilmaz:	Das habe ich nicht gewusst. Was muss ich denn jetzt tun?
Polizistin:	Informationen bekommen Sie bei der Meldebehörde.
Frau Yilmaz:	Ja, aber, muss ich das Auto jetzt hier stehen lassen, oder was?
Polizistin:	Eigentlich schon, aber, naja, okay, Sie gehen ja jetzt gleich zur Behörde, oder?
Frau Yilmaz:	Natürlich.

Gespräch 2

Mitarbeiter:	Ja, bitte?
Frau Yilmaz:	Ich habe ein Problem. Mein alter Führerschein gilt nicht mehr. Ich brauche einen deutschen Führerschein. Was muss ich tun? Wo muss ich hin?
Mitarbeiter:	Führerschein. H-hm. Gehen Sie jetzt bitte in den ersten Stock, ziehen Sie eine Nummer und bleiben Sie dann im Wartebereich.
Frau Yilmaz:	Okay! Ja, Danke!
Mitarbeiter:	Bitteschön!

Gespräch 3

Herr Schnabel:	Tja, Frau Yilmaz, diesen Führerschein müssen Sie umschreiben lassen.
Frau Yilmaz:	Umschreiben lassen? Gut. Und wie macht man das?
Herr Schnabel:	Also, puh, wissen Sie, gehen Sie doch einfach ins Internet! Dort können Sie das alles ganz genau nachlesen ...
Frau Yilmaz:	Nein! Das mache ich nicht!
Herr Schnabel:	Was?
Frau Yilmaz:	Das hier ist doch eine öffentliche Behörde, oder?
Herr Schnabel:	Ja und?
Frau Yilmaz:	Na, sehen Sie! Als Behörde MÜSSEN Sie mich beraten.
Herr Schnabel:	Pfuh, na schön. Also: Was wollen Sie wissen?
Frau Yilmaz:	Wie bekomme ich einen gültigen Führerschein? Was brauche ich alles? Was muss ich machen?
Herr Schnabel:	Sie müssen die ‚Umschreibung einer ausländischen Fahrerlaubnis' beantragen.
Frau Yilmaz:	Gut.
Herr Schnabel:	Dazu brauchen Sie ein Passfoto und Ihren Pass ...
Frau Yilmaz:	Aha.
Herr Schnabel:	... und Ihren alten Führerschein ...
Frau Yilmaz:	H-hm.
Herr Schnabel:	... und eine Übersetzung des Führerscheins ins Deutsche ...
Frau Yilmaz:	Weiter?

TRANSKRIPTIONEN

Hörtexte Arbeitsbuch

Herr Schnabel: ... und eine Anmeldebestätigung der Fahrschule.
Frau Yilmaz: Der Fahrschule?
Herr Schnabel: Naja, da wo Sie die theoretische und die praktische Führerscheinprüfung machen.
Frau Yilmaz: Ich muss also den ganzen Führerschein wirklich noch mal machen?
Herr Schnabel: So ist es.
Frau Yilmaz: Och! Das gibt's ja nicht! Brauch' ich sonst noch was?
Herr Schnabel: 42 Euro und 60 Cent.
Frau Yilmaz: War das alles?
Herr Schnabel: Puh, ich glaube schon.
Frau Yilmaz: Okay. Aber bis ich diesen neuen Führerschein habe, das dauert ja wohl noch eine ganze Weile, oder?
Herr Schnabel: Ja, ... das dauert.
Frau Yilmaz: Ich brauche mein Auto aber jeden Tag, auch heute, für meinen Job. Verstehen Sie?
Herr Schnabel: Ja gut, aber ...
Frau Yilmaz: Gilt denn der alte Führerschein wirklich nur ein halbes Jahr? Kann man da nicht irgendwas machen? Kann man das nicht verlängern?
Herr Schnabel: Na ja, ich könnte die Frist von einem halben Jahr auf ein ganzes Jahr verlängern.
Frau Yilmaz: Na, sehen Sie! Dann verlängern Sie sie doch bitte!
Herr Schnabel: Puh. Also, wissen Sie was, Frau Yilmaz? Sie sind wirklich ganz schön anstrengend!

Fokus 12 *Ein Antragsformular*
Übung 1

Mutter: Also, jetzt noch: Ausbildungsstelle. Hmm ... Was muss ich da jetzt eintragen?
Tochter: Na, die Schule, in die ich gehe. Da schreibst du Oranien Gesamtschule rein.
Mutter: Okay. Und wie ist da noch mal die genaue Adresse?
Tochter: Oranienstraße 89.
Mutter: Weißt du auch die Postleitzahl?
Tochter: Na klar, das steht hier irgendwo. Hier, das ist die 10969.
Mutter: Und hier! Ist das hier nun Ausbildungstarif 1 oder 2?
Tochter: Na da steht doch bis 14 Jahre und ich bin 12. Mann, Mama!!! Also Ausbildungstarif 1.
Mutter: Gut, und du brauchst die Karte ab Mitte August, wenn die Schule anfängt, oder? Das stimmt doch?
Tochter: Ja, schreib halt gleich 1.8. ...
Mutter: Alles klar. Also 1.8. ... Hmmm, okay, und du steigst ja in der Pannierstraße in den Bus ein. Wie heißt die Haltstelle, wo du aussteigst? Musst du irgendwo umsteigen?
Tochter: Ja klar, ich steig doch immer am Hermannplatz in die U-Bahn um. Und am Moritzplatz muss ich aussteigen.
Mutter: Gut. Jetzt müssen wir hier noch die Nummern von Bus und U-Bahn eintragen.
Tochter: Ach Mama, du weißt doch die Nummern.
Mutter: Ja, der Bus ist der M29, aber welche U-Bahn ist das noch mal?
Tochter: Na die U8.
Mutter: Okay. Also von Pannierstraße zu Hermannplatz, umsteigen am Moritzplatz. So, dann haben wir ja jetzt alles, glaub' ich. Und vergiss nicht, das Formular morgen mitzunehmen. Pack es am besten gleich ein. Du brauchst noch den Stempel von der Schule.
Tochter: Okay, das mache ich. Und Mama, vielleicht solltest du mich mal auf dem Schulweg begleiten, damit du weißt, wo meine Schule ist.

Fokus 12 *Eine Buchungsbestätigung*
Übung 2 b

■ Reisebüro Brunner, guten Tag.
● Grüß Gott, hier spricht Giancarlo Torello. Sie, ich habe heute Ihre Buchungsbestätigung bekommen. Sagen Sie, die ist ja voller Fehler! Wie ist das möglich?
■ Entschuldigen Sie – wie war noch mal der Name?
● Torello.
■ Ah ja, einen kleinen Moment bitte, ich rufe mir mal den Brief auf. M-hm, ah, ja, jetzt hab ich's. Die Reise nach Salzburg. Richtig? Jetzt muss ich nur noch die Buchung suchen. So, jetzt werden wir gleich sehen. Was ist denn da falsch?
● Also, erstens heiße ich nicht Torino, sondern Torello und dann ...
■ Oh ja, stimmt, gut, aber bitte langsam und der Reihe nach.
● Also, wir wollten am 2. Dezember nach Salzburg fahren und nicht am 4. .... Na, und der Preis stimmt auch nicht! Insgesamt 74 Euro, das ist doch falsch, rechnen Sie doch mal bitte nach.
■ Wieso ist das falsch? 2x die Reise, 2x mal die Stadtrundfahrt und 2x die Führung, 74 Euro, das stimmt doch!?
● Nein, das ist nicht richtig. Nur meine Frau möchte die Führung im Mozarthaus machen. Wir haben doch geschrieben: eine Person! Aber die Stadtrundfahrt, die wollen wir schon beide machen.
■ Ja, ja, ich sehe, da haben Sie recht. Dann sind das natürlich nur 68 Euro. Also, das tut mir jetzt wirklich leid, das ist ein Fehler. Das kommt normalerweise nicht vor, glauben Sie mir. Also, wissen Sie was, ich schicke Ihnen gleich heute noch eine neue Bestätigung.
● Ja, also das kann ja mal vorkommen, dass man Fehler macht und ...

Hörtexte Arbeitsbuch

Fokus 13 *Gespräche zum Thema Versicherung*
Übung 1 a und b

Herr Wenisch:	Alles-Gut-Versicherungen, Wenisch, was kann ich für Sie tun?
Frau Gül:	Äh, ja, guten Tag. Mein Name ist Leyla Gül. Ich habe zum ersten Mal eine Wohnung gemietet und ...
Herr Wenisch:	Na, dann: Herzlichen Glückwunsch!
Frau Gül:	Äh, danke, und jetzt brauche ich eine Haftpflichtversicherung.
Herr Wenisch:	Also, eine Haftpflichtversicherung müssen Sie unbedingt haben. Das ist sehr wichtig! Es gibt verschiedene Tarife, zum Beispiel für Singles oder Familien. Darf ich fragen: Wohnen Sie allein? Oder haben Sie Kinder?
Frau Gül:	Ich wohne allein.
Herr Wenisch:	Also, da gibt es einen sehr günstigen Tarif für Singles bis 27 Jahre.
Herr Wenisch:	So, Frau Gül, das sind also die verschiedenen Möglichkeiten. Ich denke, für Sie ist die Haftpflichtversicherung für Singles das Beste.
Frau Gül:	Ja, das Angebot klingt gut.
Herr Wenisch:	Also machen wir das dann so?
Frau Gül:	Ja, einverstanden. Ich möchte die Versicherung abschließen. Welche Informationen brauchen Sie da von mir?
Herr Wenisch:	Also, zunächst einmal die Anschrift.
Frau Gül:	Lindenstraße 9 in Rotenburg.
Herr Wenisch:	Und dann brauche ich noch das Geburtsdatum und den Geburtsort und verschiedene Angaben zu Ihrer Person. Also machen wir das mal der Reihe nach...

Übung 2

Herr Wenisch:	Alles-Gut-Versicherungen, Wenisch, was kann ich für Sie tun?
Frau Gül:	Guten Tag, hier spricht Leyla Gül. Ich habe bei Ihnen vor 2 Wochen eine Haftpflichtversicherung abgeschlossen. Jetzt möchte mein Vermieter einen Nachweis, dass ich haftpflichtversichert bin.
Herr Wenisch:	Nun, das ist kein Problem, Frau Gül. Sie müssen Ihrem Vermieter einfach nur die Versicherung und die Vertragsnummer mitteilen. Das genügt meistens. Oder Sie machen eine Kopie vom Vertrag für ihn. Aber ich kann Ihnen gern eine formlose Bestätigung per E-Mail senden. Hilft das?
Frau Gül:	Ja. Das wäre prima. Vielen Dank, Herr Wenisch. Meine E-Mail-Adresse haben Sie ja. Das ist Leyla.Guel – Gül mit ue – @ ...

Lösungen zu den Übungen im Arbeitsbuch

Lektion 8

A

1 **B** Text 4 **C** Text 2 **D** Text 1

2 **b** Er kann dort mit den Kindern Fußball spielen. **c** Er muss in der Woche viel arbeiten. **d** Er kann da seine Freunde treffen.

3 **b** …, weil er dort mit den Kindern Fußball spielen kann.
c …, weil er in der Woche viel arbeiten muss.
d …, weil er da seine Freunde treffen kann.

4 **b** Trotzdem geht Familie Grimaldi an den Kirchweiler See. **c** Trotzdem sitzt Herr Windlich ungefähr drei Stunden im Garten. **d** Trotzdem geht Peter Lustig ins Schwimmbad.

5 *Musterlösung:*
Am Freitagabend gehe ich immer Fußballspielen. Da kann ich mich danach trotzdem noch mit Freunden treffen, weil es dann noch nicht so spät ist. Am Samstag möchte ich gern mit meiner Familie einen Ausflug machen, am liebsten in das Freibad hier in der Nähe. Und am Sonntag will ich ganz lange schlafen und danach nichts tun.

6 **b** Ich fahre trotzdem in Urlaub. **c** Deine Tochter läuft trotzdem im T-Shirt herum. **d** Trotzdem muss ich gehen. **e** Ich gehe trotzdem mit dir ins Kino. **f** Trotzdem gibt es keine Pause.

7

	(trotzdem)			(trotzdem)	
b	Trotzdem	fahre	ich		in Urlaub.
	Ich	fahre		trotzdem	in Urlaub.
c	Trotzdem	läuft	deine Tochter		im T-Shirt herum.
	Deine Tochter		läuft		trotzdem	im T-Shirt herum.

8 **b** Trotzdem schaue ich mit meinen Freunden einen Film an.
c Trotzdem höre ich es mit dir an.
d Trotzdem geht er nicht ins Bett.
e Trotzdem isst er viel Süßes.

9 *Musterlösung:*
Ich bin müde. Trotzdem gehe ich nicht ins Bett. Ich muss lernen. Trotzdem sehe ich lieber fern. Es regnet. Trotzdem gehe ich spazieren. Ich habe keine Lust. Trotzdem mache ich meine Hausaufgaben. Es kommt abends nichts Interessantes im Fernsehen. Trotzdem schalte ich den Fernseher nicht ab. Ich will nicht streiten. Trotzdem ärgere ich meinen Bruder.

B

10 **a** 2 Ich hätte lieber eine Katze. 3 Ich würde lieber ans Meer fahren.
b 2 Ich hätte 3 Wir würden … fahren, wir würden … tanzen, wir würden … spazieren gehen

11 **b** Ich würde lieber spazieren gehen. **c** Ich hätte gern mal ein bisschen Ruhe. **d** Ich wäre lieber gesund. **e** Ich würde lieber ans Meer fahren. **f** Ich wäre jetzt am liebsten in der Disko.

12 **b** Ich wäre lieber bei dir. **c** Er würde lieber mit Freunden ins Schwimmbad gehen. **d** Wir würden lieber auf dem Balkon sitzen. **e** Ich wäre lieber schon zu Hause.
f Ich hätte lieber Urlaub.

13 **b** Ich hätte auch gern frei. / Oh, da würde ich jetzt auch gern sitzen. **c** Oh, da wäre ich jetzt auch gern. / Oh, ich würde auch gern nach Brasilien fliegen. / Oh, da würde ich jetzt auch gern hinfliegen. **d** Oh, ich würde jetzt auch gern eine Wanderung machen. / Oh, ich würde heute auch gern wandern gehen.

15 **b** achtzehn, Führerschein **c** Hamburg, Probleme
d Verkäuferin, andere, Kindern

17 Ich arbeite viel ➔ und komme immer sehr spät nach Hause. ↘ Am Wochenende ruhe ich mich aus. ↘ Bei schönem Wetter sitze ich im Garten ➔ und mache gar nichts. ↘ Und wenn am Abend ein guter Krimi im Fernsehen kommt, ➔ bin ich glücklich. ↘

C

19 **b** Du könntest ins Kino gehen. **c** Du könntest ihr Blumen schenken. **d** Du könntest am Samstag ins Stadion gehen.
e Du könntest einen Ausflug machen.

20 **a** 3 – 1 – 7 – 5 – 2 – 4 – 6
b 4 – 8 – 2 – 6 – 7 – 1 – 5 – 3

21a 1 Lust – Idee – Wie wär's – Warum nicht – das geht bei mir – Also, dann
2 es tut mir sehr leid – Schade – trotzdem vielen Dank für die Einladung

22 **b** Das ist eine gute Idee. Da spielt Stuttgart gegen Hamburg.
c Ich möchte lieber in die Disko gehen.
d Warum nicht? Um welche Uhrzeit?
e Ich möchte eigentlich lieber einen Ausflug mit Jutta machen.

Lösungen zu den Übungen im Arbeitsbuch

23 *Musterlösung:*
a Ich würde gern mit dir Tennis spielen – Schade, das geht leider nicht. Ich bin krank. – Vielleicht können wir in zwei Wochen wieder zusammen spielen. **b** Wir könnten zusammen eine Wanderung machen. – Wie wäre es am nächsten Wochenende? – Ja, gern, wohin wollen wir denn gehen? **c** Ich würde gern mit dir schwimmen gehen. – Wie wäre es morgen Nachmittag? – Gut, wann genau sollen wir uns treffen? **d** Wir könnten am Donnerstagabend essen gehen. – Tut mir leid, da habe ich leider keine Zeit. – Na, dann vielleicht am Freitag?

D

24

	gehen	bleiben	fahren	machen	besuchen	spielen	anschauen	schlafen
Tennis						x	x	
Freunde		x		x				
tanzen	x		(x)					
einen Ausflug				x				
spazieren	x		x					
bis elf Uhr		x				(x)		x
ein Fußballspiel				(x)		x	x	
ins Schwimmbad	x		x					
eine Radtour				x				
Skateboard				x				
zu Hause		x				x	x	x

E

26 a 4; 3; 1, 2; 1, 2
b 2 Ich gehe in die Spielestraße für Kinder. 3 Ich gehe zur Veranstaltung „Lamstein international". 4 Ich gehe zum Hobby-Fußballturnier.

Lektion 9

A

1 a dick – dünn; groß – klein; hell – dunkel **b** lang – kurz; interessant – langweilig; neu – alt; schwer – leicht

2 b klein **c** kurz **d** dick **e** groß **f** alt

3 a die **b** der **c** das **d** die **e** die

4

das Handy	Das ist …	ein	*groß*es Handy.	-es
die Kette		eine	lang*e* Kette.	-e
die Bücher	Das sind …	–	interessant*e* Bücher.	-e
		keine	interessant*en* Bücher.	-en

5 b eine gute Lampe **c** ein billiges Buch **d** ein runder Tisch **e** bequeme Stühle

6 b schöne **c** kleiner **d** alten **e** lange

7 b Das sind keine großen Gläser, das sind kleine Gläser. **c** Das ist keine schwarze Jacke, das ist eine weiße Jacke. **d** Das ist kein altes Radio, das ist ein neues Radio. **e** Das ist keine billige Lampe, das ist eine teure Lampe. **f** Das sind keine neuen Löffel, das sind alte Löffel.

8 b runden **c** gutes **d** alten **e** schöne

9 b eine helle Lampe; helle Lampen **c** eine billige Kamera; billige Kameras **d** ein interessantes Buch; keine langweiligen Bücher; interessante Bücher

10 b Haben Sie einen dicken Schal? – Nein, wir haben keine dicken Schals. / Nein, wir haben nur dünne Schals. **c** Haben Sie eine blaue Kanne? – Ja, wir haben blaue Kannen. **d** Haben Sie ein braunes Regal? – Nein, wir haben keine braunen Regale. **e** Haben Sie eine gute Kaffeemaschine? – Ja, wir haben gute Kaffeemaschinen. **f** Haben Sie eine schöne Zuckerdose? – Ja, wir haben schöne Zuckerdosen.

B

11 b in **c** mit **d** von **e** zu

12 das Geschäft: in ein*em* gut*en* Geschäft;
die Lampe: bei ein*er* neu*en* Lampe;
die Regale: zu mein*en* hell*en* Regalen

13 b … mit großen Türen.
c … mit einem flachen Bildschirm.
d … mit kleinen und großen Löffeln?
e … mit einer weichen Sohle.

Lösungen zu den Übungen im Arbeitsbuch

14

	Stoff	Holz	Glas	Metall	Papier	Plastik/ Kunst- stoff
Spielzeug	x	x		x		x
Flaschen			x			x
Kleider	x					
Möbel	x	x	x	x		x
Fenster		x	x	x		x
Autos				x		x
Bücher					x	

15 b einen neuen Wecker c große Wecker d einen kleinen Wecker e kleine Wecker f einen großen Wecker g schöne Wecker h einen lauten Wecker i alte Wecker j einen neuen Wecker k einen nicht zu großen l nicht zu kleinen m nicht zu leisen n nicht zu alten Wecker o einem hellen Licht p ein neues Handy

20 Wir kaufen   den Schrank.
             einen großen Schrank.
             die großen Schränke.
             große Schränke.
             keine großen Schränke.

Der Tisch steht neben   dem Schrank.
                        einem großen Schrank.
                        den großen Schränken.
                        großen Schränken.

C

21 b schön – schöner – am schönsten c leicht – leichter – am leichtesten d gut – besser – am besten e lang – länger – am längsten f groß – größer – am größten g interessant – interessanter – am interessantesten h jung – jünger – am jüngsten i gesund – gesünder – am gesündesten j hoch – höher – am höchsten k dunkel – dunkler – am dunkelsten l lieb – lieber – am liebsten m teuer – teurer – am teuersten n viel – mehr – am meisten

22 b leichter als ... am leichtesten c besser als ... am besten d länger als ... am längsten e höher als ... am höchsten f gesünder als ... am gesündesten g jünger als ... am jüngsten h billiger als ... am billigsten i größer als ... am größten

23 b als c als d wie e als

24 b ... so gut wie ...
c ... so teuer wie ...
d ... so hoch wie ...

25 *Musterlösung:*
a Der Philips ist größer als der Sharp, aber der Thomson ist am größten. Der Philips ist kleiner als der Thomson, aber der Sharp ist am kleinsten. b Der Philips ist schwerer als der Sharp, aber der Thomson ist am schwersten. Der Philips ist leichter als der Thomson, aber der Sharp ist am leichtesten. c Der Sharp ist teurer als der Philips, aber der Thomson ist am teuersten. Der Sharp ist billiger als der Thomson, aber der Philips ist am billigsten.

26 b älter c besser d billiger e schneller

27 b Die Zugspitze ist ein hoher Berg, der Großglockner ist höher, aber am höchsten ist das Matterhorn. c Die Elbe ist ein langer Fluss, der Rhein ist länger, aber am längsten ist die Donau. d Genf ist eine große Stadt, Wien ist größer, aber am größten ist Berlin. / Genf hat viele Einwohner, Wien hat mehr Einwohner (als Genf), aber Berlin hat am/die meisten Einwohner. e Preis: Das Auto ist billiger als das Flugzeug, aber am billigsten ist der Zug. Dauer: Eine Fahrt mit dem Zug dauert länger als mit dem Auto, aber am schnellsten ist/geht es mit dem Flugzeug.

D

28 Frau Kilian hat ein Radio bestellt. Aber im Päckchen ist eine Kaffeemaschine.

29 b am 22. Januar c ... ich habe eine Kaffeemaschine bekommen. d ... holen Sie die Kaffeemaschine ... ab ... schicken Sie mir das Radio.

30 a 2 Es tut mir leid, aber die Rechnung stimmt nicht.
3 Bitte schicken Sie mir eine neue Rechnung.
b 1 *Musterlösung:*
Sehr geehrte Damen und Herren,
am 15. März habe ich bei Ihnen einen Anzug bestellt. Aber leider war er zu klein. Ich möchte ihn deshalb gerne zurückschicken. (Ich hoffe, das geht in Ordnung.) Bitte schicken Sie mir den Anzug in Größe 52.
Mit freundlichen Grüßen
...

Lösungen zu den Übungen im Arbeitsbuch

2 *Musterlösung:*
Sehr geehrte Damen und Herren,
vor einem halben Jahr habe ich bei Ihnen eine Kamera, Modell X-995, gekauft. Leider ist sie nun kaputt, aber sie hat noch Garantie. Bitte reparieren Sie doch die Kamera und schicken Sie sie wieder an mich zurück.
Vielen Dank und freundliche Grüße
…

E

32 b Qualität c Verkaufssendungen, Teleshopping d Katalog e Sonderangebote f Garantie g Kreditkarte

33 1 a 2 b 3 a 4 c 5 b

Lektion 10

A

1 (von links oben nach rechts unten) der Absender, der Aufkleber, das Paket, die Briefmarken, der Empfänger

2
- a Abholschein
- b Zollerklärung
- c Eilsendung
- d Einschreiben
- e Empfänger

Lösung: Brief

3 b ein c eine d ein

4 b Was für ein c Was für eine d Was für einen e Was für

5 b verpacken c die Beratung d die Entscheidung e (sich) ernähren f die Ordnung g üben h meinen i die Entschuldigung j die Wohnung k liefern

6 b üben c meinst, entscheiden d verpacken

7 *Name und Anschrift des Absenders:* Anna Levcovic, Schönallee 22, 40545 Düsseldorf; *Name und Anschrift des Empfängers:* Nino Aptsiauri, Sandukeli 16, 0108 Tbilissi; *Tel.:* 00995/32/549388; *Bestimmungsland:* Georgien; *Inhaltsbeschreibung:* Bücher

B

8 b Die Fenster werden geputzt. c Der Briefträger sortiert die Briefe. d Die Briefe werden sortiert. e Herr Maier repariert sein Auto. f Das Auto wird in der Werkstatt repariert.

9 a 1 sortiert 2 gewogen 3 verpackt 4 transportiert
b

Die Äpfel	werden	zuerst	sortiert.
Dann	werden	sie	gewogen.
Hier	werden	sie	verpackt.
Schließlich	werden	sie in den Supermarkt	transportiert.

10 b wird c werden d werden e wird

11 b Auf der Post wird das Päckchen gewogen. c Der Päckchenschein und die Zollerklärung werden ausgefüllt. d Das Päckchen wird verschickt. e Das Päckchen wird mit dem Flugzeug transportiert. f Die Uhr wird zu Marias Schwester gebracht.

13 b – p Bleib: p; Schreibst: p; schreibe: b; bald: b
d – t sind: t; freundlich: t; leid: t; Leider: d; bald: t
g – k regnet: g; Sag: k; sage: g; Zeigen: g

C

17 b der runde Tisch c die neue Kamera d das teure Handy e der langweilige Film f die faule Angestellte g die kurze Hose

18 b Schau mal, wie gefällt dir denn die weiße Uhr? – Nicht so gut, die gelbe gefällt mir besser. c Schau mal, wie gefällt dir denn das bunte Handy? – Nicht so gut, das schwarze gefällt mir besser. d Schau mal, wie gefällt dir denn der schwarze Computer? – Nicht so gut, der graue gefällt mir besser. e Schau mal, wie gefallen dir denn die bunten Handytaschen? – Nicht so gut, die einfarbigen gefallen mir besser.

19 b den kleinen schwarzen Fernseher c die neuen Kameras; die silberne d die verrückten Handytaschen

20 b dem bunten T-Shirt c der einfarbigen Bluse d den bunten Blumen e dem schwarzen Schal

21 *Musterlösung:*

	der	das	die	die
Mir gefällt / gefallen …	der graue Computer	das bunte Handy	die gelbe Uhr	die einfarbigen Handytaschen
Ich will …	den schwarzen Fernseher	das rote Radio	die neue Kamera	die verrückten Handytaschen
mit …	dem schwarzen Schal	dem bunten T-Shirt	der einfarbigen Bluse	den bunten Blumen

Lösungen zu den Übungen im Arbeitsbuch

22 **a** alten **b** teuren; guten; neue **c** anderen; weiße; hellen; dünnen **d** kleinen; gute; neue

23 **b** der gelben Jacke. **c** den weißen Streifen! **d** den roten Punkten? **e** der blaue Anzug?

24 *Musterlösung:*
b Ich möchte für meine 30-jährige Freundin das bunte Brettspiel.
c Ich möchte dieses kurze Kleid da für ein Hochzeitsfest.
d Ich möchte das kleine Stofftier hier als Geburtstagsgeschenk für ein 6-jähriges Mädchen.

D

25 **a** Person 1: negativ; Person 2: positiv; Person 3: positiv; Person 4: negativ
b 1 falsch 2 richtig 3 richtig 4 richtig

26 **b** unmöglich **c** unfreundlich **d** unwichtig **e** unmodern

E

28 **b** auf einen Anrufbeantworter sprechen **c** ein Visum (verlängern) / beantragen **d** einen Termin verschieben **e** im Internet surfen

29 **a** Aber ich musste etwas bei der Reinigung abholen.
b … ich zum Arzt zur Grippeimpfung gehen musste.
c … aber ich hatte ein Treffen mit dem Elternbeirat.
d … aber ich musste im Konsulat meinen Ausweis verlängern.

31 **a** Liebe Claudia,
gerade habe ich einen Anruf von meinem Vater bekommen. Meine Mutter liegt im Krankenhaus. Natürlich will ich heute Abend meine Mutter besuchen. Es tut mir sehr leid, dass ich nicht kommen kann. Vielleicht könnten wir unser Treffen verschieben?
Viele Grüße
…
b *Musterlösung:*
Liebe Andrea,
vor ein paar Stunden habe ich überraschend Besuch von meinen Eltern bekommen. Sie wollen bis übermorgen bleiben. Deshalb kann ich leider nicht zu unserer Verabredung kommen. Können wir unser Treffen vielleicht verschieben? Wann hast Du wieder Zeit? Schreib mir doch einfach!
Viele Grüße
…

Lektion 11

A

1 **a** 2 beim Metzger, in der Metzgerei 3 bei meiner Oma, in der Parkstraße 18 4 bei Freunden, in der Schule
b 2 zum Metzger, in die Metzgerei 3 zu meiner Oma, in die Parkstraße 18 4 zu Freunden, in die Schule

2 **b** vom Metzger, aus/von der Metzgerei **c** von meiner Oma, aus der Parkstraße 18 **d** von Freunden, aus der Schule

3 **a** auf dem, vom **b** zum, beim, vom **c** ins, im, aus dem **d** in den, im, aus dem

4 **a** in den Supermarkt
b aus dem Supermarkt
c zum Supermarkt
d vom Supermarkt
e auf den Fußballplatz
f vom Fußballplatz

5 **b** … vom Bäcker. **c** … komme gerade von der Tankstelle. **d** Ja, ich komme gerade vom Supermarkt. **e** Ja, ich komme gerade vom Friseur.

6 *Musterlösung:*
Um 13 Uhr muss er Jana von der Schule abholen. Um 14 Uhr muss er Pauli vom Kindergarten abholen. Um 15 Uhr muss er Jana zur Geburtstagsfeier von Claudia bringen. Um 16 Uhr muss er Pauli zu Daniel bringen. Um ca. 18 Uhr muss er Jana von der Geburtstagsfeier abholen, vorher muss er noch Pauli von Daniel abholen.

B

8 6 – 3 – 8 – 1 – 4 – 5 – 2 – 7

9 **b** gegenüber vom **c** die Poststraße entlang **d** durch die, bis zur, rechts **e** am, um die

10 *Musterlösung:*
b Dann ist er an der Ampel links gegangen und an der nächsten Ecke gleich wieder rechts abgebogen. Danach ist er die Auenstraße entlanggelaufen bis zur Friedrichstraße. Dort ist er nach links gegangen. An der nächsten Ampel ist er wieder nach rechts gegangen.
c Dann muss er nach rechts gehen und die Friedrichstraße entlanggehen bis zur Paulstraße. Dort muss er links in die Paulstraße abbiegen und bis zur zweiten Straße auf der rechten Seite gehen. Das ist der Kirchweg. Dort wohnt sein Freund im zweiten Haus auf der linken Seite.

Lösungen zu den Übungen im Arbeitsbuch

11 **b** in die Straße hineinfahren / links abbiegen **c** über den Marktplatz / durch diese Straße fahren **d** weiterfahren **e** auf der rechten Straßenseite parken

C

13 **b** Ich bringe es in die Werkstatt. **c** Ich gehe zur Bank. **d** Ich mache eine Pause. **e** Ich lege mich ins Bett.

14 **b** Deshalb bringe ich es in die Werkstatt. **c** Deshalb gehe ich zur Bank. **d** Deshalb mache ich eine Pause. **e** Deshalb lege ich mich ins Bett.

15 **a** 2 ..., weil man bei Nacht gut sehen muss.
3 ..., weil die Reifen manchmal Luft brauchen.
4 ..., weil man manchmal andere Radfahrer überholen muss.
5 ..., weil man auf der Straße nicht ausrutschen darf.

b
Satz 1

2 Man	muss	bei Nacht gut sehen.
3 Die Reifen	brauchen	manchmal Luft.
4 Man	muss	manchmal ... überholen.
5 Man	darf	... nicht ausrutschen.

Satz 2

2 Deshalb	braucht	man ein helles Vorderlicht.
3 Deshalb	braucht	man eine Luftpumpe.
4 Deshalb	braucht	man eine gute Klingel.
5 Deshalb	braucht	man gute Reifen.

16 **a** 1 weil 2 deshalb 3 deshalb 4 weil
b 1 denn 2 denn 3 weil 4 weil

17 **b** hörbar **c** erkennbar **d** bezahlbar **e** abschließbar

20 Pfanne – Schnitzel, Topf – Deckel, Pfund – Kilo, Pfeffer – Salz, Empfänger – Absender, Impfung – Grippe, Kopf – Gesicht

21 *z* oder *tz*

22 2, 4, 5, 7, 9

D

23 **b** der Regen **c** das Eis **d** das Gewitter **f** der Nebel **g** die Sonne **h** der Wind

24 **a** gewittrige, Sonne und Wolken, trocken, 17 Grad im Norden, 29 Grad im Süden, starker Westwind

b

Wie wird das Wetter?	im Norden	in der Mitte	im Süden
heute Nacht	weniger Regen klar und trocken 10–15 Grad	10–15 Grad	10–15 Grad
am Dienstag	Wolken, einzelne Schauer oder Gewitter 17 Grad	einige dickere Wolken viel Sonnenschein freundlich und trocken	einige dickere Wolken freundlich und trocken 29 Grad

26 **b** Auf der Straße liegen Sachen herum. **c** Man repariert die Straße. **d** Alle können nur langsam fahren. **e** Hier kann man die Straße nicht verlassen. **f** Die Baustelle gibt es nur heute.

27 Meldung 2: e; Meldung 3: a; Meldung 4: d; Meldung 5: c

E

28 2 Führerschein 3 Bahnhof 4 Ampel 6 landen 7 Parkplatz 8 spazieren 9 Verspätung 10 Auto 11 starten 12 Ausflug 13 Fahrkarte 14 verkehr 15 Motor 16 Reparatur

29

	nehmen	fliegen	umsteigen	fahren	einsteigen	gehen	aussteigen
a mit dem Flugzeug		x					
b in den Zug					x		
c am Goetheplatz			x	x			x
d aus dem Bus							x
e das Fahrrad	x						
f zu Fuß						x	
g mit dem Schiff				x			
h spazieren				x		x	
i über die Brücke				x		x	
j über Traunstein				x			

30 1 **c** 2 **e** 3 **h** 4 **f** 5 **j**

Lösungen zu den Übungen im Arbeitsbuch

Lektion 12

A

1

	Wo?	Wohin?	Woher?
	Sie ist …	Sie fährt …	Sie kommt …
a	in Italien.	nach Italien.	aus Italien.
b	in der Schweiz.	in die Schweiz.	aus der Schweiz.
c	im Kino.	ins Kino.	aus dem Kino.
d	bei Claudia.	zu Claudia.	von Claudia.
e	beim Arzt.	zum Arzt.	vom Arzt.

2 a zu, in der b zum, beim c nach, in, in die d ins, zu

3 A 1 der Berg 2 das Gebirge 3 die Insel 4 der Wald 5 der See
B 6 die Küste 7 das Meer 8 der Strand
C 9 der Norden 10 der Osten

4 a 1 *an*: der Rhein, der Titisee, der Strand, das Meer
2 *auf*: die Insel, das Land 3 *in*: das Gebirge, die Berge, die Wüste, der Schwarzwald, der Süden
b 1 an den Titisee. 2 im Gebirge. 3 in der Wüste. 4 in den Süden. 5 an den Strand? 6 an der Atlantikküste.

5 b Bild 5 c Bild 3 d Bild 4 e Bild 1 f Bild 6

6

	Wo?	Wohin?	Woher?
b	in der Wüste	in die Wüste	aus der Wüste
c	an der Küste	an die Küste	von der Küste
d	auf der Insel	auf die Insel	von der Insel
e	in Berlin	nach Berlin	aus Berlin
f	in der Türkei	in die Türkei	aus der Türkei
g	am Chiemsee	an den Chiemsee	vom Chiemsee
h	am Strand	an den Strand	vom Strand
i	im Gebirge	ins Gebirge	aus dem Gebirge
j	im Wald	in den Wald	aus dem Wald

7 nach, ans, im, am, zum, vom, im, aus, nach

8 bei, am, im, auf, von, zu, ins, ins

10 a windig b gefährlich c anstrengend d heiß, langweilig

B

11 A Ruhige, vielen, eigenem, eigener B Schöne, moderne, ruhiger C Großes D lauten, Schöne, große, schönem, Gutes

12

(der)	(das)	(die)	(die)
schöner Spielplatz	ruhiges Haus	ruhige Lage	kinderliebe Tiere
ohne lauten Verkehr	großes Zelt	schöne Landschaft	moderne Wohnungen
mit schönem Blick	mit eigenem Bad	mit eigener Küche	mit vielen Freizeitmöglichkeiten

13 a kleines b Günstige, großem, großer, tierliebe c ruhige, günstiger, netter d Kleines, ruhigen, historischem

14 *Musterlösung:*
b Zu verkaufen: Mechanische Kamera
c Zu verkaufen: Weißes Sofa mit zwei bequemen Sesseln für nur 295€
d Zu verkaufen: Alte Puppe mit schöner Kleidung
e Zu verkaufen: Eleganter Anzug für 99€

C

15 a Montag bis Freitag von 10 Uhr bis 18.30 Uhr … am Samstag … um 14 Uhr b Am Freitag. … Bis Montag früh … für drei Nächte. c … im Herbst … im Oktober d Am 13. Februar.

16 a Seit b Vor c Nach d vor e Seit

17 a ab, ohne b über, von … an, über

18 b 3 c 1 d 5 e 2

D

19 jemand einladen: Bitte komm mich doch besuchen! Ich würde mich sehr freuen! Ich möchte dich gern in meine Stadt / mein Dorf einladen.
Vorschläge machen: Wir könnten … fahren. Ich könnte dir … zeigen. Hier kannst du auch … besichtigen.
nach Wünschen fragen: Wofür interessierst du dich? Möchtest du gern …? Hast du Lust auf einen Besuch in …? Was möchtest du gern machen?

20 mit dem Schiff fahren, ins Museum gehen, einen Ausflug machen, ins Kino gehen

21 wie, Dich, nach, An den, anschauen, gibt es, würde, Dir, Grüße

Lösungen zu den Übungen im Arbeitsbuch

22 *Musterlösung:*
Liebe Angela,
vielen Dank für Deine Karte. Ich habe mich sehr darüber gefreut. Natürlich komme ich Dich gern besuchen, ich war nämlich noch nie in Wien. Das Schloss besichtigen und Schiff fahren, das finde ich super. Auch die Kaffeehäuser möchte ich mir gerne ansehen. Ach ja, noch eine Frage: Darf meine Schwester auch mitkommen?
Also, dann bis bald in Wien.
Herzliche Grüße
Maria

23 *Musterlösung:*
Liebe Angela,
danke für Deine Karte und die Einladung nach Wien. Ich würde Dich sehr gern besuchen, aber leider passt es im Moment nicht so gut. Ich habe nämlich gerade eine neue Stelle gefunden und bekomme noch keinen Urlaub. Aber vielleicht kannst Du ja zu mir nach Hamburg kommen? Ich könnte Dir die Stadt und den Hafen zeigen. Hast Du Lust? Schreib mir bitte.
Viele Grüße
…

25 Boot, von See zu See, seltene Vögel, Natur und Ruhe, ohne Lärm, Ferienwohnungen, modern und gemütlich, Zwei- und Drei-Zimmer-Apartments, Preis, ab 15 Euro

27 **a** Ich sage vier: → I In Köln ein Bier. ↘ II Ich sage überhaupt nichts mehr. ↘ II Ich staune nur: → I Da ist das Meer. ↘ II
b In Hamburg leben zwei Ameisen, → I Die wollen nach Australien reisen. ↘ II Bei Altona auf der Chaussee, → I Da tun ihnen schon die Beine weh. ↘ II Und da verzichten sie weise → I Dann auf den letzten Teil der Reise. ↘ II

E

28 **a** Abenteuerurlaub: wilde Natur, durch die Wüste fahren, Dschungel, verrückte Leute
b Kultururlaub: Museen besichtigen, ein Schloss besichtigen
c Erholungsurlaub: faul sein, am Strand liegen, kein Stress
d Sporturlaub: fit sein, Tennis spielen, täglich joggen, im Gebirge wandern, einen Tauchkurs/Surfkurs machen, Radtour im Gebirge

29 **a** richtig **b** falsch **c** falsch

31 **a** Regnerisch. **b** Seine Mutter anrufen. **c** Es gibt ein Tier auf der Autobahn.

Lektion 13

A

1 **a** Bank **b** Geld abheben **c** Konto, Bankkarte **d** Kontoauszug

2 **b** Wie alt bist du denn? **c** Wann kommst du nach Hause? **d** Wie viel Geld haben wir noch? **e** Wie lange dauert der Film? **f** Was bedeutet dieses Wort? **g** Wo hast du das gefunden?

4 **b** …, was du gerade machst. **c** …, wann du den gekauft hast. **d** …, wo du ihn gekauft hast. **e** …, wie man so ein Ding (bloß) installiert.

5 **b** Weißt du, wie spät es ist? **c** Woher kommst du ? **d** Ich frage mich, wie lange diese Übung noch dauert. **e** Wie geht es Ihnen?

6 **b** wo Sie wohnen. **c** wann Sie geboren sind. **d** wo Sie geboren sind. **e** welche Staatsangehörigkeit Sie haben. **f** wie Ihre Telefonnummer ist.

7 Weißt du schon, → wann du kommst? ↘ • Kommst du heute ↗ oder erst morgen? ↘ Sag mir bitte, → wo wir uns treffen. ↘ • Treffen wir uns um sechs → oder lieber erst später? ↘ Kannst du mir sagen, → wie man das schreibt? ↘ • Schreibt man das mit „h" → oder ohne „h"? ↘ Ich frage mich, → warum du so schlecht gelaunt bist. ↘ • Hast du ein Problem → oder bist du nur müde? ↘

8 …, welches Formular ich ausfüllen muss? …, wie spät es ist? …, wo du das gesehen hast? …, wann ich die Übung machen soll? …, wann Herr Müller da ist? …, wo es einen Geldautomaten gibt? …, was der Brief kostet? …, wann die Bank geöffnet hat? …, warum du nie Zeit für mich hast? …, was dieses Wort bedeutet? …, wo ich unterschreiben muss?

B

9 **b** Nein, wir nehmen nur Bargeld. **c** Nein! Erst, wenn du in der Schule besser wirst. **d** Nein, es sind noch 5 Euro übrig.

10 **b** …, ob ich das Eis mit EC-Karte bezahlen kann? **c** …, ob ich mehr Taschengeld bekomme. **d** …, ob du das ganze Geld ausgegeben hast.

Lösungen zu den Übungen im Arbeitsbuch

11 **b** Wissen Sie, | ob ich das Eis mit EC-Karte | bezahlen kann?
c Papa, ich möchte dich fragen, | ob ich mehr Taschengeld | bekomme.
d Ich möchte wissen, | ob du das ganze Geld | ausgegeben hast.

12 **b** ob man Schüler/in oder Student/in oder Auszubildende/r ist. **c** ob man Hausfrau oder Hausmann ist. **d** ob man arbeitslos ist. **e** ob man verheiratet oder geschieden ist.

13 **b** wann **c** ob **d** wie lange **e** ob **f** wo **g** wie

14 **b** ob die EC-Karte etwas kostet. **c** ob alle EC-Karten eine Geheimnummer haben. **d** ob die Bank viele Geldautomaten hat. **e** man mit der EC-Karte überall Geld bekommt.

15 *Musterlösung:*
● Entschuldigen Sie, darf ich Sie etwas fragen?
■ Ja, natürlich. Womit kann ich Ihnen helfen?
● Ich möchte wissen, ob ich einen Fernseher kaufen kann, wenn ich nicht genug Geld habe.
■ Das macht nichts. Sie können den Fernseher in Raten bezahlen.

■ Entschuldigen Sie, ich habe eine Frage.
● Ja, was kann ich für Sie tun?
■ Ich habe nur meine EC-Karte dabei und möchte wissen, ob ich damit hier bezahlen kann.
● Nein, tut mir leid. Wir nehmen nur Kreditkarten.

● Entschuldigung, können Sie mir helfen?
■ Ja, natürlich. Was kann ich für Sie tun?
● Ich habe meine Geheimnummer vergessen und möchte wissen, ob ich auch ohne sie Geld abheben kann.
■ Ja, das ist möglich. Sagen Sie mir bitte Ihre Kontonummer.

■ Entschuldigen Sie, darf ich Sie etwas fragen?
● Ja, gerne.
■ Ich habe ein Eis gekauft und möchte wissen, ob ich auch mit EC-Karte bezahlen kann.
● Ein Eis mit EC-Karte? Also nein, das geht wirklich nicht.

16 **a** Münzen **b** Bank, Zinsen **c** Taschengeld **d** leihen **e** in Raten **f** bar **g** ausgegeben **h** Kontonummer, Bankleitzahl **i** Kontoauszug

C

18 die Wohnung putzen; das Fahrrad reparieren; ein Formular unterschreiben; (einen Text lesen); das Kleid reinigen

19 **b** ..., er lässt sie putzen. **c** ..., ich lasse es ihn unterschreiben. **d** ..., ich lasse es immer reparieren. **e** Ich lasse es reinigen.

20 **b** ..., dann musst du dir eine neue ausstellen lassen. – Gut, ich lasse mir eine neue ausstellen. **c** ... sie schneiden lassen. – Gut, ich lasse sie schneiden. **d** ... es reparieren lassen. – Gut, ich lasse es reparieren.

21 **b** uns **c** mir **d** euch **e** sich **f** sich

22 **b** lasse **c** lassen **d** lassen **e** Lasst **f** lässt

23 *Musterlösung:*
... öffnen lassen. Am Mittwoch habe ich mir Rotwein über meine Jacke geschüttet und musste sie reinigen lassen. Am Donnerstag habe ich mir meine Hose zerrissen und musste sie nähen lassen. Am Freitag habe ich mich am Arm verletzt und musste mich beim Arzt untersuchen lassen. Am Samstag konnte ich mich deshalb nicht duschen und musste mir die Haare (von meiner Frau) waschen lassen.

24 **b** *Musterlösung:*
... muss am dritten Mai mein Auto in die Werkstatt bringen. Am 12. Mai muss ich mich für einen Sprachkurs an der VHS anmelden, der dann vom 20. bis 30. dauert. Und dann hat am 31. Mai auch noch Tante Valentina 70. Geburtstag, da muss ich ihr auf jeden Fall eine Mail schreiben. Vom 8. bis 11. Juni lasse ich meine Wohnung endlich renovieren, darauf freue ich mich schon! Dann muss ich im Juni noch dreimal zum Zahnarzt, am 17., am 19. und am 23., davor habe ich ein bisschen Angst. ...

D

25 **b** bekommt, bezahlen **c** überweisen **d** einzahlen **e** abheben

26 **a** Gespräch 2: Der Kunde möchte wissen, wie viel Zinsen es bei einem Sparkonto gibt.
Gespräch 3: Der Kunde möchte wissen, wie viel ein Girokonto kostet.
Gespräch 4: Der Kunde möchte Informationen über Geldautomaten haben.
b Gespräch 1: die Miete überweisen – das Gehalt überweisen lassen
Gespräch 2: 2 Prozent – mehr als 2000 Euro
Gespräch 3: 1000 Euro – für Überweisungen – für die EC-Karte
Gespräch 4: Das ist bei der eigenen Bank kostenlos. Das kostet bei einer anderen Bank € 2,50.

Lösungen zu den Übungen im Arbeitsbuch

27 **b** falsch sind: *schüner* und *dümer*, richtig sind: *schöner* und *dümmer*

E

28 **a** 1 Frau Winter muss 111,49 € bezahlen. 2 Das Geld bekommt die Firma „Modernes Wohnen GmbH". 3 Frau Winter muss ihre Heizkostenabrechnung bezahlen. 4 Sie muss das Geld auf das Konto 3137487 bei der Volksbank Hahnstein, Bankleitzahl 231 364 00, überweisen.

b *Empfänger:* Modernes Wohnen GmbH; *Kontonummer:* 3137487; *Bankleitzahl:* 231 364 00; *Kreditinstitut (Bank):* Volksbank Hahnstein; *Betrag:* 111,49 €; *Rechnungsnummer:* 12/06 05

Lektion 14

A

1 **a** durften, musste, konntest, war
  b Durftet, wollten
  c Hattest, wollte, war

2 **a** bin … gefallen, habe … verletzt, liegen musste
  b bin … aufgewachsen
  c haben … mitgearbeitet
  d eingekauft haben, haben … bekommen
  e hat … erzählt
  f bin … gefahren, hat … gefallen

3 *Musterlösung:*
  b Katrin hat oft mit ihren Eltern im Garten gearbeitet. **c** Nachmittags hat sie oft mit den Jungs aus dem Dorf Fußball gespielt. **d** Sie durfte im Sommer Würstchen über dem Lagerfeuer braten. **e** Sie ist gern zusammen mit ihrer Freundin auf Bäume geklettert. Und sie hat mit ihrer Familie Campingurlaub gemacht.

B

4 **a** Ich würde jetzt gern in Ruhe Zeitung lesen.
  b Ich möchte jetzt gern allein sein. / Ich wäre jetzt gern allein.
  c Ich hätte gern ein neues Fahrrad. / Ich möchte gern ein neues Fahrrad haben.
  d Ich würde jetzt gern in Urlaub fahren.

5 **a** neutral **b** negativ **c** positiv **e** positiv **f** negativ

6 **a**

	schlechte Noten	Urlaub mit Eltern	der Freund
1 Michael	x		
2 Sonja			x
3 Arnold		x	

b *Musterlösung:*
Du solltest offen mit Deinen Eltern reden. Vielleicht solltest Du sie zum Essen einladen und dann alles mit ihnen besprechen. Du könntest auch erst einmal ein wenig abwarten. Vielleicht kann Dir auch sonst jemand aus der Familie helfen. In jedem Fall solltest Du mehr lernen und im neuen Schuljahr Nachhilfe nehmen.

C

7 **a** richtig **b** falsch **c** falsch **d** richtig

8 **a** ruhig, unruhig, ruhelos
  b Arbeiter, Arbeiterin
  c Erziehung, erziehbar, Erzieher, Erzieherin

9 **a** lösbar **b** pausenlos **c** sonnig **d** Stückchen **e** Entscheidung **f** Raucherin **g** unmöglich **h** kostenlos **i** Kätzchen **j** unhöflich

10 **b** die Kleider, der Schrank, der Kleiderschrank **c** das Geschenk, das Papier, das Geschenkpapier **d** das Auto, der Schlüssel, der Autoschlüssel **e** der Garten, der Stuhl, der Gartenstuhl **f** das Telefon, das Buch, das Telefonbuch

D

11 **a** … gut versteht. **b** …, wenn man sich nach einem Streit immer wieder versöhnt. **c** Liebe ist, wenn man den anderen mit Geschenken überrascht. **d** Liebe ist, wenn man im Alltag noch gemeinsam Spaß haben und lachen kann.

12 *Musterlösung:*
Es ist schön, wenn man gemeinsame Interessen hat. Eine gute Partnerschaft ist wichtig, weil man nie allein sein muss. Es ist schön, wenn man gemeinsam kocht. Ich finde es wichtig, dass man miteinander über alles reden kann. Besonders wichtig ist, dass man sich nicht über Geld streitet. Es ist schön, wenn man sich gut kennt. Ich finde es wichtig, dass man sich alles sagen kann. Ich finde es wichtig, dass man den Haushalt gemeinsam macht.

13 Udo: *denn*; Thomas: *Trotzdem*; Klara: *deshalb*; Bettina: *aber*

Lösungen zu den Übungen im Arbeitsbuch

14 *Musterlösungen:*

a *Deshalb* ist er zum Bahnhof gegangen und hat sich eine Fahrkarte gekauft. Vor ihm in der Schlange war ein Mädchen. *Weil* ihm das Mädchen so gut gefallen hat, hat er sie angesprochen und gefragt, ob sie nicht zusammen ins Café gehen könnten. Sie wollte nicht, *denn* sie hatte es eilig. *Trotzdem* haben sie Telefonnummern ausgetauscht und sich für einen Besuch im Café am Wochenende verabredet. *Aber* am Wochenende war Eduard ja in Glasgow. Oje!

b Jan und Angelika haben sich letztes Jahr im Urlaub am Strand kennengelernt. *Weil* sie sich auf Anhieb gut verstanden haben, haben sie sich abends für die Disko verabredet. Dort hat Jan Angelika die ganze Zeit ganz verliebt angesehen, *denn* sie hat ihm sehr gefallen. Sie haben schöne gemeinsame Tage verbracht und hatten einen unvergesslichen Urlaub. *Aber weil* sie nach zwei Wochen beide wieder nach Hause fahren mussten, haben sie sich gleich wieder getrennt und sind jeder für sich nach Hause gefahren. Sie waren aber immer noch sehr verliebt. *Deshalb* haben sie sich ein Jahr später wieder getroffen und ...

Wiederholungsstationen

1 **b** die Übung **c** die Einladung **d** die Bestellung **e** die Wohnung **f** der Käufer / die Käuferin **g** der Fahrer / die Fahrerin **h** die Empfehlung **i** der Schwimmer / die Schwimmerin

2 der Autobus, der Apfelsaft, der Blumenstrauß, die Sonnenbrille, das Bücherregal, der Busfahrer, die Sonnenblumen, der Bücherbus, der Computertisch, das Fahrrad, der Autofahrer, das Finanzamt, das Spielhaus, der Kleiderschrank, das Mineralwasser, das Wasserrad, der Autoreifen, der Fahrradreifen, der Bücherschrank, der Schreibtisch, das Wohnzimmer, der Hausmeister ...

3 **b** lesbar **c** unglücklich **d** wolkig **e** regnerisch **f** arbeitslos **g** sonnig **h** untrennbar **i** höflich **j** unruhig

4 **b** einer/eins **c** welche **d** eine **e** keine **f** welche **g** keinen

5 **b** einen – einen – Einen **c** ein – ein – Ein **d** –

6 **a** weißer **b** neues – unbequeme – schlechtes – hässliche – niedrigen **c** schönes – großen – kleinen – günstige – billiges – buntes **d** alte – moderne

7 **a** gutem **b** gutes – kleines **c** Günstige – wunderschöner – ruhiger **d** zentraler – preiswerte – Gute

8 **b** kleinen **c** großes **d** rote **e** interessanter **f** hübschen **g** frisches **h** neue **i** runden **j** kleiner **k** gebrauchte **l** neuen

9 **a** besser / am besten – besser als – am besten **b** lieber – liebsten **c** am schnellsten – schneller als – schnell wie – billiger **d** wärmer als – so kalt wie

10 **a** uns **b** dich **c** mich **d** sich

11 **b** Können Sie mir vielleicht/bitte helfen? **c** Ich finde, es steht dir nicht so gut. **d** Ja, die gehört mir. **e** Die hat sehr gut geschmeckt! **f** Ja, aber sie passt mir nicht.

12 **b** ihnen **c** uns **d** ihm – ihm **e** mir – dir

13 *Musterlösung:*
Nachmittags habe ich im Kino angerufen und Kinokarten reserviert. Abends waren wir im Kinopalast und haben uns „Good Bye Lenin" angesehen. Am Dienstag waren wir im Museum. Die Eintrittskarten haben wir am Schalter abgeholt. Danach sind wir ins Café Lisboa gegangen und haben noch einen Stadtbummel gemacht. Am Mittwoch haben wir Lebensmittel für unser Picknick am Freitag eingekauft. Abends sind wir ins Theater gegangen und haben uns das Stück „Frühlingserwachen" angesehen. Am Donnerstag musste ich gleich am Morgen beim Finanzamt anrufen. Um 10.45 Uhr hat unser Schiffsausflug auf dem Sonnensee begonnen. Wir sind um 11.30 Uhr in Brodweil angekommen und waren dann um 16.25 Uhr wieder zurück. Am Freitag haben wir das Auto bei Stefan abgeholt. Wir sind zum Brombacher Weiher gefahren und haben dort ein Picknick gemacht. Am Samstag ist Beate wieder zurück nach Hamburg gefahren. Ich habe sie um 13.30 Uhr zum Bahnhof gebracht. Schade, dass die gemeinsame Zeit schon wieder vorbei ist.

14 **a** telefoniert – verpasst – begonnen **b** bekommen – erlebt

15 **a** will **b** hatte – hat **c** war – ist **d** konnte – kann **e** musste – muss

16 **b** Du solltest sie mal besuchen. **c** Ihr solltet auch hingehen!

17 **b** hätte **c** würde **d** wäre **e** hätte **f** würde

Lösungen zu den Übungen im Arbeitsbuch

18 **b** Die Geheimzahl wird eingetippt. **c** Die grüne Taste „Bestätigung" und die Taste „Auszahlung" werden gedrückt. **d** Der Geldbetrag wird gewählt. **e** Die grüne Taste wird noch einmal gedrückt. **g** Das Geld wird (her)ausgegeben. **h** Die Geldscheine werden in den Geldbeutel gesteckt.

19 **b** ... schneiden lassen. **c** ... machen lassen. **d** ... wechseln lassen. **e** ... ausstellen lassen.

20 **b** rein **c** runter **d** raus **e** rauf

21 **a** Für – dafür **b** worauf – auf einen – darauf **c** Worüber – Über unsere **d** wovon – Von einer **e** Worüber – Über diesen/den

22 **b** an meinen **c** mit meinen **d** mit meinen **e** um den

23 **b** anstrengenden **c** seinen **d** einem **e** meine

24 **b** auf dem – in den **c** an die **d** zwischen das – den **e** auf dem

25 **a** am Bodensee, in Italien, auf der Insel Mallorca, in der Türkei, bei meinen Eltern auf dem Land, im Norden, zu Hause **b** ins Kino, zu meinem Freund, ins Restaurant, nach Hause **c** vom Arzt, aus dem / vom Büro, vom Strand, von ihrer Schwester, aus dem Restaurant, aus dem Gebirge, aus Österreich

26 **a** über – an **b** an ... vorbei – gegenüber **c** durch – um ... herum

27 **b** Von ... an **c** ohne **d** über **e** Von ... an

28 **b** Deshalb **c** denn **d** Weil **e** denn **f** deshalb

29 **b** weil **c** wenn/weil **d** wenn **e** weil **f** Trotzdem

30 **b** wann **c** wo **d** wie lange **e** was **f** wie viele

31 **b** ob **c** ob **d** dass **e** dass **f** ob

Lösungen zu den Tests

Test zu Lektion 8

1   **2 e** Er liegt im Bett. Trotzdem schläft er nicht. **3 a** Ich bin zu dick. Trotzdem esse ich jeden Abend Schokolade. **4 d** Ich bin erkältet. Trotzdem gehe ich ohne Mantel zum Supermarkt. **5 b** Er hat ein Auto. Trotzdem fährt er mit dem Bus zur Arbeit.

2   **a** falsch **b** falsch **c** richtig **d** richtig **e** richtig **f** falsch

3   (linke Spalte): 8, 9, 7, 2, 5
    (rechte Spalte): 1, 3, 4, 10, 6

4   **a** Sie hätte lieber Ferien. **b** Sie würde lieber Süßigkeiten essen. **c** Wir würden lieber lange schlafen. **d** Sie hätte lieber ein Auto. **e** Er wäre lieber bei seiner Freundin. **f** Die Kinder würden lieber Fußball spielen. **g** Sie wäre lieber Ärztin.

Test zu Lektion 9

1   **a** günstiges **b** hellen **c** gute **d** großer **e** warme; dicken

2   *Musterlösung:*
    ... Dann trage ich heute eine schwarze Jeans und einen roten Pullover. Ich habe blaue Strümpfe an. Außerdem habe ich eine braune Jacke dabei und braune Handschuhe.

3   **a** Für die Miete muss ich mehr Geld als für Versicherungen bezahlen. **b** Ich esse Nudelgerichte genauso gern wie Reisgerichte. **c** Dein Küchenschrank gefällt mir besser als meiner. **d** Ich finde meine Nachbarin genauso sympathisch wie meinen Nachbarn. **e** Ich schreibe lieber E-Mails als SMS.

4   *Musterlösung:*
    a Giselas Wohnung ist größer als Ahmeds Wohnung. **b** Tonis Wohnung ist teurer als Ahmeds Wohnung. **c** Ahmed zahlt mehr Nebenkosten als Gisela. **d** Toni wohnt höher als Gisela. **e** Tonis Haus ist älter als Ahmeds Haus. **f** Giselas Haus ist am ältesten. **g** Ahmed wohnt am höchsten. **h** Giselas Wohnung ist genauso groß wie Tonis Wohnung.

5   **a** C **b** A **c** E **d** B **e** D

Test zu Lektion 10

1   **a** Was für **b** Was für ein **c** Was für eine **d** was für einen **e** Was für ein

2   **b** Der Teig wird in den Ofen geschoben. **c** Die Brote werden 90 Minuten gebacken. **d** Die Brote werden herausgeholt. **e** Dann werden sie verpackt. **f** Sie werden mit dem Auto transportiert. **g** Zum Schluss werden sie an den Supermarkt geliefert.

3   neue – neuen – rote – bunten – aktuellen – guter – glücklicher

4   *Musterlösung:*
    einpacken – Packpapier – Päckchen – Verpackung

5   **a** unangenehm **b** dick **c** unmöglich **d** viel

6   *Musterlösung:*
    Liebe Anna, es tut mir schrecklich leid, dass ich gestern nicht gekommen bin. Ich konnte nicht kommen, weil ich so lange arbeiten musste. Ich wollte Dich anrufen, aber mein Handy war kaputt und ich konnte Dich auch nicht erreichen. Vielleicht warst Du schon unterwegs? Hättest Du vielleicht am Mittwochabend Zeit? Ich würde Dich gern einladen. Wir könnten in der Wunder-Bar ein Glas Wein trinken. Entschuldige bitte und viele Grüße

Test zu Lektion 11

1   **a** über die **b** gegenüber der **c** am ... vorbei **d** bis zur

2   **a** windig **b** stürmisch **c** der Regen **d** wolkig, (bewölkt) **e** das Gewitter **f** der Nebel

3   **a** beim Friseur **b** zur Post **c** bei **d** von

4   *Musterlösung:*
    a Deshalb kann ich heute lange schlafen. **b** Ich fahre deshalb meistens mit dem Fahrrad oder der Straßenbahn. **c** Deshalb sind die Bäume ganz kaputt. **d** Deshalb muss ich ihn reparieren. **e** Wir sehen uns deshalb nicht sehr oft.

5   **a** weil **b** denn **c** Deshalb **d** weil **e** weil **f** denn

6   *Musterlösung:*
    Lieber Janik,
    der Weg von der Schule zu mir ist nicht weit. Du gehst einfach in die Fußgängerzone und biegst dann in die erste Straße rechts ab. An der Ampel gehst Du links in die Rathausstraße. Geh die Rathausstraße immer geradeaus am Rathaus vorbei. Gegenüber der Sparkasse gehst Du rechts in die Seegasse. Im zweiten Haus auf der linken Seite wohne ich, Hausnummer 4. Ich freue mich schon auf Deinen Besuch!
    Viele Grüße

Lösungen zu den Tests

Test zu Lektion 12

1 **a** am Meer **b** im Schwarzwald **c** auf dem Land **d** ins Gebirge **e** an der Küste

2 **b** Von ... in **c** mit dem ... nach **d** In ... am **e** in den ... nach **f** an der

3 schönem – günstigen – gutes – traditionelles – traditionelle – romantische

4 *Musterlösung:*
Liebe Carla,
ich bin wieder aus dem Urlaub zurück. Du weißt ja, wir waren zwei Wochen zu Hause bei meinen Eltern in der Türkei. Meistens fahren wir mit dem Auto, aber dieses Mal sind wir geflogen. Die Reise dauert einfach nicht so lange mit dem Flugzeug. Meine Eltern haben uns vom Flughafen abgeholt, denn natürlich haben wir die ganze Zeit bei ihnen gewohnt. Praktisch, wenn man keine Hotelkosten hat. Wir waren sehr faul in den zwei Wochen, haben Verwandte besucht, im Schwarzen Meer gebadet und das köstliche Essen von meiner Mutter genossen. Es war herrlich! Und wie geht es Dir? Hattest Du auch eine gute Zeit? Melde Dich mal.
Viele Grüße
...

Test zu Lektion 13

1 **a** einzahlen, Öffnungszeiten **b** abheben, Geldautomaten **c** EC-Karte, Kreditkarte, Geheimzahl **d** bar, überweisen **e** Sparkonto, Zinsen **f** Kontoauszug

2 **a** ..., ob ich in diesem Geschäft mit Kreditkarte bezahlen kann? **b** ..., ob ich meine neue EC-Karte selbst abholen muss? **c** ..., wie hoch die jährlichen Gebühren für eine Kreditkarte sind? **d** ..., ob die Tankstellen in Deutschland auch EC-Karten akzeptieren? **e** ..., wie man im Ausland Geld abheben kann? **f** ..., ob man vom Automaten auch ohne Geheimzahl Geld holen kann? **g** ..., wie viel Prozent Zinsen man bei Ihnen bekommt?

3 **a** ... lässt sich die Haare (beim Friseur) schneiden. **b** ... hängt die Lampe selbst auf. **c** ... lässt sich untersuchen. **d** ... lässt ihren Drucker reparieren. **e** ... kauft selbst (im Supermarkt) ein. **f** ... putzt selbst das Fenster.

4

Überweisungsauftrag
Begünstigter: MECKERMANN
Kontonummer: 78879900
Bankleitzahl: 24024024
Kreditinstitut: Internet-Bank
EUR 25,99
Kundenreferenznummer: Rechnungsnr. 100/801
Möller Karin
Kontonummer des Kontoinhabers: 32079402
Bankleitzahl Kontoinhaber: 33333333

Test zu Lektion 14

1 **b** Er war viel draußen. **c** (Aber) er hat nicht gern Fußball gespielt. **d** Dann ist er auf das Gymnasium gegangen. **e** Er hatte wenig Zeit. **f** Er musste viel lernen. **g** Später hat er einen Computer bekommen. **h** Er hat sich tagelang nur mit dem Computer beschäftigt. **i** Manchmal ist er mit Freunden Fahrrad gefahren.

2 **a** das Stühlchen **b** das Fläschchen **c** das Brüderchen **d** das Tellerchen

3 *Musterlösung:*
a Du könntest die Lehrerin um eine Erklärung bitten.
b Du solltest weniger rauchen. Das ist nicht gut für den Kopf.
c Du solltest besser ganz aufhören. **d** Du solltest nicht so streng mit ihm sein. **e** Du könntest mit ihr essen gehen und in Ruhe mit ihr reden. **f** Du solltest vor dem Frühstück 10 Minuten an die frische Luft gehen.

4 **a** die Banane, das Eis = das Bananeneis **b** die Kinder, das Spiel = das Kinderspiel **c** der Strand, die Bar / das Café = die Strandbar / das Strandcafé **d** der Winter, der Pullover = der Winterpullover **e** der Bahnhof, die Uhr = die Bahnhofsuhr **f** das Mädchen, die Hose = die Mädchenhose

5 *Musterlösung:*
a ... sieht es schon wieder unordentlich aus.
b ... wir uns heute nach so langer Zeit getroffen haben.
c ... meine Mutter krank ist. **d** ... sie lieben sich trotzdem sehr. **e** ... ich spare für meine Reise nach Südamerika.
f ... mein Auto morgen wieder geht.